NICK MARTIN
mit ANITA VETTER

DIE GEILSTE LÜCKE IM LEBENSLAUF – DIE DUNKLE SEITE

Was nicht so geil war
in 10 Jahren Weltreisen

Mit 40 farbigen Abbildungen

NATIONAL GEOGRAPHIC
MALIK

Mehr über unsere Autorinnen, Autoren und Bücher:
www.malik.de

Wenn Ihnen dieses Buch gefallen hat, schreiben Sie uns unter Nennung des Titels »Die geilste Lücke im Lebenslauf – Die dunkle Seite« an *empfehlungen@piper.de*, und wir empfehlen Ihnen gerne vergleichbare Bücher.

Von Nick Martin liegt außerdem vor:
Die geilste Lücke im Lebenslauf

Unser Versprechen für mehr Nachhaltigkeit
- Klimaneutrales Produkt
- FSC®-zertifiziertes Papier
- Hergestellt in Europa

MIX
Papier | Fördert gute Waldnutzung
FSC www.fsc.org FSC® C083411

Erstmals im Taschenbuch
ISBN 978-3-492-40659-8
Februar 2023

Umschlaggestaltung: Petra Dorkenwald unter Verwendung eines Motivs von Daniel Torz
Umschlagabbildungen: Daniel Torz (großes Foto vorne), Nick Martin (kleine Fotos vorne), Julius Luca König (Autorenfoto Nick Martin) und Moussa Hakal (Autorinnenfoto Anita Vetter)
Bildteilfotos: Nick Martin, außer auf Seite 2 unten rechts: Ronny Barthel; 13 oben: Sadman Sakib / Unsplash; 13 unten: Karsten Winegeart / Unsplash; 16 unten links: maya tani / Unsplash; 16 unten Mitte: Danang Himawan / Unsplash; 16 unten rechts: Derek Oyen / Unsplash
Illustrationen: designsspot / Freepik.com (Weltkarte); rawpixel.com / Freepik.com (Kasten)
Satz: psb, Berlin
Gesetzt aus der Minion Pro und der Trade Gothic
Litho: Lorenz & Zeller, Inning am Ammersee
Druck und Bindung: CPI books GmbH, Leck
Printed in the EU

LETS EMBRACE OUR FUCKUPS.
Denn es sind genau diese Momente,
die uns wachsen lassen.

INHALT

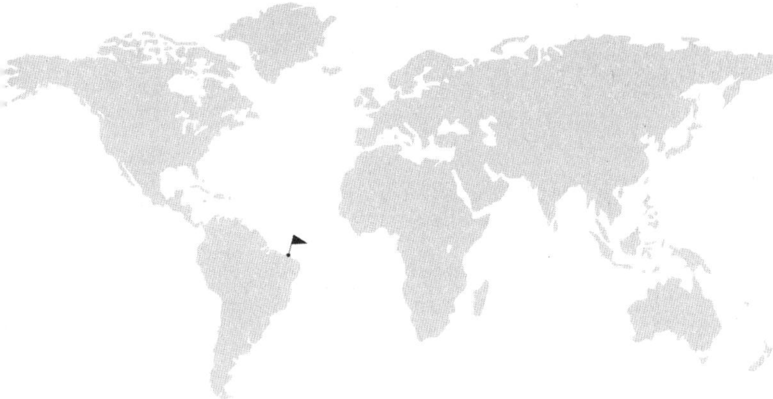

INTRO

ILHA DO GUAJIRU, BRASILIEN · DEZEMBER 2018

Der totale Fuck-up. Echt. Dabei könnte alles so schön sein. Ich liege auf einer bequemen Hängematte, die mitten im schönsten Sonnenschein auf einer riesigen Dachterrasse gespannt ist. Über mir strahlend blauer Himmel, unter mir die türkisblaue Herrlichkeit einer der schönsten Kite-Lagunen, die ich je gesehen habe. Irgendeiner der winzigen Punkte da unten ist meine Freundin Steffi, die gerade einen Spaziergang macht. Würd ich auch gern. Kann ich aber nicht.

Mein Hängemattennachbar Freddy reicht mir einen riesengroßen Joint rüber. Ich mache mir nichts aus Marihuana und vertrage es auch nicht. Trotzdem ziehe ich dran. Wir beide sind mit den Köpfen schon längst in den Wolken über uns. Oder wie man hier so schön sagt: »high as a kite«.

»Einmal habe ich mich so dermaßen in den Leinen verheddert. Meinen Kite hat es nach oben gerissen, und ich wurde unter Wasser gedrückt. Da hing ich dann wie ein nasser Sack und wurde durch die Lagune gezerrt.«

Während ich in den Himmel über mir starre, lausche ich Freddys Kitesurf-Geschichten. Davon hat der Typ eine Menge auf Lager, einschließlich einiger Nahtoderfahrungen. Freddy ist ein guter Erzähler. Obwohl meine Laune so was von im Keller ist, bringt er mich zum Lachen. Seine Reisegeschichten erinnern mich an meine eigenen und daran, wie ich sie in den letzten Jahren auf der Bühne zum Besten gegeben habe: Eigentlich krasse Erlebnisse, die teilweise gefährlich und überhaupt nicht zum Lachen waren, werden im Scheinwerferlicht plötzlich zu echten Brüllern. Wie oft habe ich auf der Bühne schon von dem Tag erzählt, als mir eine Harpune in die Brust gejagt wurde. Obwohl das eine der krassesten Situationen in meinem Leben war, bringe ich die Menschen damit zum Schmunzeln. Manchmal ist nicht nur Vorfreude die schönste Freude, sondern auch Schadenfreude.

Wenn wir vom Reisen erzählen, strahlt meist alles in positivem Licht. Wir berichten von Abenteuern, witzigen Erlebnissen und spannenden Menschen, die wir getroffen haben, und prahlen damit, wie viel reicher wir durch die ganzen Erfahrungen geworden sind. Das stimmt ja auch. Für mich ist Reisen die beste Universität des Lebens. Da können sich Harvard und Co. noch ein paar Scheiben abschneiden. Beim Reisen machst du einen großen Satz raus aus deiner Komfortzone, sprengst deine Grenzen und lernst dich selbst von ganz anderen Seiten kennen. Abseits des Alltags, in dem es bisher so bequem war. Plötzlich musst du dich jeden Tag neu definieren, denn ständig steckst du in unbekannten Situationen, triffst auf andere Menschen oder stellst dich neuen Herausforderungen.

Weil genau das mein Leben so bereichert hat, liebe ich es, andere dazu zu inspirieren, ungeahnte Abenteuer zu entdecken. Das mache ich bei meinen Liveshows, in meinem Podcast oder bei Interviews. Aus diesem Grund habe ich auch mein erstes Buch *Die geilste Lücke im Lebenslauf* veröffentlicht. Doch bei all der Inspiration fehlte mir plötzlich etwas. Und zwar die Kehrseite der Medaille. Ganz ehrlich: Jede Wurst hat zwei Enden. Das ist auch beim Reisen so. Es ist nicht immer alles Pommes und Disco. Das ist übrigens auch der Grund dafür, warum ich mitten im schönsten Kite-Paradies NICHT auf einem Board stehe und mir NICHT den Wind um die Nase wehen lasse. Der Grund, warum ich hier im sonnigen Brasilien plötzlich Marihuana rauche.

Im Unternehmenskontext gibt es die sogenannten Fuck-up-Nights. Das sind Events, auf denen Unternehmer und Selbstständige davon berichten, wie sie gescheitert sind, sich mal so richtig schön auf die Fresse gepackt und ihre Unternehmen oder einzelne Projekte gegen die

Wand gezimmert haben. Warum stellen die sich auf eine Bühne und erzählen davon? Und warum hören da so viele zu? Ganz einfach: weil aus dem Scheitern oft die größten Learnings entstehen. Es gab mal einen Erfinder namens Thomas Alva Edison. Genau, der Typ, der die Glühbirne miterfunden hat. Allerdings erst nach langem Herumprobieren. Dazu sagte Edison einmal: »Ich habe nicht versagt. Ich habe nur 10 000 Wege gefunden, die nicht funktionieren.« Im Grunde ist es das: Man probiert so lange rum, bis man den Weg findet, der einen dahin bringt, wo man hinmöchte. Dass man sich zwischendurch ein paarmal verirrt oder in die verkehrte Richtung rennt, ist Teil des Spiels. Das gilt auch fürs Reisen. Jeder kann barfuß mit einem Mojito in der Hand am Strand tanzen und bescheuert-glücklich lächelnd zum Beat vom Bacardi-Jingle wippen. Aber das sind nicht unbedingt Momente, in denen wir am meisten lernen oder die dazu führen, dass wir die Glühbirne erfinden. In Wahrheit ist es die andere Seite der Medaille, die uns reifen lässt. Die dunkle Seite. Die 10 000 Wege, wie wir eine Glühbirne nicht zum Leuchten bringen.

Genau darum soll es in diesem Buch gehen. Kehren wir mal den ganzen lustig ausgeschmückten, positiven, strahlenden Reiseerfahrungen den Rücken zu und stecken den Kopf in die vermeintliche Dunkelheit, in die uns auch das Reisen in schöner Regelmäßigkeit hineinkatapultiert. Die einzelnen Kapitel sind nicht chronologisch aufgebaut. Du kannst die folgenden Geschichten also zusammenhängend lesen oder kreuz und quer. Anhand eines Bewertungssystems am Anfang eines jeden

Kapitels bekommst du schnell einen Überblick, worum es in der Geschichte geht: um Verletzungen, Herzschmerz, Mindfucks oder ab und zu auch mal die subjektive Ausweitung der Grenzen der Legalität. Unbehagliche Storys aus meinen zehn Jahren Weltreisen. Du kannst das Buch einfach als Edutainment nehmen oder Inspiration daraus ziehen. Eines solltest du aber beachten: Wenn du nach dem Lesen dieses Buches immer noch von einer Langzeitreise träumst, dann sieh das als Zeichen, dass du es wirklich durchziehen solltest.

Bist du am Start? Na dann:

Herzlich willkommen zur dunklen Seite des Reisens,
zur Fuck-up-Version von
Die geilste Lücke im Lebenslauf.

Fangen wir doch gleich mal damit an, warum zur Hölle ich mit angefressener Laune in einer brasilianischen Hängematte liege.

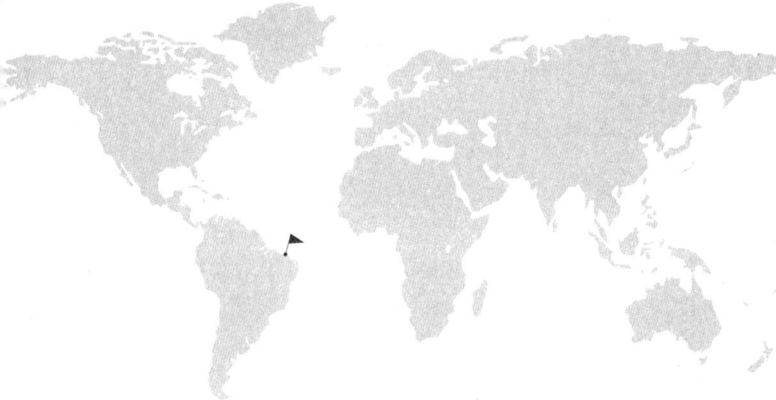

KÖRPERLICHER SCHMERZ	★★★★☆
HERZSCHMERZ	☆☆☆☆☆
MINDFUCK	★★★☆☆
TOLLPATSCHFAKTOR	★★★★☆
GEFAHR	★★☆☆☆

AUF KRÜCKEN

JERICOACOARA, BRASILIEN · DEZEMBER 2018

Kennst du dieses Gefühl, wenn du morgens aufwachst und einfach weißt: Das wird ein großartiger Tag! Schon bevor du deine Augen öffnest, passt dein Grinsen fast gar nicht mehr zwischen deine beiden Ohren, so voller Vorfreude brummt es in deinem ganzen Körper. So ungefähr habe ich mich die ganze Zeit gefühlt, seit Steffi, unser Kumpel Björn und ich in Brasilien angekommen und mit einem Mietwagen zu einem Roadtrip gestartet waren. Eines unserer Ziele: Jericoacoara, ein kleines Fischerdorf an der Nordküste und ein absoluter Traum-

Spot für alle Kitesurfer. »Jeri« ist rundum ein besonderes Fleckchen Erde, denn hier drehen sich die Uhren sehr viel langsamer als in den Großstädten dieser Welt. Es gibt keine Straßen, nur Sand, alle laufen barfuß und genießen das Leben ohne künstlichen Stress. Wenn es dort überhaupt so etwas wie feste Termine gibt, dann eigentlich nur einen: Jeden Abend pilgert das halbe Dorf auf eine Sanddüne, um den Sonnenuntergang zu zelebrieren. Man klettert die Düne hoch, setzt sich hin und wartet, bis die Sonne untergeht. Von überall wehen Musik und fröhliche Unterhaltungen herüber – und auf dem Weg kommt man an lauter kleinen Verkaufsständen vorbei, an denen Einheimische Caipirinhas verkaufen.

Caipirinhas in Brasilien, speziell in Jeri, sind eine ganz andere Nummer als das, was wir aus deutschen Bars kennen. Alle möglichen Früchte wie Maracujas, Kiwis, Kirschen, Orangen oder Mangos werden hineingemischt – und zwar so frisch, dass sie quasi vom Baum oder Strauch direkt ins Glas fallen. Manchmal kommen noch Gewürze wie Pfeffer oder Chili dazu. Das Ganze schmeckt so gut, dass du dir die Dinger reinhaust wie Fanta. Und wie das halt so ist: Du bist gerade in Jeri angekommen, dein Grinsen hört überhaupt nicht mehr auf, weil du einen fantastischen Tag hattest. Du warst surfen, kiten, bist durch die Gegend geheizt, und jetzt machst du dich in dieser einmaligen Atmosphäre auf den Weg zur Düne, um den Tag, das Leben und einfach prinzipiell alles zu feiern. So ging es mir, als ich da im Sand saß, Steffi und Björn neben mir. Die Sonne wurde kleiner und kleiner, bis wir nur noch einen winzigen roten

Strich sahen, ganz unten am Rand, wo der Himmel auf das Meer trifft. In dem Moment, als auch dieser kleine rote Strich verschwand, standen plötzlich alle Menschen auf und klatschten. Ein riesiger Jubel. Sofort war ich eine einzige Gänsehaut. Ich platzte fast vor Freude und Leichtigkeit. Wie kann das Leben nur so toll sein? Das war einer dieser Momente, in denen mein Nick-Gehirn auf die ganz großartigen Ideen kommt. Natürlich. Ich stand da, jubelte, und plötzlich hörte ich mich rufen: »Los, Leute, wer zuerst im Meer ist!« Und mit einem lauten »Wohoooo!« purzelte ich auch schon die relativ steile Düne runter. Eine Sekunde später folgten Steffi, Björn und eine Handvoll der anderen Menschen. Es muss ein Anblick für die Götter gewesen sein, als ein halbes Dutzend caipirinhabeschwipste Leute vor einem in allen Rottönen strahlenden Abendhimmel die Düne runterrannten, sich nach ein paar Schritten die Beine im Sand verknoteten und den Rest der Strecke in Purzelbäumen kreuz und quer durcheinanderrollten.

Als ich unten ankam, war ich von oben bis unten so sehr mit Sand paniert, dass jedes Wiener Schnitzel vor Neid erblasst wäre. Lachend sprang ich auf die Füße und rannte die letzten Meter ins immer noch angenehm warme Wasser. Mit großen Sprüngen kämpfte ich mich jauchzend durch die heranrollenden Wellen, bis mich plötzlich ein »Plop« innehalten ließ. Ich weiß noch, dass ich eine Sekunde Zeit hatte, so etwas wie »häh?« zu denken. Dann explodierte mein Bein. Es fühlte sich an, als hätte mir ein Profi-Pitcher aus der Major League Baseball eine Kokosnuss aus einem Meter Entfernung direkt auf die Wade gefeuert. Ich ließ mich sofort ins Wasser fallen und schrie vor Schmerz. Meine erster Gedanke: »Krass, irgendein Tier hat mich gebissen! Ein Fisch. O Gott, ein Hai?!« Wie von der Tarantel gestochen sprang ich wieder auf die Füße, nur um zu merken, dass mich mein rechtes Bein nicht mehr trug. Also wirklich gar nicht. Noch nie im Leben hatte ich solch einen Schmerz gefühlt. Belastete ich mein Bein auch nur ein kleines bisschen, jagte es mir wie mit einem Dolch durch die Wade, und der Schmerz brandete durch meinen ganzen Körper bis in den Kopf. Ich sah nur noch Sterne – und zwar nicht die über mir.

Um mich herum stürzten mehr und mehr mit Sand panierte Menschen fröhlich jubelnd ins Wasser. Von überallher hörte ich »yeah« und »wohoo« und sonstige Schreie. Dass ich genauso schrie, nur aus einem ganz anderen Grund, fiel überhaupt niemandem auf. Ich lag zusammengekrümmt im knietiefen Wasser und wusste genau: »Nick, das ist nicht irgendein Schmerz, der wieder abflaut. Da ist etwas nicht in Ordnung.« Während ich halb saß, halb lag und mir die Schmerzenstränen in die Augen schossen, schaute ich auf meine Wade, konnte aber nichts erkennen.

Ein paar Sekunden später kamen Björn und Steffi angesprungen, wollten sich in meine Arme schmeißen und das Leben zelebrieren – genau wie ich noch Sekunden zuvor. Ich schrie irre laut: »Fuck! Es tut so weh, es tut so weh! Da ist was kaputt!« Erschrocken wollten die beiden wissen, was passiert war. Ich quetschte die Worte zwischen meinen zusammengebissenen Zähnen hervor: »Keine Ahnung, etwas hat mich in die Wade gebissen!«

Am Strand sahen wir, dass mit meiner Wade definitiv etwas nicht in Ordnung war. Allerdings war keine Wunde zu sehen, kein Blut, keine Kratzer. Reingebissen hatte ganz sicher niemand. Dafür schwoll sie zunehmend an, und mein Wadenmuskel war tiefergelegt.

Mittlerweile hatte die Dämmerung so richtig eingesetzt, und die Menschen liefen in Gruppen zurück zum Dorf. Auch mir kam es am vernünftigsten vor, erst einmal wieder heimzugehen und mich aufs Bett zu legen. Leichter gesagt als getan. Hatten wir für den Hinweg gerade mal zwanzig Minuten gebraucht, dauerte es jetzt geschlagene eineinhalb Stunden, bis ich endlich auf meiner Matratze zum Liegen kam. Mittlerweile war meine Wade auf das Doppelte ihrer tatsächlichen Größe angeschwollen. Mir war sofort klar: Ich brauchte einen Arzt. Das will schon was heißen, denn das sage ich nicht sehr oft. Das Problem war: Wir befanden uns in Jeri. In Sandstraßen-Caipirinha-Jeri. Ein richtiges Krankenhaus suchst du hier eine Weile.

Alles, was wir bei unserer Internetrecherche finden konnten, war ein kleines Medical Center ein Stück außerhalb der Ortschaft. Doch wie dahin kommen? Es war Nacht geworden, also stockfinster. Steffi versuchte, einen Fahrer zu organisieren, blieb aber erfolglos. Autos gibt es in Jeri nicht, dafür aber Quads. Und Kühe. Eine Menge Kühe. Ich war schon kurz davor, wirklich den Ritt auf einer Kuh in Kauf zu nehmen, verwarf das aber schnell wieder. Ich konnte nicht einmal ordentlich stehen, wie im Himmel sollte ich auf eine Kuh klettern? Ich war noch nie auf einer Kuh geritten, wie sollte das überhaupt funktionieren? Während ich mit den Schmerzen kämpfte und weiteren wirren Gedanken nachhing, kam Steffi zurück an mein Bett: »Nick, es hilft nichts, ich finde keinen Fahrer. Wir müssen da jetzt zu Fuß hin.«

Ich sag es, wie es ist: Es war die Hölle. Irgendwann stolperten Steffi und ich in dieser Nacht tatsächlich durch die Türen des Medical Center. Erst nachdem ich im Schneckentempo Zentimeter für Zentimeter zur Anmeldung gehumpelt war und wir berichtet hatten, was los war, kam eine Schwester auf die Idee, dass ein Rollstuhl helfen könnte. Nach der ganzen Lauferei war meine Wade jetzt nicht mehr nur doppelt so dick, sie hatte locker das Dreifache ihres normalen Umfangs erreicht. Es sah aus, als hätte ich einen zweiten Oberschenkel an meinem Schienbein hängen. »Oh, oh!«, dachte ich nur, und mir drehte sich bei dem Anblick fast der Magen um.

Als die Ärztin gekommen war und mein Bein begutachtet hatte, sagte sie: »Das ist kaputt, das braucht sehr viel Zeit.« Obwohl ich nicht wirklich gut Portugiesisch verstand, wusste ich sofort, was sie dann erklärte: Ich musste warten, bis die Schwellung zurückging. Erst dann konnte man überhaupt sehen, was genau passiert war. Ich hatte da ein paar düstere Alternativen zur Auswahl: eine krasse Verstauchung, einen Bruch, einen Muskelbündelriss oder einen Muskelfaserriss. Egal welche Option: Es war eigentlich alles so richtig suboptimal. Wir waren gerade erst in Brasilien angekommen und hatten noch so viel vor!

Doch es half nichts, und schließlich machten wir uns wieder auf den Weg nach Hause. Als ich mit dem Rollstuhl aus dem Medical Center rollen wollte, kam ich plötzlich nicht mehr weiter. Ich drehte mich um und bemerkte einen Krankenpfleger, der die Haltegriffe gepackt hatte.

»Ähm, kann ich weiterrollen?«, fragte ich den Typen.

»Nee, sorry, den Rollstuhl brauchen wir hier für den nächsten Patienten.«

Okay, das sah ich ein. Mit einem Rollstuhl im Sand zwischen Kühen rumzurollen machte sowieso keinen Sinn. Ich stand auf, stützte mich auf Steffi und blickte wieder zurück zum Krankenpfleger. »Kann ich vielleicht Krücken bekommen?«

Der Krankenpfleger schüttelte den Kopf: »Wir haben nur Krücken für Patienten, die sich im Medical Center aufhalten.«

Es gibt Momente, die nur mit ironischem Lachen auszuhalten sind. Also lachte ich einmal laut. Danach humpelte ich mit Steffis Hilfe den ganzen Weg zurück zu unserer Unterkunft. Ich verzichte auf die Beschreibung der Schmerzen, die mir dabei fast die Schädeldecke vom Kopf sprengten. Zu Hause angekommen, kratzten wir das Eis von den Innenwänden unseres Kühlschranks, um der Schwellung etwas entgegenzusetzen. Dann ging Steffi noch mal los, um den Caipirinha-Verkäufern ein paar ihrer Eiswürfel abzuschwatzen. Björn, der neugierig in unserer Unterkunft gewartet hatte, reichte mir Naturheilmittel in Form einer selbst gedrehten THC-Kräuterzigarette.

In den nächsten Tagen schaffte ich es, über Facebook eine Physiotherapeutin in Jeri ausfindig zu machen und einen Termin zu vereinbaren. Bis dahin war ich damit beschäftigt, mobil zu werden. Ich war ein Häufchen Elend und gar nicht mehr der lustige, frohe Nick, den alle am ersten Tag kennengelernt hatten. In einem kleinen brasilianischen Hardware-Store – eigentlich mehr einer Hütte, in der alles Mögliche durcheinanderlag – organisierte ich die Holzstiele eines Spatens und ließ Plastikrohre auf eine bestimmte Länge zuschneiden. So bastelte ich mir behelfsmäßig eine Art Krücken. MacGyver wäre stolz auf mich gewesen. Mit den Rohren verlängerte ich die Holzstiele und setzte unten noch kleine Plastikstöpsel drauf, damit kein Sand reinkommen konnte. Weil das Holz unter den Achseln sehr wehtat, polsterte ich die Enden mit Schaumstoffschläuchen aus. So kam ich wenigstens ein bisschen voran.

Die Physiotherapeutin musste mich noch ein paar Tage vertrösten, da das Bein noch zu stark angeschwollen war. Die Wartezeit bis zur Behandlung verbrachte ich fast ausschließlich in der Hängematte und ohne Bewegung.

Als mein Bein mit den zwei Oberschenkeln endlich wieder ein wenig Form bekam, wurde ich dazu genötigt, es komplett zu rasieren. Ich begab mich in einen kleinen Wettbewerb mit Steffi: Wer von uns beiden bekam die glatteren Beine hin? Es wurde ein Unentschieden. Anschließend machte die Physiotherapeutin einen Ultraschall, der eine meiner düsteren Vorahnungen Realität werden ließ: Muskelfaserriss. Herzlichen Glückwunsch. Für mich bedeutete das: Der Brasilien-Roadtrip war gelaufen. Das war noch ein viel größerer Schmerz als der physische, den ich permanent aushalten musste. Ich war mit so vielen Plänen und so viel Vorfreude nach Brasilien gekommen: das Land erkunden, eine gute Zeit mit Steffi und Björn haben, Silvester in Rio feiern und so weiter. Das Einzige, was mein Muskelfaserriss nun dazu zu sagen hatte, war: »Nö.«

Gleichzeitig war mir auch klar, dass mein Roadtrip-Ende nicht das Roadtrip-Ende für Steffi und Björn bedeuten musste. Ich kann es sowieso nicht leiden, wenn mich jemand den ganzen Tag bemuttert, weil ich krank bin. Im Gegenteil: Ich bin dann lieber alleine. Also sagte ich den beiden, dass sie einfach weitermachen sollten wie geplant. Shit happens.

Doch erst mal genossen Steffi und Björn die weiteren Tage in Jeri, während ich deprimiert herumlag. Es ist wirklich Mist, wenn du die Abenteuer vor der Nase hast, aber physisch zu nichts in der Lage bist. Das ist auch der Grund, warum ich immer sage: »Setz deine Träume jetzt in die Realität um! Warte nicht auf morgen oder auf die Rente. Geld kannst du immer irgendwie verdienen, aber die Zeit, in der es dir gut geht, bekommst du nie wieder zurück.« Ich jedenfalls hatte wieder einmal bemerkt, wie schnell Freiheiten weg sein können, wenn die Gesundheit nicht mitspielt.

Am Ende war ich insgesamt sechs Wochen in Brasilien. Oder besser: Ich lag sechs Wochen in Brasilien herum. Unter anderem auch in besagter Hängematte auf der Ilha do Guajiru, wo mir Freddy Gesellschaft leistete. Steffi und ich waren gemeinsam dorthin übergesiedelt und hatten noch zusammen Weihnachten verbracht. Danach reiste sie nach Rio, um Silvester mit Freunden zu feiern. Björn war zuvor schon allein weitergegondelt.

Nachdem Steffi weg war, tauschte ich humpelnd die Hängematte auf der Ilha do Guajiru gegen eine Hängematte in Pipa. Als ich dort lag und nichts anderes zu tun hatte, schnappte ich mir mein Smartphone und begann, die Geschichten für mein erstes Buch einzusprechen. Man kann also sagen: Mein erstes Buch verdanke ich dieser Zeit, in der ich zu endloser Ruhe gezwungen wurde. Oder um es anders auszudrücken: »Shit happens« ist immer auch das, was du draus machst.

KÖRPERLICHER SCHMERZ	★★★☆☆
HERZSCHMERZ	★☆☆☆☆
MINDFUCK	★☆☆☆☆
TOLLPATSCHFAKTOR	★★☆☆☆
GEFAHR	★★★☆☆

AM TROPF

DAHAB, ÄGYPTEN · NOVEMBER 2017

Nach Ägypten hat es mich schon einige Male verschlagen. Es gibt dort ein ehemaliges Fischerdorf auf der Sinaihalbinsel, gar nicht weit entfernt von Sharm el Sheikh: Dahab. Das ist ein zuckersüßer kleiner Ort, der sich ganz wunderbar dafür eignet, tauchen zu gehen und Abenteuer zu erleben. Hier haben Steffi und ich schon öfter Camps für digitale Nomaden veranstaltet: zwei Wochen Land und Kultur erleben, arbeiten, sich gegenseitig helfen und austauschen. Das brachte eine ganze Menge Organisationsaufwand mit sich, und es gab viel zu planen: Wie reist wer an und kommt von A nach B? Wo übernachten wir alle? Wie gestalten wir ein ausgewogenes Programm aus Arbeit, Mehrwert, Abenteuer und Spaß? 2017 stand wieder eines dieser sogenannten DNX-Camps in Dahab an. Die ersten Teilnehmer waren schon angekommen oder trafen den ganzen Tag über nach und nach ein. Erst am nächsten Tag war ein gemeinsames Kennenlernen geplant.

Eine Teilnehmerin war Sonja. Da sie schon recht früh angereist war, nutzte sie den Leerlauftag, um sich schon einmal mit der Ortschaft vertraut zu machen. Sie ging ans Meer, kaufte sich Streetfood oder ging essen und machte einen Fehler, vor dem sich jeder Reisende hütet, der die Folgen schon einmal durchgemacht hat: Sie bezahlte bar.

In Ägypten ist das Bargeld unwahrscheinlich dreckig, vor allem die Scheine. Bedeutet: Wenn du etwas mit Bargeld bezahlst und dir nicht sofort danach die von jeder halbwegs ordentlichen Gesundheitsbehörde empfohlenen zwanzig bis dreißig Sekunden die Hände wäschst, spielst du Russisch Roulette. Mit Keimen. Das kann gut ausgehen, muss es aber nicht.

Sonja zog im Casino Royale der Geldscheinbazillen im wahrsten Sinne des Wortes die totale Arschkarte. Am nächsten Morgen wachte sie mit Bauchschmerzen und Durchfall auf, und es dauerte nicht lange, bis sie vollkommen geschwächt und lethargisch im Bett lag. Da ich schon einige Male in Dahab gewesen war und bereits unter ähnlich tollen Bedingungen Glücksspiele gespielt hatte, rief ich am Nachmittag den Mann der Stunde an:

Dr. Bob. Er heißt nicht wirklich so, aber da ich mir seinen Namen anfangs nicht merken konnte, nannte ich ihn in Anspielung ans TV-Dschungelcamp insgeheim so.

Auf Dr. Bob ist Verlass, und so stand er wenig später vor der Tür. Dr. Bob ist ein groß gewachsener Mann – in alle Richtungen. Er ist genauso riesig wie breit. Ein richtiger Balu der Bär mit freundlichem Grinsen und gemütlichem Gang. Meine bisherige Erfahrung mit ägyptischen Ärzten ist folgende: Egal, was du hast, ob Bauchweh, Ohren- oder Kopfschmerzen, Durchfall oder Fieber, zuerst gibt es immer eine Infusion. Ich war also nicht verwundert, als Dr. Bob einen Blick auf Sonja warf, ein paar Fragen stellte und gleichzeitig einen Infusionsbeutel aus der Tasche zog. Es waren kaum dreißig Sekunden vergangen, schon hatte Dr. Bobs Hilfsarzt die Infusion an Sonja angestöpselt. Wir schauten zu, wie er den Beutel an einen Kleiderbügel und den Kleiderbügel an eine Lampe hängte.

»Bald geht es ihr wieder besser«, brummte Dr. Bob zufrieden. Dann klingelte sein Handy. Offenbar gab es einen Notfall, und er musste mit seinen Infusionsbeuteln schnell dazukommen. Dr. Bob drehte sich Steffi, Sonjas Zimmernachbarin Lea und mir zu: »Leider müssen wir sofort los und können nicht warten, bis die Infusion durchgelaufen ist. Ist hier jemand in der Lage, die Infusionsnadel im Anschluss zu entfernen?«

Wir schauten ihn mit großen Augen an. Steffi und Lea waren beide – wohlwollend betrachtet – eher zurückhaltend. Sonja selbst war das Ganze natürlich nicht zuzumuten. Es war eine Situation wie im Film, wenn ein Freiwilliger gesucht wird: Alle treten einen Schritt zurück, und der einzige Depp, der nicht so schnell schaltet, steht plötzlich als Auserwählter vorne. In diesem Fall war ich dieser Depp. Ich räusperte mich: »Ja klar, einfach nur rausziehen dann?«

Konnte so schwer eigentlich nicht sein, oder? Das sollte im Vergleich zu meinen Harpunenerfahrungen auf den Fidschis ein Kinderspiel sein. Bei einer OP am offenen Herzen hätte ich mehr gezögert, aber das? Das würde ich schon hinkriegen.

Ich kriegte es nicht hin. Jedenfalls nicht besonders gut. Während der Wartezeit hatten wir an Sonjas Bett gesessen, ihr Wadenwickel gemacht, Elektrolyte verabreicht und Salzstangen besorgt. Doch auch als die Infusion endlich durchgelaufen war, ging es ihr noch richtig dreckig. Zudem tat ihr die Einstichstelle der Nadel höllisch weh, was mich vermuten ließ, dass Dr. Bobs Hilfsarzt vielleicht mehr Hilfs- als -arzt war. Gut also, dass das Ding jetzt rauskam. Ich kniete vor Sonjas Bettkante, legte ihren Arm vor mich auf die Matratze und fing an zu operieren. Natürlich hoch konzentriert, denn ich wollte Sonja nicht noch mehr Schmerzen bereiten, als sie eh schon die ganze Zeit hatte. Zuerst löste ich das Pflaster, mit dem die Nadel befestigt worden war. Dann begann ich, die Nadel langsam herauszuziehen. Ich hatte damit gerechnet, dass das Ding vielleicht zwei Zentimeter tief drinstecken würde, aber dem war nicht so. Vorsichtig zog und zog ich daran, aber es wurde immer länger. Von Sonja waren unterdessen Geräusche zu hören, die eindeutig machten, wie weh ihr die Prozedur tat. Mir wurde mulmig zumute. Es sah aus, als würde ein langer weißer Faden aus ihrer Haut hängen. Ich wusste nicht, was ich tun sollte: aufhören, langsam weiterziehen oder die Sache mit einem Ruck so schnell wie möglich beenden? Alles wieder zurückdrücken? Ich war völlig überfordert. Hinter mir hielten sich Steffi und Lea die Augen zu. Sonja schrie vor Schmerz auf. Es half alles nichts, also zog ich weiter. Nach ungefähr zehn Zentimetern war der Schlauch aus dem Arm raus. Und mit ihm einiges an Blut. Das weiße Laken sah aus wie ein Schlachtfeld. Das war der Moment, als wir alle ein bisschen in Panik ausbrachen. Es war eine gruselige Situation: Da saß ich in Ägypten und machte, was eigentlich der Hilfsarzt hätte tun sollen. Aber wer weiß, wie das dann ausgegangen wäre, denn jetzt war mir völlig klar, dass der Typ schon das Legen der Infusion richtig vermasselt hatte.

Sonja ging es den ganzen weiteren Tag nicht besser, weshalb sie beschloss, am darauffolgenden Morgen zurück nach Deutschland zu fliegen. Um ihre kurze Ägyptenerfahrung ist sie nicht zu beneiden. Stell dir vor, du kommst in ein Land, verbringst einen schönen Abend und freust dich auf eine super Zeit mit tollen Leuten. Doch alles, was du erlebst, sind Übelkeit und Schmerzen. Am Ende fliegst du nach zwei Tagen Tortur wieder nach Hause.

Natürlich tat es mir unwahrscheinlich leid für sie, aber wir konnten nichts dafür. Solche Erlebnisse passieren beim Reisen leider auch. Seit dieser Geschichte schreiben wir auf unsere Camp-Anmeldungen immer einen deutlichen Hinweis in Sachen Bargeld: Wenn es genutzt wird, dann nur in Kombination mit viel Hygienespray oder ausgiebigem Händewaschen. Ein anderer Tipp: Hin und wieder einen Schnaps trinken, um die Bakterien abzutöten. Oder lokalen Joghurt beziehungsweise lokale Milch trinken, das soll dem Körper helfen, sich an die heimischen Bakterienkulturen zu gewöhnen. Die Moral von der Geschichte? Geld macht tatsächlich nicht immer besonders glücklich. Und Ägypten manchmal auch nicht. Das sollte ich noch bei einer anderen Gelegenheit erfahren, die sich erneut im Rahmen eines DNX-Camps ereignete.

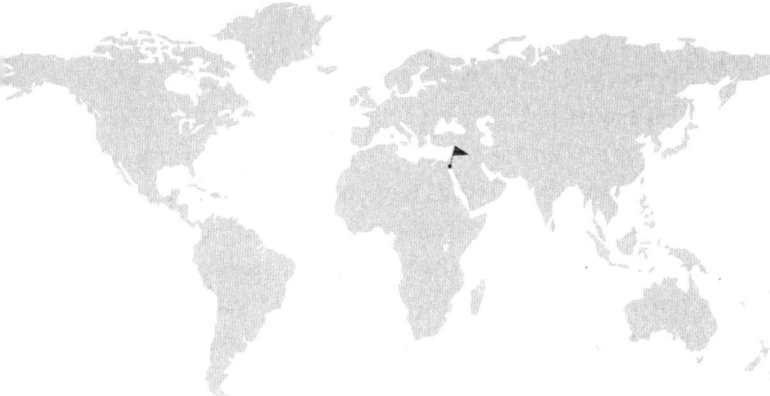

KÖRPERLICHER SCHMERZ	★★★★☆
HERZSCHMERZ	☆☆☆☆☆
MINDFUCK	★★☆☆☆
TOLLPATSCHFAKTOR	★★★☆☆
GEFAHR	★★★★☆

AM ABHANG

DAHAB, ÄGYPTEN · OKTOBER 2018

Tauchen wir ein in die ägyptischen Nächte. Neben wunderschönen Kite-Spots und großartigen Taucherlebnissen gibt es im Land der Pyramiden nämlich noch ein weiteres Abenteuer, das man sich keinesfalls entgehen lassen sollte: eine Nacht in einem Wadi. Wadis sind Täler oder Flussläufe, die manchmal – zum Beispiel nach starken Regenfällen – Wasser führen, aber die übrige Zeit als Trockentäler in der Sonne vor sich hin brutzeln. In diesen felsigen Landschaften kannst du tagsüber super wandern und klettern. Ihre wahre Pracht entfaltet sich aber erst nachts: In der ganzen Umgebung gibt es keine Lichtquelle, und so erscheint bei Einbruch der Dunkelheit der schönste Sternenhimmel, den du dir vorstellen kannst. Jedes Mal, wenn ich in Ägypten bin, verbringe ich mindestens einen Abend in einem Wadi. Natürlich stand dieses Erlebnis auch bei unseren Camps auf der To-do-Liste.

Eines Tages war es wieder so weit. Bevor wir mit den Beduinen, die uns begleiteten, ein Lagerfeuer entzündeten und zu volkstümlicher Leiermusik ein landestypisches Essen genossen, brachen wir auf, um eine Klettertour durchs Wadi zu machen. Ich liebe es, wenn ich herumklettern kann. Das Problem an Wadis aber ist, dass es zwischen diesen steinbruchartigen Felsen sehr viel Geröll und scharfkantige Steine gibt. Du musst höllisch aufpassen, denn viele davon liegen sehr locker und machen deshalb schnell einen Abgang, wenn du sie mit dem falschen Fuß erwischst. Ganz wadierfahren, gab ich unseren Teilnehmern also Tipps und schärfte ihnen noch einmal ein, bloß vorsichtig zu sein.

Wenig später kraxelten wir auch schon durch die Gegend – vornehmlich die Herren der Schöpfung, während die Mädels unten standen und miteinander quatschten. Irgendwann stand ich relativ weit oben auf einer Art Klippe. Die Aussicht war herrlich: Vor mir erstreckte sich die sandige Weite des ausgetrockneten Flussbettes, dahinter erhoben sich riesige Berge. Einfach traumhaft!

Als der Abend nahte und die Sonne schon recht tief am Himmel stand, beschloss ich, wieder zu den anderen hinunterzuklettern. Was ich zu dem Zeitpunkt längst wusste, aber aufgrund einer auffallend oft auftretenden temporären Amnesie mal wieder vergessen hatte: Hochklettern ist immer sehr viel einfacher, als wieder hinunterzukommen. Ich schaute mich um und entdeckte einen kleinen Abhang, den ich locker hinunterklettern konnte. Dachte ich. Es stellte sich allerdings heraus, dass dieser Abhang ein als festes Gestein getarnter Geröllhaufen war. Kaum setzte ich einen Fuß darauf, rutschte ich auch schon los. Ich ging sofort in die Hocke, krallte mich mit den Händen an den Steinen fest und kam zum Halt. Dummerweise saß ich nun mitten drauf auf der Schräge. Ich sondierte meine Lage: Hoch ging es durch das Geröll nicht mehr, also musste ich wohl oder übel weiter runter. Ich stützte mich mit den Händen ab und ließ mich langsam, Meter für Meter, den Abhang hinuntergleiten. An sich ein guter Plan. Was ich dann aber bemerkte: Der recht steil abfallende Abhang war nicht nur ein Geröllhaufen, der jeden Moment losrattern konnte, er endete auch noch in einer fiesen Sackgasse in Form eines scharfen Felsvorsprungs und eines rund zehn Meter tiefen Nichts. Darunter standen Steffi und die Camp-Teilnehmer und schauten gebannt nach oben.

Jemand rief mir zu: »Du musst wieder hoch! Ein Stück weiter rechts kannst du gut runterklettern!« Ich runzelte die Stirn: Jeder, der schon einmal eine stinknormale Rutsche auf einem Kinderspielplatz hochgeklettert ist, weiß, wie schwierig das sein kann. Jetzt stell dir vor, diese Kinderrutsche ist mit Geröll bedeckt und endet in einem Abgrund! Ich fluchte innerlich: Warum hatte ich nicht besser aufgepasst?

Es half alles nichts, ich musste einen Weg nach unten finden. Schließlich konnte ich nicht den Rest meines Lebens auf den Felsen herumsitzen. Also los! Ich blieb in der Hocke und versuchte, mich langsam und Stück für Stück rückwärts nach oben zu stemmen. Doch schon nach ein paar Sekunden verlor ich wieder den Halt und schlitterte ein gutes Stück abwärts. Mein Herz pochte so laut in meinem Schädel, dass ich die erschrockenen Schreie von unten kaum wahrnahm. Gerade mal ein paar Meter vor der Felskante kam ich endlich wieder zum Stehen. Ich atmete schnell und keuchend. Dann schaute ich nach oben. Es war eigentlich nicht weit bis zum rettenden Gipfel, doch es war sehr steil. Von unten sah es sogar noch viel steiler aus als von oben. Ich wusste: Noch so eine Rutschpartie konnte ich mir nicht erlauben, denn dann würde ich den Abhang hinunterkrachen und mich sogar an den Tag zurückwünschen, als mir mit der Harpune direkt in die Brust geschossen worden war. Vorausgesetzt, ich konnte mir dann überhaupt noch etwas wünschen.

Als ich mich etwas gesammelt hatte, versuchte ich mich wieder am Aufstieg. Wie ein Krebs krabbelte ich Stück für Stück hoch. Meine Hände, meine Schuhsohlen und mein Hintern blieben die ganze Zeit in Kontakt mit dem Felsen. Voll im Fokus behielt ich immerzu den Abgrund im Blick. Ich hatte ein gutes Stück geschafft, da verlor ich erneut den Halt. Ich rutschte die ganze Strecke zurück, die ich mich hochgekämpft hatte. Langsam zwar, aber unaufhaltsam.

Die Sekunden kamen mir vor wie Stunden. Ich rammte meine Hacken in den Boden, krallte meine

Finger ins Geröll und versuchte, das Schlittern zu stoppen. Am Ende schaffte ich es, mit Händen und Füßen zu bremsen. Mir ging ordentlich die Pumpe. »O Gott, o Gott, o Gott«, war das Einzige, was ich denken konnte. Es dauerte ein paar Minuten, bis ich mich wieder einigermaßen gesammelt hatte. Danach beschloss ich endgültig, dass der Weg nach oben unmöglich war. Wer weiß, ob ich noch mal Halt finden würde, wenn ich wieder abrutschte? Ich blickte mich hektisch um und begann, mich parallel zum Abgrund vorzuschieben. Wenn ich seitlich um die Rutschbahn herumkam, würde ich sicher auch wieder festen Stein finden. Gerade mal drei oder vier Meter von der Felskante entfernt, bewegte ich mich wie eine Spinne seitwärts. Durch meine Adern jagte so viel Adrenalin, dass ich damit locker eine komplette Tour meiner Liveshows ausgekommen wäre. Auf jeden Fall sorgte dieser Power-Stoff in meiner Blutbahn dafür, dass ich überhaupt keinen Schmerz wahrnahm. Als ich mich endlich auf festen Stein hieven konnte und in Sicherheit war, fing mein ganzer Körper an zu zittern. Ich schwitzte aus allen Poren.

Erst jetzt bemerkte ich, dass mir die Hände wehtaten. Ich drehte meine bebenden Hände um und sah den Schlamassel: Ich hatte mir während der Rutschpartien die kompletten Handflächen am Geröll aufgerissen. Alles war voller Schürfwunden und Blut. Viele kleine Steine hatten sich unter die zerfetzten Hautschichten gebohrt. Im gleichen Moment, als ich erkannte, was mit meinen Händen los war, begann der Schmerz. Es tat höllisch weh. Trotzdem musste ich noch den Rest des Berges hinunterklettern. Es war fast unmöglich mit meinen blutenden Händen, in denen ich jedes einzelne brennende Staubkorn zu spüren glaubte.

Wenn man daran denkt, wie viel mit Bazillen übersätes Geld anrichten konnte, wollte ich mir gar nicht ausmalen, was der Wüstendreck auf meinen offenen Händen verursachen würde. Als ich endlich unten ankam, wollte ich deshalb sofort meine Hände desinfizieren. Steffi hatte denselben Gedanken gehabt und kam mit einer Flasche Desinfektionsspray angelaufen.

»Soll ich?«, fragte sie besorgt.

»Ja, mach«, presste ich unter Schmerzen hervor.

Als sie lossprühte und sicherheitshalber die halbe Flasche auf meinen Wunden verteilte, passierte eine Millisekunde nichts. Dann brach ein wahrer Feuersturm auf meinen Handflächen los. Zum Glück ist ein Wadi ein recht verlassener Ort und die nächste Siedlung kilometerweit entfernt. Ansonsten hätten alle Ägypter bei dem Schrei, den ich losließ, vor lauter Schreck ihre Shisha-Schläuche verschluckt.

Ein paar Stunden später lag ich mit pochenden Händen auf einer der Beduinendecken und starrte hinauf in den unfassbar schönen Sternenhimmel. Es ist so leise in einem Wadi, dass dir die Stille fast schon wieder laut in den Ohren rauscht. Das fühlt sich komisch an, so ähnlich, als wärst du unter Wasser. Doch auch wenn es weniger leise gewesen wäre, hätten meine Gedanken alles übertönt. Immer und immer wieder spielten sich vor meinem inneren Auge die Szenen auf dem Berg ab. Ich fragte mich: Wo hört Abenteuer auf – und wird zu Leichtsinn?

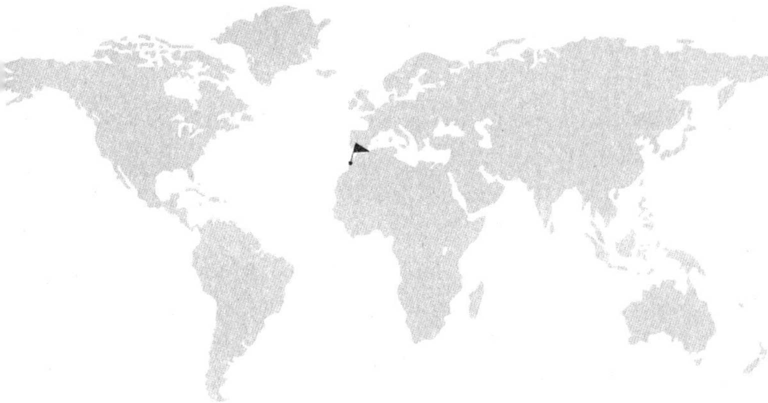

KÖRPERLICHER SCHMERZ	☆☆☆☆☆
HERZSCHMERZ	☆☆☆☆☆
MINDFUCK	★☆☆☆☆
TOLLPATSCHFAKTOR	★★★★★
GEFAHR	☆☆☆☆☆

UNTENRUM FREI

TAGHAZOUT, MAROKKO · MÄRZ 2016

Mit Leichtsinn hat die folgende Geschichte nichts zu tun. Höchstens mit leichter Bekleidung. Aber ich fange mal von vorne an. Ich steckte gerade wieder mitten in einem Abenteuercamp, das Steffi und ich ausrichteten. Dieses Mal aber nicht in Ägypten, sondern in einem wunderschönen kleinen marokkanischen Ort namens Taghazout. Dort gibt es wie in ganz Marokko etwas, das jeder ausprobieren sollte, der einmal gepflegt die Seele baumeln lassen möchte: marokkanische Hammams. Ein Hammam ist ein traditionelles Badehaus, das dem türkischen

Hamam ganz ähnlich ist. Alles, was ich wusste, bevor ich selbst dort an die Tür klopfte: Das marokkanische Hammam-Ritual dreht sich um Peeling und Massage. Eine Bekannte von Steffi und mir hatte uns einen Geheimtipp gegeben, und so fuhren wir ein Stück aus der Ortschaft raus in die Berge. Am Ziel angekommen, hielten wir vor einem ganz normalen marokkanischen Häuschen: nicht besonders groß, nicht besonders klein, zwei weiß getünchte Ebenen mit einem Stück Garten vorne dran und einem bunten Türrahmen.

Als wir über die Schwelle traten, standen wir direkt vor einer Rezeption, bei der wir uns zunächst anmelden mussten. Es konnten immer zwei Personen gleichzeitig an diesem kulturellen Bad teilnehmen. Vor uns waren unsere Freundinnen Ani, meine Co-Autorin, und Anja dran gewesen. Die beiden waren dann auch das Erste, was ich sah, als wir in das Haus geführt wurden. Ani und Anja thronten, eingewickelt in alte Herrenbademäntel und mit Handtuchturbanen auf dem Kopf, auf einer riesigen Couch und hatten zwei Tässchen Tee vor der Nase. Sie sahen aus wie zweimal Witwe Bolte aus *Max und Moritz*. Es war ein Bild für die Götter. Mich haute es vor Lachen fast aus den Flipflops, aber da im Hammam ähnliche Stille herrschen soll wie in einer Bibliothek, musste ich das lautlos über die Bühne bringen.

Als ich mich soweit erholt und mir die Lachtränen aus den Augenwinkeln gewischt hatte, waren Steffi und ich dran. Ich ahnte natürlich, dass Ani und Anja längst dachten: »Warte mal ab, Nick. Wer zuletzt lacht, lacht am besten!« Schließlich würde ich ebenfalls bald mit einem dieser Handtuchturbane auf der Couch liegen. Aber es sollte noch besser kommen.

Eine marokkanische Hammam-Behandlung besteht aus zwei Teilen. Im ersten wirst du sozusagen »aufgeweicht«. Nachdem Steffi und ich uns bis auf Badehose und Bikini aus- und einen Herrenbademantel drübergezogen hatten, wurden wir von einer freundlichen, recht robusten Marokkanerin namens Fatima in eine Dampfsauna geführt. Das war in diesem Fall ein großer, von oben bis unten gekachelter Raum.

»Was ist denn das?«, fragte ich Steffi, als wir wieder allein waren, und zeigte auf eine Art gefliesten Altar, der in der Mitte des Raumes stand.

»Keine Ahnung.« Steffi zuckte mit den Schultern.

Weil wir nicht wussten, was wir sonst tun sollten, setzten wir uns auf die in die Wand eingelassenen Bänke. Nach einigen Minuten steckte Fatima erneut den Kopf zur Tür herein und sagte, dass sie in ein paar Minuten wieder zu uns kommen würde. Weil die Sitzbänke ebenfalls mit Kacheln verkleidet waren, dauerte es nicht lange, bis Steffi und ich ordentlich vor uns hin schwitzten. Sauna eben.

Als wir uns nach zwanzig Minuten langsam vorkamen wie in einem Schongarverfahren, fragten wir uns, ob Fatima jemals wiederkommen würde. Wie aufs Stichwort öffnete sich die Tür mit Schwung, und unsere freundliche Marokkanerin war wieder da. Sie grinste uns an, zeigte mit einer Hand auf den Kachelaltar und gab uns zu verstehen, dass einer von uns sich da jetzt mal drauflegen sollte. Und zwar »mit Rücken oben und Gesicht unten«.

Steffi überließ mir den Vortritt, und wenige Sekunden später lag ich wie eine Kaulquappe auf dem Altar. Dann begann Fatima auch schon mit ihrer Prozedur: Sie rieb mit einer Drahtbürste meine ganze Haut ab. In Wirklichkeit hatte sie einen Naturschwamm in der Hand und rubbelte an meinem verschwitzten Körper herum. Doch ich schwöre, es tat genauso weh, als hätte sie eine Drahtbürste in der Hand gehabt. Eine grobe. Das war wirklich nicht sonderlich gemütlich. Mehr so, als würde ein Angler eine Forelle entschuppen. Mit schnellen, kräftigen Bewegungen. Ich fragte mich, ob mir der Schweiß aus den Augen tropfte oder ob ich vielleicht ein kleines bisschen weinte. Nachdem Fatima mit meinen Armen und Beinen rückseitig durch war, tönte sie fröhlich: »Einmal umdrehen, bitte!« Als ich mich hochstemmte, wäre ich beinahe vom Altar geflutscht, so glitschig war es auf der Fläche. Wenigstens aber war es warm. Sobald ich sicher lag, machte sich Fatima über meine Füße, meine Schienbeine und die Oberschenkel her. Sie bearbeitete jeden Zentimeter Haut und zog die »Drahtbürste« sogar zwischen meinen Zehen durch. Bei dieser sehr empfindlichen Haut konnte ich ein paar Schmerzenslaute nicht unterdrücken. Steffi brach in lautes Lachen aus, als Fatima bemerkte: »Hahaha, he cries like baby!«

Abgesehen von meinem Gemecker und Steffis dreckiger Lache, wurde die ganze Zeremonie akustisch einzig von einem durchdringenden Scheuergeräusch begleitet, das der Schwamm auf meiner Haut verursachte. Es hörte sich ein bisschen so an, als ob man die Hände fest gegeneinanderreiben würde, nur viel lauter, da das Geräusch mehrfach von den gekachelten Wänden widerhallte.

Als meine Arme und mein Oberkörper dran waren, bemerkte ich, dass durch das Scheuern ganz viele kleine schwarze Würmer auf meiner Haut zurückblieben. »Ja, ihhhh! Was'n hier los?«, fragte ich Steffi.

Fatima, die zwar kein Deutsch verstand, aber sich wohl denken konnte, warum ich mein Gesicht so verzog, grinste breit. Sie hielt einen der schwarzen Würmer hoch und sagte: »Old skin!«

Boah, wie eklig. Fatima allerdings fand meinen Gesichtsausdruck zum Schießen und lachte herzlich.

Als Steffi an der Reihe war, konnte ich mir das Ganze noch mal aus der Zuschauerperspektive anschauen. Von außen betrachtet, sah das Peeling tatsächlich ganz entspannend aus. Trotzdem musste jetzt auch ich lachen, verzog aber gleichzeitig die Miene: Da lag meine halb nackte Freundin auf einem Kachelaltar, und überall klebten diese schwarzen Dinger auf ihr. Sexy.

Wenig später standen wir beide rot geschrubbt mitten im Raum, während Fatima eimerweise warmes Wasser über uns kippte. Das tat ziemlich gut. Sie reichte uns Handtücher zum Abtrocknen und rieb uns dann mit Arganöl ein. Dieses Öl wird aus den Beeren des Arganbaums gewonnen, der nur in Marokko wächst. Unter anderem wird das Öl zur Schönheitspflege genutzt, weil es, wie Fatima uns mit Händen und Füßen erklärte, entzündungshemmend ist und trockene Haut beruhigt. »Oder Haut, die gerade mit einer Drahtbürste beackert wurde«, dachte ich.

Als wir schließlich mit Öl eingerieben und – wie zuvor Ani und Anja – in unsere Männerbademäntel gewickelt auf der Couch vor einem Tee saßen, stellte sich ein angenehm wohliges Gefühl in mir ein. In der duftgeschwängerten, warmen Atmosphäre hätte ich jetzt locker ein kleines Schläfchen halten können. Doch schon kam eine Frau um die Ecke, die sich uns als eine der Masseurinnen vorstellte. Wunderbar, endlich kam der wirklich angenehme zweite Teil der Hammam-Behandlung: Massage! Die Frau führte uns in einen Raum mit zwei Liegen. Sie gab Steffi zu verstehen, dass sie ihren Bikini ausziehen sollte, dann würde sie gleich wiederkommen. Als Steffi sich frei machte, zog auch ich gleich mal blank. Für die Wartezeit schlüpften wir dann noch einmal in unsere Bademäntel.

Nachdem die Masseurin zurückgekommen war, legte sich Steffi nackt auf eine der Liegen und wurde durchgeknetet. Sofort entspannten sich ihre Gesichtszüge, und ich konnte ahnen, wie gut diese Massage tun musste. Etwas ungeduldig schaute ich zur Tür. Ich wollte auch! Deshalb sprang ich sofort auf, als meine Masseurin hereinkam, und riss mir den Bademantel vom Leib. Von mir aus konnte es sofort losgehen! Als meine Masseurin sich jedoch zu mir umdrehte, schlug sie mit einem Mal die Hände vors Gesicht und fing an zu schreien: »Oh nooo! Nooooo!« Erschrocken schauten nun auch Steffi und ihre Masseurin zu uns herüber. Letztere fing ebenfalls an zu kreischen. »No! No!« Steffi verdrehte die Augen und dachte wohl etwas wie: »O Mann, Nick! Typisch mein Freund!«

Ich stand währenddessen da, wie Gott mich erschaffen hatte, und war verwirrt. Was war denn nun los? Es dauerte jedoch nur einige Sekunden, bis ich begriff: Die Frauen waren entsetzt, dass ich mich komplett ausgezogen hatte. Schnell griff ich nach meiner Badehose und schlüpfte hinein. Hinter mir hörte ich Steffi glucksen. Meine Masseurin war unterdessen aus dem Raum gestürzt und lugte nun vorsichtig um die Ecke. »Entschuldigung«, bedeutete ich ihr grinsend. Die Situation war wirklich ein bisschen komisch. Dennoch gab ich mir große Mühe, nicht zu lachen. Es war das totale Missverständnis gewesen, ein echter Lost-in-translation-Moment. Ich hatte es so verstanden, dass wir uns komplett ausziehen sollten. Erst jetzt bemerkte ich, dass auch Steffi noch ihr Bikinihöschen trug.

Innerlich schlug ich die Hand vor den Kopf. Hätte ich mir ja selbst denken können, dass die Frauen in einem traditionellen marokkanischen Hammam auf eine Badehose Wert legen. Als sich alle wieder beruhigt hatten, erhielt ich zum Glück endlich meine Massage. Es hätte mich aber auch nicht gewundert, wenn im Moment nach meiner Entblößung der Hausherr hereingekommen wäre und mich aufs nächste Kamel in Richtung Taghazout gesetzt hätte.

Insgesamt kann ich eine marokkanische Hammam-Behandlung nur jedem empfehlen. Es ist zwar anfangs etwas unbequem, aber auch ganz lustig. Vor allem wenn man zu zweit ist. Wir haben zwischendurch viel gelacht. Am Ende fühlst du dich wie ein Baby und hast mindestens genauso samtweiche Haut. Wenn du eine Behandlung im marokkanischen Hammam buchst, solltest du dir jedoch für den restlichen Tag nicht mehr so viel vornehmen, da du anschließend in einen absoluten Ruhemodus verfällst. Wir jedenfalls traten selig grinsend unsere Rückreise ins Camp an. An die Herren der Schöpfung: Lernt aus meinen Fehlern und lasst bloß die Badehose an!

KÖRPERLICHER SCHMERZ	☆☆☆☆☆
HERZSCHMERZ	☆☆☆☆☆
MINDFUCK	★★★☆☆
TOLLPATSCHFAKTOR	★★★★★
GEFAHR	☆☆☆☆☆

SHISHAS DOWN UNDER

MELBOURNE, AUSTRALIEN · JANUAR 2011

Wo wir gerade bei Missverständnissen sind, muss ich an eine Situation denken, in die ich in Australien geschlittert bin. Damals hatte ich ein Work-and-Travel-Visum und jobbte in einem kleinen Thai-Restaurant als Floor-Manager und Bedienung. Eines Tages tauchten zwei Däninnen im Restaurant auf, mit denen ich ins Gespräch kam. Wir verstanden uns so gut, dass ich mich nach meiner Schicht noch zu ihnen an den Tisch setzte. Schnell plauderten wir über alles Mögliche. Unter anderem fragten sie mich, was ich neben meiner Arbeit so anstellte. Ich erzählte ihnen, dass ich abends nach einer langen Schicht gerne mal in der Nähe eine Shisha rauchen ginge, also eine Wasserpfeife. Ich sagte aber nicht »Shisha«, sondern benutzte das englische Wort »hookah«. Ich erzählte, dass mich eine Hookah nach einem langen Arbeitstag richtig schön runterbringe und dabei der ganze Stress von mir abfalle. Mein Rezept für die totale Entspannung. Die zwei Däninnen schauten mich merkwürdig an. Eine der beiden fragte: »Eine was?«

Ich dachte mir, dass sie vielleicht noch nie eine Shisha geraucht hatten, deshalb begann ich, genauer zu erklären. »Eine Hookah! Das ist wirklich super, vor allem, wenn man gestresst ist. Du gönnst dir eine Hookah und lehnst dich einfach mal entspannt zurück. Schmeckt gut und ist auch nicht teuer – nur zehn Euro pro Stück.« Ich wunderte mich, denn nun schauten die Däninnen mich richtig verdutzt an. Dachten die vielleicht, dass ich geizig bin? Ich ergänzte sicherheitshalber: »Manchmal kaufe ich mir auch zwei hintereinander, wenn mir danach ist. Das macht den Kopf frei.«

Nachdem ich das gesagt hatte, schüttelten die beiden Däninnen den Kopf, nahmen ihre Sachen und ließen mich kommentarlos sitzen. Ich verstand nicht, was los war. Hatte ich etwas falsch gemacht?

Erst auf dem Nachhauseweg fiel es mir wie Schuppen von den Augen, und ich musste laut lachen. Ich hatte wie gesagt das englische Wort »hookah« für »Wasserpfeife« benutzt. Was ich nicht bedacht hatte: Das Wort hat eine Art Doppelgänger, der ähnlich ausgesprochen wird: »hooker«, was nichts anderes als »Prostituierte« heißt.

Während ich also die ganze Zeit von Wasserpfeifen geredet hatte, dachten die Däninnen, ich würde mir am Abend gerne mal eine gut schmeckende Prostituierte zur Entspannung gönnen. Manchmal auch zwei – die waren ja schließlich so günstig! Kein Wunder, dass die beiden angewidert abrauschten.

Mal wieder konnte ich von Glück reden, dass ich keine aufs Dach bekommen hatte. Auch wenn Situationen wie diese manchmal etwas unangenehm sein können, bereue ich keine davon. Denn obwohl ich bei den Däninnen nie die Gelegenheit bekommen habe richtigzustellen, dass ich kein geiziger Freier bin, so hat sich diese Geschichte als wunderbarer Eisbrecher bei anderen Gelegenheiten bewährt. Erzähl so was mal Leuten, die du gerade kennenlernst – im Nu ist die Stimmung locker, und alle müssen lachen. Ich umarme solche Momente also im Nachhinein. Im Englischen sagt man dazu »to embrace it«. Genau das tat ich hier und auch nach meinem Erlebnis mit den erschrockenen Hammam-Frauen in Marokko. Beide Situationen sorgen bis heute jedes Mal für viel Gelächter und gute Stimmung.

KÖRPERLICHER SCHMERZ	★★☆☆☆
HERZSCHMERZ	★☆☆☆☆
MINDFUCK	★★☆☆☆
TOLLPATSCHFAKTOR	★★★★☆
GEFAHR	☆☆☆☆☆

SHIT HAPPENS

SYDNEY, AUSTRALIEN · DEZEMBER 2010

Für ebenso viel Lachen, aber noch mehr Fremdschämen sorgt eine Geschichte, die ich noch nicht oft geteilt habe. Ich will nicht sagen, dass mir die Geschichte peinlich ist. Sie ist menschlich. Dennoch werden Erlebnisse wie dieses nicht unbedingt an die große Glocke gehängt. Mehr so an kleine Bimmeln. Man erzählt sie eher in Flüsterstimme und beginnt mit den Worten: »Du glaubst nicht, was mir passiert ist, das darf man echt keinem erzählen …« Aber nun gut. Wir wissen alle, warum wir hier sind, also lasse ich nichts aus. Reisen hat verschiedene dunkle Seiten.

Manchmal sind es auch Brauntöne. Also stellen wir uns dieser, sagen wir unangenehmen Geschichte, die ich in Australien erlebt habe.

Erst kurz zuvor hatte ich auf den Fidschis meinen heute sehr guten Kumpel Dan kennengelernt, mit dem ich mittlerweile schon zig Länder bereist habe. Wir hatten beschlossen, Silvester gemeinsam in Sydney zu verbringen, was sich anbot, da wir für diese Zeit bei Dans Tante und Onkel unterkommen konnten. Genau genommen wohnten wir nicht direkt in dem eher kleinen Haus von Dans Verwandten, sondern im Haus der Nachbarn, die verreist waren. Nach wochenlangen Hostelübernachtungen in freundlicher Gesellschaft der einen oder anderen Bettwanze jubelten Dan und ich, als wir schließlich vor einem riesengroßen Kingsize-Bett standen. Es war ein Traum. Wir hatten nicht nur wahnsinnig weiche Matratzen und ordentliches Bettzeug, sondern eine komplette Bude ganz für uns alleine. Alles hätte so schön sein können.

Doch leider hatten wir uns am ersten Tag in Australien jeder ein großes Sandwich einer bekannten Sandwichkette gegönnt. Es war lange her gewesen, dass wir so etwas genossen hatten, und wir freuten uns wie kleine Kinder, als wir davorsaßen. Ich gab mir die volle Dröhnung mit Jalapeños, Oliven und Thunfisch. Himmlisch! Das zufriedene Glucksen in meinem Magen verwandelte sich jedoch schon kurze Zeit später zunächst in ein leises Quietschen und dann in beängstigendes Röhren. Die übelsten Magen-Darm-Probleme, die ich bis dato erlebt hatte, klopften an meine Hintertür und sagten: »Sorry,

Nick, wir müssen hier mal durch. Und zwar jetzt.« Ich kam überhaupt nicht mehr vom Klo runter. Sobald ich etwas zu mir nahm – und sei es nur ein Schluck Wasser –, musste ich schon wieder zur Toilette rennen. Es war nicht auszuhalten. Innerhalb weniger Stunden war ich komplett geschwächt, hatte kaum noch Energie und war ständig in Sorge, dass ich mir in die Hose machen würde. Dazu kamen Bauchkrämpfe aus der Hölle. Auf dem Weg zum Haus rannte ich gefühlt auf jede öffentliche Toilette, an der wir vorbeikamen. Was war ich froh, als wir endlich die Tür hinter uns schlossen und ich immer ein Klo in direkter Nähe hatte!

»Vielleicht solltest du dir für die Nacht eine Windel anziehen«, scherzte Dan, bevor wir uns am Abend in die Koje legten. Ich lachte zwar mit, hatte aber gleichzeitig auch panische Angst: Was war da mit meinem Magen los? So etwas hatte ich wirklich noch nie erlebt. Durchfall ja. Kennt man. Ist doof, geht vorbei. Aber das?!

Ich hatte mittlerweile sogar Angst davor zu pupsen, da sonst ein Missgeschick passieren könnte. Bevor ich in Boxershorts ins Bett schlüpfte, wickelte ich mir also tatsächlich ein dickes Handtuch um die Hüften, nur um sicherzugehen. Trotz der Krämpfe, die noch immer meinen Bauch durchzogen, schlief ich wenig später vor lauter Erschöpfung ein. Warum ich dann mitten in der Nacht aufwachte, weiß ich nicht. Vielleicht war es diese Urangst, ins Bett zu machen. Ich denke, jeder kennt dieses Gefühl, wenn man davon träumt, dass man auf Toilette muss. Kaum wurde mir das klar, war ich schlagartig knallwach. Mit aufgerissenen, riesengroßen Augen lag ich im Dunkeln und dachte: »Oh, oh. Fuck. Es ist passiert!« Das oder etwas Ähnliches muss ich laut gesagt haben, denn wie der Blitz sprang Dan aus dem Bett und schrie: »NO! NICK, NO! YOU DID NOT!« Er stürzte zum Lichtschalter und sah mich entsetzt an. Eine Sekunde war ich still, dann hob ich langsam die Decke und spähte darunter. Mein Blick sprach wohl tausend Bände, denn Dan fing sofort wieder an zu schreien: »NO! You did not! Nick, you did not SHIT IN OUR BED!«

Ich wusste nicht, was ich sagen sollte. Tatsächlich war ich sogar kurz davor zu lachen. Wohl aus lauter Überforderung. Schließlich drückte ich das Handtuch wie eine Windel um meine Beine und trippelte mit den Händen an meinem Po ins Bad, als wollte ich bei einer offenen Wunde mit einem Druckverband das Blut stillen. Als ich in der Badewanne stand, um mich sauber zu machen, dachte ich nur: »Echt jetzt? So ein Scheiß!« Es war kein schönes Gefühl – und auch kein schöner Anblick. Vor allem nicht, weil ich genau wusste, was Dan gerade sah. Bis ins Bad hörte ich ihn fluchen: »Fuck, Nick! You shit in the bed I slept in! What the fuck. Shit. Literally. EVERYWHERE!« Er war komplett frustriert und irre sauer. Trotzdem kam er ins Bad, um nach mir zu sehen. Als er mich da mit heruntergelassener, vollgemachter Boxershorts in der Badewanne stehen sah, siegte sein Mitleid. Oder so etwas Ähnliches, denn plötzlich fing er aus vollem Halse an zu lachen – und steckte mich damit an. Minutenlang konnten wir nicht aufhören. Ich hatte schon wieder Angst zu pupsen – es war einfach zu absurd. Wir hatten schon viel gemeinsam erlebt, aber so etwas definitiv noch nicht.

Als wir uns beruhigt hatten und ich wieder vorzeigbar war, sahen wir uns den Schlamassel an. Dan schüttelte den Kopf. Was sollten wir jetzt machen? Als Erstes löschte Dan alle zu hellen Lichter, denn wir wollten seine Tante und seinen Onkel nicht aufwecken. Was, wenn die das nächtliche Licht und Geschrei im Nachbarhaus bemerkten und wissen wollten, was da drüben bei uns los war? Wir machten also einen auf *Mission: Impossible*, zogen die Bettwäsche ab und verfrachteten die ganze Sauerei samt Handtuch und Boxershorts in die Waschmaschine. Dann versuchte ich wie ein Irrer, den Fleck auf der Matratze herauszuscheuern. Dan reichte mir alles, was er finden konnte: Seife, Geruchsneutralisierer, Backpulver – aber so ganz spurlos wollte der Fleck nicht verschwinden. Schließlich drehten wir die Matratze einfach um und bezogen das Bett neu. Ganz nach dem Motto: Was man nicht sieht, ist nicht mehr da.

Ich suchte im Haus dann tatsächlich noch nach Windeln, konnte aber keine finden. Schließlich wickelte ich mir wieder ein Handtuch um und betete inständig zu allen Göttern, dass diese Nummer nicht noch mal passierte. Am nächsten Tag ließ ich mich im Krankenhaus durchchecken. Ich hatte mir tatsächlich eine ziemlich hartnäckige Magen-Darm-Bazille eingefangen.

Ich gebe zu: Dass wir die Matratze am Ende einfach umdrehten, war nicht besonders cool. Aber ich schreibe es auf das Ich-war-jung-und-dumm-Blatt. Heute würde ich es sicher anders machen. Vielleicht. Damals aber war ich einfach nur froh, die ganze Geschichte hinter mich gebracht zu haben. Was man von Dan übrigens nicht behaupten kann. Zwei Jahre später reiste er mit seinem besten Freund Scott aus Kanada herum, als ihm haargenau das Gleiche noch mal passierte. Wieder lag er mit einem Kumpel im Bett und wachte von einem unheilverkündenden »Oh, oh!« auf. Nie habe ich mehr gelacht als an jenem Tag, an dem Dan, Scott und ich uns 2018 alle zu dritt in Vietnam trafen und sie mir davon erzählten. Dan sah Scott und mich an und schüttelte nur den Kopf. Da saßen sie, seine zwei Helden, die ihre Pobacken nicht zusammenhalten konnten. Wie konnte er sie nicht lieben? Herrlich.

KÖRPERLICHER SCHMERZ	☆☆☆☆☆
HERZSCHMERZ	☆☆☆☆☆
MINDFUCK	★★☆☆☆
TOLLPATSCHFAKTOR	★★★☆☆
GEFAHR	★★★☆☆

VERFOLGUNGSJAGD

BALI, INDONESIEN · MÄRZ 2018

Von unserem Wiedersehen in Vietnam springen wir einfach ein paar Seemeilen südöstlich nach Indonesien. Auch hier erlebte ich eine dieser Geschichten, die manchmal passieren, wenn zwei Kumpel zusammenhängen und eine gute Zeit haben. In Indonesien bin ich seit 2014 nahezu jedes Jahr gewesen, denn für mich ist das ein echtes Surferparadies. Damit meine ich nicht nur Bali mit Canggu und Ubud, wohin Jahr für Jahr immer mehr Touristen reisen. Seit meinem ersten Besuch dort stelle ich jedes Jahr aufs Neue fest, wie sehr der Tourismus in ganz Indonesien wächst, besonders an den Küsten.

2018 war ich mit meinem guten Freund Fabi aus Deutschland unterwegs. Es war ein lauer Abend, und wir saßen gemütlich in einer Strandbar. Hinter uns lag ein großartiger Tag mit besten Wellen zum Surfen, vor uns standen zwei, drei Bierchen. Na gut, vielleicht auch mehr. Als sich langsam die Nacht ankündigte, beschlossen Fabi und ich, dass es Zeit sei, zurück zu unserer Unterkunft zu fahren. Wir setzten uns in Fabis Van, in dem wir auch unsere Surfboards verstaut hatten, und starteten in das Wirrwarr des indonesischen Verkehrs. In Canggu sind die Straßen relativ schmal, dafür aber immer schön voll. Autos und sehr viele Motorräder und Roller kommen dir gefühlt aus allen Richtungen entgegen. Anstatt sich weit links einzuordnen, fahren viele Einheimische aus irgendeinem Grund immer relativ mittig auf der Straße – und weichen bei Gegenverkehr auch nicht aus. Das macht es auf den Straßen natürlich schwer, aneinander vorbeizufahren. Fabi jedenfalls war an diesem Abend auf einer Mission. Als jemand, der in Deutschland seinen Führerschein gemacht hat – einem Land, in dem die Straßenverkehrsordnung mehr Regeln hat als das englische Königshaus –, dachte er sich: »Diese Kamikazefahrer erziehen wir jetzt mal ein bisschen.« Kurzerhand manövrierte er den Van ebenfalls in die Mitte der Fahrbahn. Alle Autos, die uns nun entgegenkamen, gingen davon aus, dass wir schon ausweichen würden. Das taten wir aber nicht. Erst im letzten Moment, bevor die Motorhauben sich jeweils mehr oder weniger freundlich Guten Tag gesagt hätten, lenkte Fabi nach links. Das wurde das eine oder andere Mal eine ziemlich knappe Kiste.

Schließlich blieb es nicht bei »knapp«. In einem der entgegenkommenden Wagen saß wohl eine indonesische Version von Fabi, die ebenfalls auf einer Mission war. Es kam, wie es kommen musste: Zwar berührten sich unsere Motorhauben nicht, aber es war das letzte Mal, dass wir unseren rechten Außenspiegel sahen. Fabi hatte das Steuer im letzten Moment nach links gerissen – und der Indonesier seines von uns aus nach rechts –, aber der Kollisionskurs war nicht mehr aufzuhalten gewesen. Es schepperte heftig, knirschte noch ein bisschen, und dann hörte ich Fabi leise sagen: »Ups.«

»Sollen wir besser anhalten?«, fragte ich.

Doch Fabi fuhr weiter und kommentierte nur: »Ach, fuck, Scheiße, ist doch nur ein Seitenspiegel, was soll's.«

War mir auch recht. Ich nehme an, Fabis und meine allgemeine Lässigkeit in Bezug auf Fahrerflucht stand an diesem Abend in direktem Zusammenhang mit den Bintangs, die wir zuvor getrunken hatten.

Ein paar Minuten später fuhren wir durch die nächste Ortschaft und hatten den Vorfall beinahe schon vergessen. Gerade hielten wir an einer Kreuzung, um zu schauen, ob sich von links oder rechts jemand näherte, da wurde aus dem Nichts heraus meine Beifahrertür aufgerissen. Bevor ich überhaupt realisieren konnte, was los war, wurde ich von zwei Indonesiern am Kragen gepackt. Die Typen, deren Außenspiegel ebenfalls hatte dran glauben müssen, waren umgedreht und uns gefolgt. Nun wollten sie Vergeltung und versuchten deshalb, mich aus dem Bus zu zerren.

Völlig geschockt hielt ich mich fest – glücklicherweise war ich zusätzlich auch angeschnallt – und schaute Fabi an. Der blickte geschockt zurück. Aber nur etwa eine Sekunde lang. Schon im nächsten Moment legte sich in seinem Kopf ein Schalter um, und er trat aufs Gaspedal. Mit einem Satz ruckte der Van vorwärts. Durch die Anfahrt schlug die Beifahrertür zu, was die wütenden Indonesier endgültig dazu brachte, von mir abzulassen. Panisch schaute ich in den Rückspiegel und konnte erkennen, dass die zwei Typen zurück zu ihrem Auto rannten und ebenfalls den Motor starteten.

»Fabi, die verfolgen uns!«, rief ich und drehte mich um. »Schnell, gib Gas!«

Das ließ Fabi sich nicht zweimal sagen. Was wir uns in den folgenden Minuten lieferten, war zwar keine hollywoodreife Verfolgungsjagd – aber ein wenig in die Richtung ging es schon. Vor allem wenn man das übliche Verkehrschaos bedenkt, das sowieso auf den Straßen herrschte. Nach ein paar Minuten, als Fabi und ich uns sicher wähnten, die Typen abgehängt zu haben, steuerten wir unsere Unterkunft an. Doch kaum erreichten wir unser Hostel, tauchten die Indonesier wiederum wie aus dem Nichts auf. Dieses Mal hatten sie dazugelernt und parkten uns direkt ein. Sofort stiegen sie aus und kamen auf uns zu. Ihre Gesichter hatten nichts mehr von der Freundlichkeit, die ich normalerweise von Indonesiern gewohnt bin. Aber klar, wer will es ihnen verübeln? Wobei ich zu unserer Verteidigung sagen muss: Die Typen waren genauso spät ausgewichen wie wir – und genau wie sie hatten auch wir einen Seitenspiegel eingebüßt. Wer war hier also schuld? Oder besser gesagt: Wer war hier eigentlich nicht schuld? So wie ich die Sache sah, nahmen wir uns da alle nicht besonders viel. Was allerdings schon stimmte: Wir hätten anhalten und die Sache direkt klären können. Doch nun war keine Zeit für lange Diskussionen, denn die beiden Männer hatten unseren Van erreicht, und ihre Haltung sagte deutlich, dass sie uns sehr gerne wehtun wollten.

Ich sprang aus dem Wagen, hielt die Hände beschwichtigend vor die Brust und wich ein paar Schritte zurück: »Hey, langsam, langsam«, versuchte ich den Typen, der mich anvisiert hatte, zu beruhigen. Er sah aus, als sei er der Sohnemann des Fahrers. »Leute, es tut uns wirklich leid!« Ich machte nicht sonderlich Eindruck auf mein Gegenüber. Glücklicherweise aber war Fabi erfolgreicher. Das lag eventuell auch daran, dass er ein wenig Balinesisch spricht.

Kurze Zeit später war die Sache überstanden. Es hatte übrigens nicht an Fabis Fremdsprachenkenntnissen gelegen, dass wir relativ glimpflich aus der Nummer herausgekommen waren. Fabi hatte, ohne lange zu fackeln, die internationale Joker-Karte gezogen, die im Grunde überall funktioniert: Geld. Ich nickte Fabi dankend zu und blickte dann den Typen hinterher, die zwar noch grollend, aber mit einem deutlichen Gewinn zurück in ihr Auto stiegen. Von dem Geld, das Fabi ihnen gegeben hatte, würden sie sich mehr als einen Außenspiegel kaufen können, so viel war sicher. Das war uns allerdings ziemlich egal, denn wir waren froh, dass uns die Fahrerflucht unter Alkoholeinfluss nicht unsere Vorderzähne gekostet hatte.

Zugegeben: Angetrunken Auto fahren, Fahrerflucht, Verfolgungsjagd – das klingt nicht gerade nach Vorbildfunktion. Hier geht es auch nicht darum, mich unter diversen Flakscheinwerfern in ein besonders gutes Licht zu rücken. Hier geht es um die Fucked-up-Geschichten, die Kehrseiten des Reisens. Es sind die Fehler und Fuck-ups, die ich erlebt habe und von denen ich lernen durfte. Jedoch ist es meiner Meinung nach wichtig, Fehler auch als solche zu erkennen und es im Anschluss zu vermeiden, sie ein zweites Mal zu machen. Dazu stehen, hinfallen, aufrappeln, sich den Staub abklopfen und das wilde Rodeo des eigenen Lebens mithilfe der gemachten Erfahrungen neu kalibrieren.

KÖRPERLICHER SCHMERZ	★★★★★
HERZSCHMERZ	★☆☆☆☆
MINDFUCK	★★★★★
TOLLPATSCHFAKTOR	★★★☆☆
GEFAHR	★★★★☆

KIEFERBRUCH AUF KOMODO

KOMODO ISLAND, INDONESIEN · APRIL 2019

Unsere unrühmliche Verfolgungsjagd konnte mich aber nicht davon abhalten, auch im nächsten Jahr wieder nach Indonesien zu reisen. Zu viele gute, merkwürdige, lustige und kuriose Dinge waren mir hier schon passiert. Doch was ich 2019 auf einer Bootstour nach Komodo erlebte, zählt eindeutig zu den schlechten Dingen. Zumindest führte es mir vor Augen, wie schnell das Blatt sich wenden kann.

In den Wochen zuvor hatte ich Bali erkundet, war auf Java gesurft und hatte die wunderschönen Inseln Nusa

Ceningan und Lembongan besucht. Es hatte mich auf die Gili-Inseln verschlagen, nach Lombok – und jetzt wollte ich unbedingt mal die Sundainseln inklusive Komodo mit eigenen Augen sehen. Aus diesem Grund meldete ich mich für die Bootstour an.

Wir starteten östlich von Lombok Richtung Ost-Nusa-Tenggara. Dort findet sich ein Insel-Archipel wie aus dem Bilderbuch. Auf dem relativ großen Frachter, mit dem wir unterwegs waren, gab es in etwa Platz für zwanzig Leute, verteilt auf »Businessclass« (zwei Privatkabinen) und »Economyclass« (achtzehn dünne Matratzen auf dem überdachten Oberdeck). Mal abgesehen von den wirklich nur fünf Zentimeter dünnen Matratzen, war diese Tour wunderschön.

Zwei Boote hatten sich zu dem viertägigen Trip zusammengetan, sodass wir eine durchmischte, fröhliche Gruppe Menschen aus den unterschiedlichsten Nationen waren. Wir fuhren von Insel zu Insel, bekamen dreimal am Tag leckeres Essen, besuchten den Komodo-Nationalpark mit den riesigen Komodowaranen, gingen schnorcheln und genossen die Aussichten über die Inseln, nachdem wir kleinere Berge hochgeklettert waren. Abends lagen wir vor einer der vielen Inseln vor Anker. Durch die gemeinsamen Erlebnisse wuchs unsere heitere Reisegruppe in den wenigen Tagen schnell zusammen. Es passierte, was beim Reisen oft geschieht: Durch die Erfahrungen bauen sich Beziehungen zu Menschen auf, die manchmal nur für die wenigen Tage halten, manchmal aber auch ein ganzes Leben bestehen bleiben. Ich genoss jede Sekunde.

In der vorletzten Nacht lagen unsere Boote etwa 200 Meter voneinander entfernt vor Anker. Die Stimmung war gelöst, fröhlich – und vielleicht schwang auch ein kleines bisschen Wehmut mit, dass schon bald alle wieder ihrer Wege ziehen und der großartige Trip sein Ende finden würde. Möglicherweise drehten wir deshalb ein bisschen auf. Wir tranken Bier, erzählten Geschichten, lachten und übertrumpften uns gegenseitig. Wen wundert es da, dass einer von uns – und ich sage nicht, wer – in der Nacht auf eine tolle Idee kam: »Let's go skinny dipping!«

Sofort sprangen ein gutes Dutzend gackernde und kreischende Reiseabenteurer aus aller Welt erst aus ihren Klamotten und dann ins Wasser. Es war ein Fest. Wir planschten, schwammen, tauchten und steuerten schließlich im Pulk das andere Boot an. Während ich durch die dunkle Nacht schwamm, gab es einen Moment, in dem ich dachte: »Oha, das ist aber schon ziemlich schwarz, das Wasser. Gibt es hier eigentlich Haie?« Ich weiß noch, dass mir plötzlich von Filmen wie *Der weiße Hai* getriggerte Urängste den Nacken hochkrochen und ich deshalb einen Zahn zulegte. In der Sekunde, als ich das andere Boot erreichte, waren diese Ängste wieder vergessen. Unter lautem Gejohle enterten wir splitterfasernackt den Kahn, jeweils mit unseren Badesachen unter dem Arm, und überraschten damit die andere Hälfte der Truppe.

Als wir später wieder auf unser eigenes Boot hochkletterten, knurrte einigen von uns lautstark der Magen. Kennt man ja, dieses typische Hungergefühl nach dem

Schwimmen. Mein Bauch jedenfalls verlangte röhrend nach Nahrung. Ich schloss mich deshalb dem Teil von uns an, der sich in der Küche zu schaffen machte, um noch etwas Leckeres auf die Teller zu zaubern. Während wir uns unten über unser Nachtmahl hermachten, hörten wir die anderen, die noch nicht schlafen gegangen waren, auf dem Oberdeck umherlaufen und tanzen. Plötzlich schepperte etwas, gefolgt von einem Geräusch, das in etwa so klang: »Klonk-klonk-klonk-klonk.« Danach war es eine Millisekunde still, bevor einige Personen auf dem Oberdeck erschrocken aufstöhnten. Ich hatte sofort diese Assoziation im Kopf: Jemand stößt sich den Fuß, und du selbst rufst laut »autsch!«, weil du genau weißt, wie weh das tut.

In der Küche hielten wir alle inne. Einer von uns sagte: »Das hat sich angehört, als wäre jemand die Treppe runtergefallen, oder?« Wir ließen alles stehen und liegen, gingen hinaus und erstarrten, als wir sahen, was geschehen war. Gerade noch waren wir in einer sternenklaren Nacht bei 25 Grad nackt baden gewesen und hatten das Leben gefeiert. Und jetzt trat das alles von der einen auf die andere Sekunde in den Hintergrund. Vor uns auf dem Boden lag eine Frau aus unserer Gruppe, eine Belgierin, etwa Mitte vierzig. Eben noch hatte sie uns mit ihren Reisegeschichten zum Lachen gebracht, nun lag sie in einer Blutlache. Zwei niederländische Studenten waren schon dabei, ihr zu helfen, doch sie war bewusstlos. Die anderen erzählten uns panisch, dass sie auf dem Oberdeck ausgerutscht und mit dem Kopf auf den Treppenabsatz geknallt war. Im Schwung war sie die Treppe hinuntergeschlittert, wobei sich ihr Bein im Geländer verheddert hatte. Das hatte kurz dafür gesorgt, dass sie ein wenig an Schwung verlor, ihren Sturz jedoch nicht wirklich abgefedert. Schließlich war sie mit dem Gesicht voran am Ende der Stahltreppe aufgekommen. Der hellblaue Boden färbte sich dunkelrot von ihrem Blut.

Die Niederländer überprüften, ob die Belgierin atmete. Das tat sie zum Glück. In die stabile Seitenlage wollten sie sie zuerst nicht legen, da nicht ausgeschlossen werden konnte, dass sie schlimme Brüche davongetragen hatte. Also legten wir einige Decken über sie, während die Niederländer versuchten, die stark blutenden Kopfwunden zu versorgen. Währenddessen sprachen sie die Belgierin immer wieder an: »Hey, kannst du uns hören? Bist du bei Bewusstsein?« Einige Minuten später kam sie tatsächlich zu sich, konnte aber nur stöhnen. Es war ein Geräusch, das einfach nur Schmerz ausdrückte. Erst jetzt sah ich, dass ihr Unterkiefer in einem merkwürdigen Winkel von ihrem Gesicht abstand. Da war etwas ganz und gar nicht in Ordnung. Mir ging es durch Mark und Bein, und wir alle hatten furchtbare Angst um sie.

Die Belgierin war mit einer Freundin zusammen unterwegs, die durch das Stöhnen aus ihrer Schockstarre gerissen wurde: »O Gott, was ist mit ihr? Was ist los? O nein, o nein, o nein! Schaut ihr Gesicht an! Da stimmt was nicht!« Die Freundin fing an zu weinen und verfiel zusehends in Panik. Wir versuchten, sie zu beruhigen und gleichzeitig den Helfern und der Verletzten genug Platz zu machen. Mir lief es eiskalt den Rücken hinunter, als wir am Fuß der Treppe einen abgebrochenen Zahn fanden. Wie sollte man da auch nicht durchdrehen? Wir befanden uns mitten auf dem Ozean, die Bootsführer hatten keine Ahnung von Erste Hilfe, es gab keinen Handyempfang, und bis auf ein bisschen Reisemedizin hatten wir absolut nichts vor Ort, was der Belgierin helfen konnte. Gemeinsam beschlossen wir, dass jetzt schnell zu handeln war und wir sofort aufbrechen mussten. Wir riefen unseren Bootsführer und erklärten ihm in einem Mix aus Englisch und Balinesisch, was wir tun wollten: »Wir müssen jetzt losfahren und die nächste Insel ansteuern, auf der es ein Krankenhaus gibt.« Zu unser aller Erleichterung verstand er sofort, löste den Anker und ließ den Motor an. Es war gut, etwas tun zu können und ein Ziel zu haben. Wir versuchten, die Belgierin, so gut es ging, mit Kissen abzustützen und festzuhalten, konnten aber gleichzeitig sehen, wie viele Schmerzen ihr jeder Ruck bereitete, der durch das Boot ging. Schließlich beschlossen wir, sie vorsichtig auf eine Küchenbank zu tragen. Danach konnten wir nichts anderes mehr tun, als abzuwarten und zu versuchen, ein paar Stunden zu schlafen.

Auch ich lief zurück zu meiner dünnen Matratze, doch ich tat kein Auge zu. Immerzu blitzte das schmerzverzerrte Gesicht der Belgierin durch meinen Kopf. Gerade noch hatte ich mit Menschen aus aller Welt einen wunderbaren, einmaligen Abend verbracht. Wir waren zusammen ins Meer gesprungen und hatten gelacht, während uns lauter Glücksgefühle durch den Körper gesprudelt waren. Und plötzlich, mit einem Fingerschnippen, hatte sich alles gedreht. Einmal mehr wurde mir meine eigene Verletzlichkeit sehr bewusst. Ich dachte daran, dass jeder von uns nur diesen einen Körper hat, der einfach so zerbrechen kann. Es ist nicht so, dass mir noch nie die Idee gekommen war, verletzlich zu sein oder dass es auf Reisen auch Gefahren gibt. Doch solch einen krassen Gegensatz zwischen Hochgefühl und Grauen hatte auch ich noch nicht oft erlebt. Er katapultierte mich sofort aus jeglicher Komfortzone. Da war kein Rettungswagen, der mit drei Ziffern auf dem Handy gerufen werden konnte. Da war keine Sicherheit, dass es nur einige Minuten dauert, bis ein Blaulicht um die Ecke rast und ausgebildete Sanitäter zur Stelle sind. All das gab es in dieser Situation nicht. Es war ein erschreckendes, hilfloses Gefühl, das mich bis in die Grundfesten erschütterte. Ich weiß es nicht sicher, aber ich denke, dass um mich herum einige wach lagen und Ähnliches dachten.

Alles hatte sich verändert. Durch die Matratze bohrte sich der unebene Boden in meinen Rücken. Auf einmal war auch das Wetter merklich abgekühlt, und es wehte ein scharfer Wind. War der Wind auch in den vorigen Nächten da gewesen, oder fiel er mir jetzt erst auf? Was passierte nun mit der Belgierin? Ich konnte die Gedanken nicht abstellen. Sie lag nur wenige Meter von mir entfernt und machte Schreckliches durch. War ihr Schädel gebrochen? Ihr Kiefer? Gab es eine Fraktur in ihrem Genick? Wir wussten es nicht. Wie würde sie nach Hause kommen? Schafften wir es bis in den nächsten Hafen – oder würden vorher noch Komplikationen auftreten? Wer von uns wusste schon, ob sie nicht innerlich blutete? Diese Fragen in meinem Kopf waren mindestens genauso laut wie der Schiffsmotor, der unablässig durch die schwarze Nacht dröhnte. Es war, als schipperten wir durch einen leeren Raum. Wir waren umgeben von der Welt, doch auf eine Art war die Welt ganz weit weg. So als wäre sie gar nicht da und es gäbe nur uns.

Als das Motorengeräusch mit einem Mal erstarb, war es noch immer dunkel. Erst jetzt bemerkte ich, dass ich wohl doch in eine Art Dämmerschlaf gefunden haben musste, denn ich schreckte hoch. Sofort ging das Geratter in meinem Kopf weiter: Was war los? War uns mitten auf dem Meer das Benzin ausgegangen? Was bedeutete das für die Belgierin? Würde sie eine Verzögerung überleben? Auch die anderen blickten sich verwirrt um. Erst nach einigen Sekunden realisierte ich, dass um uns herum einige Lichter leuchteten. Dann erkannte ich, dass wir einen Hafen erreicht hatten. Der Skipper war schon an Land gesprungen und organisierte einen Krankenwagen. Dieser war dann auch erstaunlich schnell zur Stelle. Mit großer Vorsicht wurde die Belgierin vom Boot und in die Ambulanz gehoben. Dann war sie weg.

Zurück blieben wir – geschockt, übermüdet, still. Ich war erleichtert, dass wir die Verantwortung für die Verletzte endlich an erfahrene Hände hatten abgeben können. Froh war ich trotzdem nicht, denn eines blieb: die Ungewissheit, was mit der Belgierin weiter geschehen würde. Wir Übrigen traten die Weiterreise an, aber von der gelösten Stimmung war nichts geblieben. Alle hingen ihren Gedanken nach, auch wenn jeder von uns versuchte, sie abzustellen. Wir machten uns unglaublich große Sorgen.

Erst später wurden wir glücklicherweise erlöst, da uns die Freundin der Belgierin über Facebook kontaktierte. Sie schrieb uns, dass die Belgierin sich den Kiefer gebrochen und eine leichte Gehirnerschütterung davongetragen hatte. Sie hatte viel Glück im Unglück gehabt. Es wurde ein Transport organisiert, der sie zurück nach Hause brachte.

Wir alle waren unwahrscheinlich froh über diese Information. Ohne sie hätten wir uns ewig gefragt, was weiter passiert war. So konnten wir ein »End« hinter die Geschichte setzen. Auch wenn es nicht wirklich »Happy« war, so war es zumindest auch nicht »Deadly«. Uns allen half das Wissen um den Ausgang dabei, das Erlebnis besser zu verarbeiten. Es ist einfach etwas anderes, wenn man sagen darf: »Es war schlimm, aber am Ende ist alles gut ausgegangen.«

Es sind Erlebnisse wie diese, die du nicht mehr so schnell aus dem Kopf bekommst. Die dich in Gedanken auf allen weiteren Reisen begleiten. Die dir einfallen, wenn du das nächste Mal ein Boot besteigst, nackt baden gehst oder bei einer Treppenstufe stolperst. Für mich habe ich entschieden, dass es auch sein Gutes hat, wenn solche Gedanken meine Wegbegleiter werden. Sie sorgen dafür, dass ich achtgebe und dass ich nichts für selbstverständlich nehme. Diese wertvollen Wegbegleiter lehren mich, die Momente bewusster wertzuschätzen. Denn genau das »verlernen« wir manchmal, weil es im besten Fall unser Normalzustand ist, dass es uns gut geht, wir eine warme Dusche nehmen und surfen gehen können. Wenn ich wählen könnte, würde ich natürlich trotzdem keine Unfälle erleben wollen – weder bei anderen noch bei mir selbst. Aber ich weiß auch, dass ich jedes Mal aufs Neue die Wahl habe, wie ich mit solchen Erlebnissen umgehe: Verzweifle ich an ihnen und verkrieche mich in eine dunkle Höhle? Oder lasse ich mich durch sie wachrütteln, denke über mein Leben nach und bewerte neu, was mir wichtig ist und was nicht? Diese Entscheidung kannst du nur für dich selbst treffen. Jeden Tag aufs Neue.

KÖRPERLICHER SCHMERZ	☆☆☆☆☆
HERZSCHMERZ	★★★★☆
MINDFUCK	★★★★☆
TOLLPATSCHFAKTOR	☆☆☆☆☆
GEFAHR	★★★★★

NO-GO-AREAS FÜR IMMER

MUSEUMSMOMENTE · SEIT FEBRUAR 2010

Auf der anderen Seite gibt es natürlich auch wunderbare Erlebnisse, die extrem herausstechen. Zeiten, die so schön waren, dass vollkommen klar ist: Das war ein absoluter Höhepunkt. Mehr geht nicht. Was an genau diesem Ort mit genau diesen Menschen war, lässt sich niemals wiederholen. Diese Momente sind später »die guten alten Zeiten«, für die wir unendlich dankbar sind und von denen wir auch wissen, dass sie nie zurückkommen werden. Das ist kein Grund, wehmütig zu werden. Denn wenn wir Glück haben, warten im Leben noch viele solcher Höhepunkte. Nur genau diese eben nicht mehr.

Ich nenne diese Momente auch Museumsmomente. Das sind Erfahrungen und Abenteuer, die ich allein oder gemeinsam mit anderen Menschen erlebt habe und die so großartig waren, dass ich mich für den Rest meines Lebens an sie erinnern werde. Ich zehre von ihnen in schlechten und freue mich an ihnen in guten Zeiten. Doch was ich bei all meinen Reisen bemerkt habe: Diese Museumsmomente sind zerbrechlich. Und weil sie das sind, erschaffen sie No-go-Areas. Orte, an die ich nicht mehr zurückkehren darf, wenn ich die Erinnerungen bewahren möchte.

Einer dieser Orte ist für mich Mana Island in Fidschi. Ich verbrachte dort eine einmalige Zeit, von der ich auch in meinem ersten Buch erzähle. Damals lernte ich Dan kennen, der bis heute einer meiner besten Freunde ist. Ich habe Glück, dass er das auch noch so sieht, obwohl er mit mir die Sache in diesem Kingsize-Bett in Australien erleben musste. Jedes Mal, wenn ich daran denke, kann ich mir ein Grinsen nicht verkneifen, obwohl es mir damals natürlich ausgesprochen schlecht ging.

Aber zurück zu Mana Island: In meiner Zeit auf dieser unverschämt schönen Insel lernte ich Menschen aus allen möglichen Ländern kennen – aus Kanada, Schweden, England, Irland –, die zu wirklich guten Freunden wurden. Wir hingen zusammen wie eine richtige Familie und hatten mit den Einheimischen eine grandiose Zeit, die geprägt war von Lachen und Freude. Das ist jetzt schon mehr als zehn Jahre her. In der Zwischenzeit hat sich dort mit Sicherheit unendlich viel verändert. Die Kinder, mit denen ich damals am Strand Fußball gespielt und gerauft habe, sind heute Teenager. Ich bin sicher, viele Erinnerungen würden sofort zurückkommen, sobald ich einen Fuß auf die Insel setzen würde. Und ebenso sicher bin ich, dass ich vor Wehmut ein bisschen Pippi in den Augen hätte. Einfach weil die anderen nicht mehr da sind, weil die Welt sich weitergedreht hat. Mehr noch: Selbst wenn dieselben Leute wieder dort wären, wäre es trotzdem nicht mehr dasselbe. Es gibt ein Zitat, das lautet in etwa: »Man kann nicht zweimal in denselben Fluss steigen, denn andere Wasser strömen nach.« Es ist immer ein anderer Fluss, denn es ist immer anderes Wasser. Und Zeit kann man nicht zurückholen.

Wenn genau diese Menschen und ich noch mal auf Mana Island wären, würden wir vielleicht sogar versuchen, an früher anzuknüpfen. Aber ich glaube nicht, dass wir es schaffen könnten. Und genau dieser Versuch würde die wunderbare Erinnerung an unsere großartige Zeit trüben. So sehr ich Abenteuer liebe, das ist mir zu riskant. Besser, ich bewahre dieses Geschenk und reise an andere Orte. Warum etwas Vergangenes wiederholen? Die Welt ist so groß, alles verändert sich stetig, es gibt so viel zu erleben, so viele Menschen zu treffen! Wer will bei so einem großen Stapel voller Möglichkeiten versuchen, Memory zu spielen und dasselbe Erlebnis noch einmal zu suchen? Ich jedenfalls nicht.

No-go-Areas sind also Orte, wo ich nie wieder hinwill. Nicht weil sie schrecklich, sondern weil sie so besonders schön waren. Weil sie sich verändern und weil auch ich mich unweigerlich verändere. Sie sind mir auf eine gewisse Weise heilig. Dieses »Nie wieder« gilt allerdings wirklich nur für Orte, keinesfalls für Menschen. Tatsächlich nutze ich jede Gelegenheit, um Freunde wiederzusehen, die ich irgendwann irgendwo auf der Welt getroffen habe. In meinem ersten Buch erzähle ich beispielsweise von Kat, die mir in Kanada die Geschichte ihres Vaters erzählt hat. 2020 traf ich sie nach zehn Jahren in Mexiko wieder. Dieses Treffen war unglaublich schön.

Meine Entscheidung, No-go-Areas auf der Landkarte zu markieren, entspringt übrigens nicht nur einer wilden Theorie in meinem Kopf. Ich bin tatsächlich schon einige Male an besondere Orte zurückgekehrt. Einer dieser Orte befindet sich in Tulum in Mexiko. Als ich vor elf Jahren zum ersten Mal dort landete, schleppte ich noch meine Isomatte, einen Schlafsack und einen 65-Liter-Rucksack mit mir herum. Nahe der Mayaruinen fand ich einen Strand, der mitten im Naturschutzgebiet lag. Im Schutz von Mangroven und Palmen schlug ich mein Zelt auf und ließ es für die folgenden zwei Wochen genau dort stehen. Ich ernährte mich von Kokosnüssen und Papayas und erwachte jeden Morgen in einem absoluten Traum. Es gab eine ganz kleine Strandbar, in der zu jeder Tageszeit Bob-Marley-Songs liefen. Hier gab es kühles Bier und auch das eine oder andere zu rauchen, das auch Bob Marley selbst gefallen hätte. Lange Zeit hing in meinem Kopf über diesem Strand in Tulum ein riesengroßes Neonschild, auf dem in großen Lettern »No-go-Area« blinkte. Doch ich ignorierte es, fuhr trotzdem hin – und war geschockt. Das Tulum, das ich vor einem Jahrzehnt kennengelernt hatte, gab es nicht mehr. Stattdessen setzte ich einen Fuß in Instagram-City. Wo einmal lediglich drei Hotels gestanden hatten, gaben sich jetzt Boutiquen und Nachtclubs die Klinke in die Hand. Überall waren irgendwelche Holzstatuen aufgestellt, vor denen Leute in Schlangen anstanden, um sich mit ihnen fotografieren zu lassen. Selbst vor dem Naturschutzgebiet hatte der Tourismusboom nicht haltgemacht. Zwar gab es hier keine Hotels, doch dafür viele Strandbars, Campingplätze und kleine Hütten, sogenannte Cabañas.

Es gelang mir sogar, den Ort zu finden, an dem ich vor so vielen Jahren mein Zelt aufgeschlagen hatte. Da war nichts mehr mit unberührter Natur. Hier befand sich nun ein Cabaña-Resort, bei dem du für ordentlich Asche eine Nacht in einer klimatisierten Hütte verbringen konntest. Es gab künstlich angelegte Gärten mit automatischen Sprinkleranlagen und Room Service. Der Anblick verstörte mich, dennoch wurde ich sehr emotional und lief mit Steffi in die Anlage hinein. Ich zeigte auf eine Palme: »Schau mal, diese Palme bin ich immer hochgeklettert, um mir die Kokosnüsse zu pflücken. Die gab es damals schon!« Ich war total geflasht, was auch Steffi bemerkte, die mich daraufhin angrinste. Ob sie sich vorstellen konnte, wie das alles ohne diese schicken Hütten ausgesehen hatte?

Noch während wir dort standen und die Palme hochstarrten, kam ein Security-Mitarbeiter der Anlage auf uns zu. »Entschuldigen Sie, können Sie mir bitte sagen, in welcher Cabaña Sie wohnen?«, fragte er uns.

»In keiner«, antwortete ich. »Ich war vor zehn Jahren schon einmal hier, als es das alles noch nicht gab.« Ich erzählte ihm, wie ich ein paar Wochen mit meinem Zelt hier gecampt hatte und dass das der Anfang meiner ersten großen Weltreise gewesen war.

So emotional ich war, so wenig war es der Wachmann. Als ich meinen kleinen Vortrag beendet hatte, erwiderte er mit ausdruckslosem Gesicht: »Wenn Sie hier nicht wohnen, dürfen Sie sich hier nicht aufhalten. Ich muss Sie bitten, das Gelände zu verlassen.«

»In Ordnung. Dürfte ich noch ein Erinnerungsfoto machen?« Ich schaute ihn fragend an.

»Nein. Das ist verboten«, kam es zurück.

Ich denke, ich muss nicht groß erklären, wie sehr mir das Herz blutete, als ich den Strand – und schließlich auch Tulum – wieder verließ. Ein Erinnerungsfoto habe ich trotzdem noch gemacht.

Ähnlich erging es mir mit einer kleinen Strandbar in Canggu auf Bali. No-go-Areas müssen keine kompletten Städte oder ganze Länder sein. In Canggu war es nur diese eine Strandbar am Berawa Beach, die mir für immer im Gedächtnis bleiben sollte. Hier trafen sich jeden Tag Surfer, Backpacker und Locals. Ich weiß nicht genau, woran es lag, aber über dieser Beach-Bar hing immerzu eine ganz eigene, wunderbare Stimmung. Immer wenn ich einen phänomenalen Surf-Tag hinter mir hatte, aber auch wenn ich japsend an den Strand kroch, nachdem ich von den Wellen voll auf die Fresse bekommen hatte, lenkte ich meine Schritte zur Strandbar, und sofort erschien ein Grinsen auf meinem Gesicht. Die Bar bestand eigentlich nur aus einem kleinen Betonabsatz und ein paar alten, zusammengeschusterten Brettern, auf denen zwei Kühlschränke standen. Es gab keinen Luxus, keinen Schnickschnack, nur kaltes Bier und freundliche Menschen. Heute gibt es die beiden Kühlschränke nicht mehr, nicht mal den Betonabsatz. Ein paar ausländische Investoren haben dort stattdessen einen riesigen Beach-Club für reiche Touristen hingezimmert, für die ein Mindestverzehrbetrag von 200 Euro pro Nase nur Peanuts sind. Ein Haufen weiß beleinter Strandliegen steht in Reih und Glied, während aus High-End-Boxen Ibiza-Musik dudelt. Gelassene Surfer-Dudes von nah und fern, die sich mit einem riesigen Grinsen im Gesicht zuprosten, sind hier nicht mehr zu sehen.

Als ich diesem ehemals wunderbaren Ort den Rücken kehrte und nach Hause ging, fragte ich mich, ob es fair war, wütend zu sein. Natürlich fand ich es megaschade und hätte es gerne anders gehabt. Doch welche Veränderung ist gut, und ab wann ist Veränderung schlecht? Wer entscheidet das? Und bin ich als Reisender in einem fremden Land nicht Teil des Problems?

Heute kann ich leider nicht mehr an die schöne Zeit in der Strandbar denken, ohne dass automatisch auch der schicke Beach-Club vor meinem inneren Auge auftaucht. Grund genug, meine anderen Museumsmomente wie Schätze zu hüten und die mit ihnen zusammenhängenden Orte großflächig zu umfahren.

KÖRPERLICHER SCHMERZ	☆☆☆☆☆
HERZSCHMERZ	★★★☆☆
MINDFUCK	★★★★★
TOLLPATSCHFAKTOR	☆☆☆☆☆
GEFAHR	★★★★☆

DOWN THE RABBIT HOLE

JEDE ZELLE DEINES KÖRPERS · 24/7

Wenn Menschen von ihren Reisen um die Welt erzählen, finden sich die folgenden Aussagen immer wieder:

»Du bist nie alleine, immer triffst du spannende Menschen.«

»Du lernst lauter tolle Orte kennen.«

»Du erlebst Abenteuer, die du noch deinen Enkeln erzählen wirst.«

Auch ich habe solche Sätze schon sehr oft auf der Bühne gesagt. Sie stimmen auch zu einhundert Prozent. Aber: Das ist nicht die ganze Wahrheit. Wie auch? Schon

Thomas D singt in *Rückenwind:* »Sagte ich nicht irgendwann mal, es wird Regen geben?«

Die spannenden, aufregenden, lustigen und verrückten Sachen passieren ja nicht andauernd. Es gibt Tage voller Sonnenschein. Es gibt ganz normale Tage, an denen alles alltäglich ist. Und es gibt Regentage.

Beim Reisen ist man sehr oft auf sich allein gestellt. Man gerät in Situationen, in denen man sich nicht auskennt und auf die man sich erst einstellen muss. Wenn man sich dabei dann noch an einem fremden Ort befindet und ohne Bezugsperson ist, kann sich das sehr einsam anfühlen. In solchen Momenten öffnet sich manchmal der Boden vor den eigenen Füßen, und man fällt wie bei *Alice im Wunderland* mitten rein in ein dunkles Kaninchenloch. Ich habe das während meiner Reisen schon oft erlebt. Dann saß ich am schönsten Strand oder mitten in der unglaublichsten Landschaft – und sah nur noch schwarz. Ich zweifelte alles an: Warum reise ich überhaupt? Wie lange reicht mein Budget noch? Macht das alles Sinn? Gibt es für mich ein Leben nach dem Reisen? Und wie soll das überhaupt aussehen? Tue ich das Richtige?

Die Kiste, aus der diese Fragen kommen, hat keinen Boden. Sie ist endlos und führt direkt rein ins besagte Kaninchenloch, wo die Grinsekatze sitzt. Man fragt sie dann, wie man von hier aus weitergehen soll. Doch sie antwortet nur: »Das hängt zum großen Teil davon ab, wohin du möchtest.«

Anders ausgedrückt: Man muss sich neu einnorden. Das kann einem niemand abnehmen, das muss man selbst tun.

Ich wundere mich manchmal, wie wenig über diesen Teil des Reisens berichtet wird. Besonders, weil dieses Kaninchenloch für mich definitiv dazugehört, wenn es ums jahrelange Weltreisen oder das Reisen als Lebensstil geht.

Wenn die Sonne scheint, das Grinsen so breit ist, dass es auf dem Gesicht kaum noch Platz findet, und ein Glücksgefühl durch den Körper rauscht, dann befindet man sich im »Flow«. So nenne ich es, wenn einfach alles gelingt. Dann reiht sich ein Museumstag an den nächsten, alles fühlt sich richtig an, und ich könnte vor Freude über mein Leben platzen. Surfe ich auf einer Flow-Welle, habe ich mehr Selbstbewusstsein und spüre mehr Selbstliebe. Es flutscht eben. Selbst wenn mich schlechte Nachrichten erreichen oder sich Herausforderungen vor mir aufbauen, kann ich mit ihnen besser umgehen, sie schneller verarbeiten oder ihnen entschlossener begegnen.

Doch andersherum wird auch ein Schuh draus: Bin ich bereits in ein gedankliches Kaninchenloch gefallen, habe ich kaum noch Energie für schlechte Nachrichten oder Herausforderungen – sei es privat oder beruflich. Sie wirken dann wie ein K.-o.-Schlag, und ich höre förmlich, wie sich ein Ringrichter über mich beugt und damit beginnt, mich anzuzählen.

Nun könnte man zu Recht sagen: »Hey, Nick, aber so geht es doch nicht nur Menschen, die länger auf Reisen sind. Jeder von uns fällt ab und zu mal ins Kaninchenloch. Das ist doch normal.«

Das stimmt. Aber ich habe das Gefühl, beim Reisen passiert es schneller, öfter und irgendwie auch intensiver.

Das liegt hauptsächlich daran, dass es keine alltäglichen Routinen gibt, die dich ablenken. Zu Hause gehst du zur Arbeit, triffst deine Freunde, dein soziales Umfeld stellt Erwartungen an dich – da hast du nicht so viel Zeit zum Nachdenken.

Auf Reisen hast du davon jede Menge. Manchmal springst du von allein durch Grübeleien und Sinnfragen mit Anlauf in ein Kaninchenloch. Manchmal wirst du auch hineingeschubst. Dann merkst du schon morgens beim Aufstehen, dass du das verkehrte Bein über die Bettkante geschwungen hast. Alles läuft schief, du hast schlechte Laune und verfällst mehr und mehr in eine lethargische Grundstimmung. Du kannst von drei runterzählen, bis die Zweifel wieder losgehen:

Was mache ich eigentlich, wenn ich wieder nach Hause komme? Muss ich dann zurück in meinen alten Job? Oder will ich vielleicht was komplett anderes machen? Und was, wenn ich mich falsch entscheide? Ganz gerne kommt dann auch noch das Heimweh um die Ecke und ruft fröhlich: »Huhu, mich gibt es auch noch!«

Du steckst dann also nicht nur in einer Krise, sondern vermisst auch noch deine Freunde und deine Familie wie Hölle. Darüber kannst du dann in richtig depressive Verstimmungen verfallen – und im schlimmsten Fall ist niemand da, der dich rausholt. Oder es wird mit Unverständnis reagiert: »Aber du bist gerade im Paradies! Wie kannst du da schlecht drauf sein.«

Man kann. Auch im Paradies. Denn es geht nicht ums Außen, sondern ums Innen. Und: Beim Reisen befindet man sich auch nicht immer nur in Paradiesen.

Ich kann mich noch genau an eine Zeit erinnern, als ich während meiner ersten Weltreise in Kanada war. Ich befand mich gerade in Kelowna, und mir ging es überhaupt nicht gut. Obwohl an Kelowna nichts schlimm war und ich den Ort eigentlich mochte, fand ich plötzlich alles doof. In dieser Situation half es mir, einfach weiterzureisen. Erst einige Tage später realisierte ich wirklich, dass ich im Kaninchenloch gesessen hatte. Erst als die Hummeln in meinem Hintern wieder summten, bemerkte ich, dass sie weg gewesen waren. Ich stand wieder früh auf, setzte mich in Bewegung, entdeckte neue Orte und Landschaften in Kanada, und meine positive Grundstimmung kehrte zurück.

Es hilft also manchmal, einfach rauszugehen, frische Luft zu schnappen und Dinge zu tun, die dir Spaß machen. Doch manchmal funktioniert das auch nicht. In diesen Momenten fahre ich gut damit, meine Stimmung einfach als eine Phase zu akzeptieren, die dazugehört. Ich achte dann trotzdem sehr genau darauf, nicht in eine Abwärtsspirale zu geraten. Das kann schnell passieren, wenn ich beispielsweise Gewohnheiten entwickle, die meine negative Stimmung noch füttern. Zu lange im Bett bleiben, nicht rausgehen, schlechte Ernährung oder zu viel Grübelei gehören zum Beispiel dazu. Sie machen es schwerer, einen Weg aus dem Teufelskreis herauszufinden.

Eine weitere Gefahr, auf Reisen in Negativität abzurutschen, ist das Alleinsein. Alleinsein ist etwas anderes als Einsamkeit. Auch diese Erfahrung habe ich schon oft gemacht. Mit sich selbst allein sein ist etwas, das man erst lernen muss. Manche Menschen sind dafür einfach nicht gemacht. Ich kann mittlerweile ganz gut mit mir allein sein und das sogar wochenlang genießen. Ich merke nach einer Weile aber auch, dass es Zeit wird, wieder Menschen um mich zu haben, die mir nahestehen. Wenn ich dann nicht auf mein Inneres höre, kann es passieren, dass ich mich plötzlich unwohl fühle und nicht weiß, warum.

Allein kann man sich natürlich auch fühlen, wenn man eigentlich unter vielen Menschen ist. Dann ist man eher in sich drin einsam. Man trifft vielleicht keine Menschen, die einem taugen, oder findet generell keinen richtigen Anschluss. Auch das kann sehr auf die Psyche gehen und am Selbstwertgefühl nagen.

Unterwegs bist du nackt. Du verstellst dich weniger. Jeden Menschen, den du triffst, lernst du neu kennen. Andersherum öffnest du dich selbst auch ständig wieder neu und erzählst von deinem Leben. Es ist nicht nötig, jemandem etwas vorzuspielen. Dieses Sein ohne jeden Filter kann für viele tiefe Erfahrungen sorgen – ob mit anderen Menschen oder für dich allein. Auf eine gewisse Weise macht es dich aber auch schutzloser. Du beginnst, Dinge anders wahrzunehmen, weil du sie in einen anderen Zusammenhang stellst, als du es in deinem Alltag tun würdest. Negative Gefühle prallen dann nicht so leicht an dir ab. Dabei ist es egal, ob es um deine Finanzen geht oder um deine ganze Weltanschauung. Wenn du nicht gerade in diesem Reise-Flow-Zustand bist, können dich solche Mindfucks richtig schön auseinandernehmen und ins Wanken bringen. Es gab schon Momente, da habe ich mich gefragt, was eigentlich realer ist – meine unbändige Reisefreude oder die negativen Gedanken, wenn ich meine rosarote Brille mal verlegt habe? Oder das dazwischen? Oder alles? Wer entscheidet das? Ich?

Manchmal hilft es, den Blick zu öffnen und das Big Picture anzuschauen. Eine schlechte Zeit einfach als das zu nehmen, was sie ist: eine schlechte Zeit. Das nicht bis in alle Unendlichkeit zu hinterfragen. Sich nicht verrückt zu machen. Vielleicht sieht die Welt schon morgen wieder anders aus. Es heißt nicht umsonst, man solle über Dinge eine Nacht schlafen. Denn nach Regen kommt erfahrungsgemäß auch immer wieder die Sonne zum Vorschein.

KÖRPERLICHER SCHMERZ	★★★☆☆
HERZSCHMERZ	☆☆☆☆☆
MINDFUCK	★★★★☆
TOLLPATSCHFAKTOR	★★★★☆
GEFAHR	★★☆☆☆

GOLDEN SHOWER

AREQUIPA, PERU · JUNI 2013

2013 bin ich eine ganze Weile durch Südamerika gereist, und insbesondere in Peru habe ich unwahrscheinlich schöne Orte gesehen: Iquitos, Lima, Cusco und natürlich Machu Picchu. Eines Tages landete ich in Arequipa. Ich fand ein schönes Hostel, checkte in ein Vierbettzimmer ein und lernte gleich meinen Zimmernachbarn kennen: Sebastian. Wir waren noch die Einzigen, und so belegten wir sofort die beiden unteren Matratzen der Doppelstockbetten. An dieser Stelle ein Tipp: Wenn möglich, solltest du immer versuchen, eines der unteren Betten zu ergattern, denn diese haben zwei entscheidende Vorteile. Erstens kannst du auch im Dunkeln unkompliziert hineinfinden. Zweitens bietet die untere Hälfte eines Doppelstockbettes eine gewisse Privatsphäre, wenn du sie brauchst. Du kannst dir einfach ein Handtuch davorhängen, und schon hast du einen Sichtschutz. Sebastian und ich jedenfalls hatten das große Doppelstockbettenlos gezogen und beschlossen, in der Hostelbar noch ein Bier trinken zu gehen. Gerade als wir den Raum verlassen wollten, kam eine weitere Reisende herein. Es war eine Frau aus den USA, die bei unserer kurzen Begrüßung ziemlich cool wirkte.

Als Sebastian und ich später vor unserem zweiten Bier in der Bar saßen, lief unsere Zimmernachbarin an uns vorbei. Wir winkten uns kurz zu, hatten dann aber nichts mehr miteinander zu tun. Sie saß mit einer Gruppe anderer Leute zusammen, und soweit wir sehen konnten, gaben sich dort alle richtig die Kante. Kaum war ein Bier leer, stand auch schon das nächste bereit. So ging es die ganze Zeit weiter, bis Sebastian und ich gegen Mitternacht beschlossen, es für heute gut sein zu lassen und ins Bett zu gehen. Als wir die Bar verließen, war das Komasaufen am Tisch unserer Zimmernachbarin noch in vollem Gange.

Einige Stunden später – Sebastian und ich waren längst eingeschlafen – flog mit einem lauten Krach unsere Zimmertür auf. Mit einem weiteren Knall ging die Deckenlampe an. Wir blinzelten in das grelle Licht und erkannten nach ein paar Sekunden, in denen sich unsere Augen an die Helligkeit gewöhnt hatten, unsere Zimmernachbarin. Sie stand rotzbesoffen mitten im Raum und stierte vor sich hin. Es wirkte beinahe so, als würde sie durch das Zimmer hindurchgucken. Auf jeden Fall bekam sie von der realen Welt nicht mehr allzu viel mit. Ich lehnte mich mit dem Oberkörper aus dem Bett und fragte vorsichtig: »Hey, alles in Ordnung mit dir?« Die Antwort kam dumpf genuschelt aus den Tiefen ihrer Kehle: »Mphf.«

Ich war genervt, so brutal aus dem Schlaf gerissen zu werden, aber so ist das nun mal in Mehrbettzimmern: Erholung geht anders, dafür ist es günstig. Ich schaute seufzend zu Sebastian rüber, dem ebenfalls ein großes Fragezeichen im Gesicht stand. Er hob die Schultern. Gemeinsam beobachteten wir, wie die Amerikanerin sich sehr umständlich auf den für sie langen Weg zu ihrem Bett machte. Als sie nach einer Weile an der Leiter zum Bett über Sebastian angekommen war, kletterte sie in Faultiergeschwindigkeit die vier kleinen Streben hinauf, wobei sie mehrfach danebentrat. Wir mussten unwillkürlich schmunzeln. Irgendwann schaffte sie den steilen Anstieg und kniete auf allen vieren oben auf ihrem Bett, bewegte sich dann aber nicht weiter. Weil sie in ihrem Zustand verzockt hatte, das Licht zu löschen, stand ich auf und tat es. Ihre Arme und Beine würden schon noch nachgeben, sodass sie hoffentlich auf dem Bauch zum Liegen kam. Wir sagten noch Gute Nacht. Oberhalb von Sebastian kam es als Antwort wieder nur dumpf zu uns herunter: »Hmpf.« Ich schlief sehr bald wieder tief ein.

Etwas später – es kam mir jedoch nur vor wie Sekunden – wurde ich erneut unsanft aus dem Land meiner

Träume gerissen. Ich erwachte wegen eines gewaltigen Klatschers. Aus Reflex reagierte ich sofort, sprang völlig verdaddelt auf, drückte den Lichtschalter – und sah, was passiert war. Die Amerikanerin war offenbar ungebremst aus ihrem Bett gefallen. Wie sie das geschafft hatte, war mir ein Rätsel, denn an den Betten gab es eine Brüstung. Sebastian und ich schauten uns erschrocken an und beugten uns dann über sie: »Hey, ist alles in Ordnung? Hast du dich verletzt?« Doch die Frau nuschelte: »Nein.« Als wir ihr aufhelfen wollten, schlug sie unkoordiniert unsere Arme weg und machte sich wieder auf den Weg hoch in ihr Bett. Ich ging derweil erneut zum Lichtschalter, machte ihn aus und legte mich wieder hin.

Nach wie vor schlaftrunken, war ich sofort wieder eingeschlafen. Ich träumte von den schönen Erfahrungen, die ich in den vergangenen Wochen hatte machen dürfen. Unter anderem hatte ich unter einem großartigen Wasserfall gestanden, der mit voller Wucht eine Steilwand hinuntergeprasselt war. Das Rauschen des Wassers war so laut gewesen, dass wir dagegen hatten anbrüllen müssen, um uns zu verständigen.

Manchmal, wenn man langsam von einem Traum ins Wachsein hinübergleitet, kommt es vor, dass Geräusche aus den Träumen sich in der realen Welt wiederfinden. Ein Klopfen, ein Telefonklingeln oder – wie in dieser Nacht – das laute Plätschern des Wasserfalls. Ich brauchte einen Moment, um zu bemerken, dass ich das rauschende Gewässer noch hörte, obwohl ich längst wach war. Ich setzte mich auf: Was war das für ein Wasserplätschern mitten in unserem Zimmer?

Zum dritten Mal in dieser Nacht stand ich auf, um zum Lichtschalter zu gehen. Als die Deckenlampe ansprang, brauchte ich aber einige Sekunden, um klarzukriegen, was ich da vor mir sah. Die Amerikanerin kniete wieder auf allen vieren in ihrem Bett, hatte es aber geschafft, ihre Hose und ihre Unterhose herunterzuziehen. Sie hingen ihr zwischen den Knien und gingen in ein Paar dicke Wollsocken an ihren Füßen über. Ich sah ihre komplette Breitseite direkt vor mir, während sie in aller Seelenruhe dabei war zu pinkeln.

Ich fasste es nicht: Sie kniete im Vierfüßlerstand auf ihrem Bett und ließ es einfach laufen! Ihr Urinstrahl lief ihre Oberschenkel runter, sammelte sich auf ihren Socken und fiel dann – wie bei einem Wasserfall – das Doppelstockbett herunter auf den Holzfußboden. Hier hatte sich bereits eine große, stinkende Lache gebildet. Ich starrte entsetzt auf das Gespritze am Boden. Eine Sekunde später fokussierte sich mein Blick auf Sebastians Gesicht. Das befand sich nur etwa zehn Zentimeter hinter diesem urinalen Wasserfall. Er schlief tief und fest. »Was zum Teufel …?!«, rief ich laut und riss Sebastian damit aus dem Schlaf. Der bewegte sich keinen Zentimeter, sondern öffnete nur die Augen. Ich konnte regelrecht sehen, wie er begriff, was sich direkt vor seiner Nase abspielte. Innerhalb von Millisekunden wechselten seine Augen von schläfrig-verkniffen zu weit aufgerissen. Schließlich sprang Sebastian wie von der Tarantel gestochen aus seinem Bett. Gleichzeitig packte er alle seine Sachen, die auf dem Boden lagen, und pfefferte sie auf mein Bett. Erst jetzt bemerkte ich, dass die Lache in wenigen Zentimetern auch meinen Backpack erreicht haben würde. Ich stürzte mich auf ihn und brachte ihn in Sicherheit. Währenddessen pinkelte die Amerikanerin in einem fort weiter. Das ging minutenlang so. Ansonsten reagierte sie null. Mit lauten Rufen versuchte Sebastian, zu ihr durchzudringen, damit sie endlich aufhörte. Plötzlich stoppte die Pinkelei, und die Amerikanerin stöhnte vor sich hin. Dann zog sie ihre Hosen hoch, kletterte vom Bett und verließ ohne ein Wort das Zimmer. Sebastian starrte mich an: »Hat die jetzt echt gerade unser Zimmer vollgepinkelt?« Wir konnten es nicht glauben. Weil wir allerdings wirklich müde waren, sortierten wir uns nur kurz, Sebastian zog in das Bett über mir, wir löschten das Licht und schliefen wieder ein.

Von der Amerikanerin sahen und hörten wir in dieser Nacht glücklicherweise nichts mehr. Vielleicht war sie in den Waschraum gegangen und dort im Suff umgekippt. Es war uns herzlich egal.

Früh am Morgen berührte mich Sebastian an der Schulter und raunte mir zu: »Nick, I see you, when I see you!« Er hatte eine frühe Weiterreise und machte sich auf den Weg. Ich lag noch eine Weile im Halbschlaf da, hörte dann aber nach und nach immer wieder Stimmen vor dem Zimmer. Jedes Mal, wenn jemand vorbeiging, wehten Wortfetzen zu mir herein:

»O Gott, was stinkt denn hier so?«

»Hat hier jemand gekotzt?«

»Ist ja widerlich!«

Erst nach und nach drangen die Erlebnisse der Nacht in mein Bewusstsein vor. Dann öffnete ich mit einem

Schlag meine Augen: Igitt, ich lag in einem vollgepissten Raum, der offenbar bestialisch stank! Ich roch wohl nur deshalb nichts, weil ich mich schon an den Geruch gewöhnt hatte! Sofort stand ich auf, schnappte alle meine Sachen und schleppte mich in Boxershorts zur Dusche. Dort machte ich mich fertig, zog mich an, überprüfte penibel, ob meine Sachen etwas abbekommen hatten oder komisch rochen, und ging danach vollkommen zerschlagen in den Frühstücksraum. Dort saß zu meiner Überraschung meine Zimmernachbarin zusammen mit einem Hostelmitarbeiter an einem Tisch. Ich hätte mich nun tierisch aufregen und ihr eine Riesenszene machen können. Aber ich hatte keine Energie mehr – schon gar nicht dafür. Also ging ich nur an ihr vorbei und fragte: »Alles gut mit dir?« Eine Antwort wartete ich nicht ab, bemerkte aber, wie die Frau knallrot anlief. Ich bekam noch mit, dass der Hostelmitarbeiter ihr gerade erklärte, dass sie für die Reinigungskosten des Zimmers würde aufkommen müssen. Dann checkte ich aus und verließ das Hostel. Ich hatte definitiv genug.

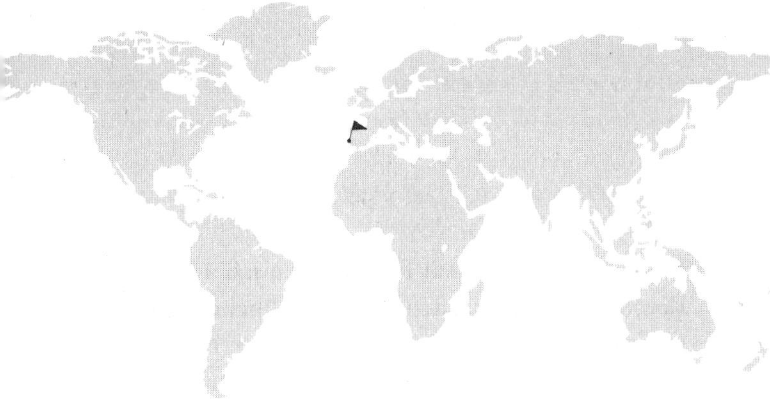

KÖRPERLICHER SCHMERZ	☆☆☆☆☆
HERZSCHMERZ	☆☆☆☆☆
MINDFUCK	★★★☆☆
TOLLPATSCHFAKTOR	★★★★★
GEFAHR	☆☆☆☆☆

PLEASE PROCEED TO GATE

LISSABON, PORTUGAL · APRIL 2017

Sebastian traf ich fünf Jahre später zufällig durch eine zunächst ärgerliche Begebenheit wieder. Ich befand mich mitten in einem Hin und Her zwischen zwei Ländern. Einerseits führte ich gerade zusammen mit Steffi eines unserer Marokko-Camps in Taghazout durch, andererseits war ich aber für drei Tage nach Portugal geflogen, um auf einer Veranstaltung von meinen Reisen und der damit zusammenhängenden Selbstständigkeit zu erzählen. Weil sämtliche Kosten übernommen wurden und Steffi grünes Licht gegeben hatte, dass sie auch ein paar Tage allein klarkäme, hatte ich diesen Kurztrip zugesagt.

Ich war also ins portugiesische Peniche gereist – übrigens ein wunderschöner Spot für Surfer –, hatte mich mit den Teilnehmern dort ausgetauscht und war gerade im Begriff, meinen Rückflug nach Marokko anzutreten. Noch in Gedanken an den schönen letzten Abend, lief ich entspannt zum Check-in, als ich bemerkte, dass dieser bald schließen würde. Es war acht Minuten nach zehn, geöffnet war er noch genau zwei Minuten. Ich legte einen Zahn zu und dankte dem Himmel, dass ich oft nur mit Handgepäck unterwegs bin. Große Sorgen machte ich mir nicht, immerhin war es nur der Check-in-Schalter. Außer mir gab es ja nichts einzuchecken. Der Flughafenmitarbeiter würde lediglich meinen Pass einscannen und mir mein Ticket reichen. Danach würde ich noch mehr als eine halbe Stunde am Lissabonner Flughafen vertrödeln müssen, bevor ich ins Flugzeug steigen dürfte.

Am Gate legte ich um genau elf Minuten nach zehn meinen Pass auf den Tresen. Eine Minute zu spät. Das war in Ordnung. Dachte ich. Der Flughafenmitarbeiter sah das allerdings ganz anders: »Tut mir leid, Sie sind zu spät.« Ich war erstaunt und versuchte, ihn höflich zu bitten, mich noch einzuchecken: »Es ist nur eine Minute, und ich habe kein Gepäck. Können Sie mich bitte noch durchlassen? Es ist wirklich wichtig.« Doch mit dem Mann war nicht zu reden. Er schüttelte nur den Kopf und blickte dann stur auf seinen Bildschirm.

Mir blieb nichts anderes übrig, als leise in mich hineinzufluchen und wieder umzudrehen. Was jetzt? In meinen ganzen Jahren auf Reisen hatte ich noch nie einen Flug verpasst. Nun war ich gestrandet. Steffi würde nicht begeistert sein. Kunststück, begeistert war auch ich nicht. Ich rief die Veranstalter an, die mich gerade zum Flughafen gebracht hatten, und schilderte meine Lage. Sie waren sehr nett und buchten mir sofort einen neuen Flug, allerdings erst für den nächsten Tag. Das Angebot, mich wieder abzuholen, lehnte ich ab. Neben all dem Ärgernis war ich schließlich in einer meiner Lieblingsstädte hängen geblieben: Lissabon. Hier war ich schon oft gewesen und kannte mich einigermaßen gut aus. Ich zog mein Handy aus der Tasche und postete auf Facebook, dass ich ungeplant eine Nacht in der Stadt sein würde und ob jemand von meinen Bekannten auch hier sei. Jetzt, wo mir nichts anderes übrig blieb, freute ich mich auf einen netten Abend im studentischen Ausgehviertel Bairro Alto. Dort gibt es einen Sushi-Laden, den ich für sein sensationelles Preis-Leistungs-Verhältnis liebe und deshalb auch direkt ansteuerte: Little Buddha.

Bairro Alto empfing mich mit seinem typischen Kopfsteinpflaster und seiner entspannten, fröhlichen Stimmung in der Luft. Gerade als ich vor dem riesigen All-you-can-eat-Sushi-Büfett stand, plingte mein Handy. Jemand hatte sich auf meinen Post gemeldet: »Hey, Nick, ich bin in Lissabon! Lass uns treffen und ein Bier trinken gehen.« Es war Sebastian. Sofort schob sich unsere katastrophale Hostelerinnerung in mein Bewusstsein, und ich musste beim Gedanken an dieses schon Jahre zurückliegende Erlebnis laut auflachen. So hatte mich mein erster verpasster Flug zwar zunächst nicht sonderlich glücklich gestimmt und etwas Geld verschleudert. Dadurch aber hatte ich Sebastian wiedergetroffen, mit dem ich einen lustigen Abend verbrachte.

Trotzdem überprüfe ich seit diesem Tag fast neurotisch, wann genau Check-in-Schalter schließen. Man muss sein Glück im Unglück ja nicht übermäßig herausfordern.

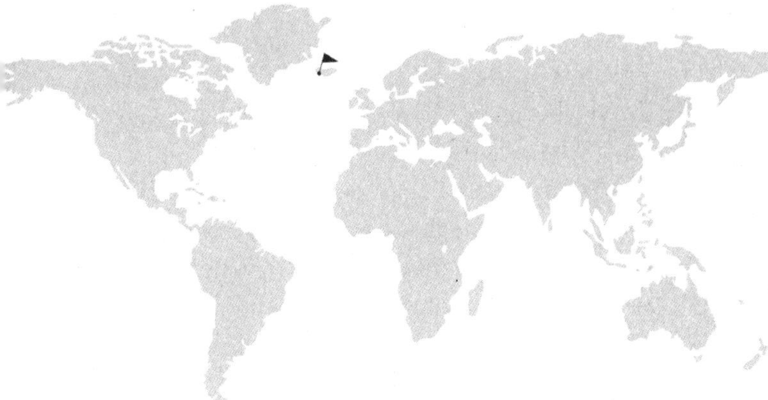

KÖRPERLICHER SCHMERZ	★★☆☆☆
HERZSCHMERZ	☆☆☆☆☆
MINDFUCK	★★☆☆☆
TOLLPATSCHFAKTOR	★★★☆☆
GEFAHR	★★★☆☆

DON'T BE GENTLE, IT'S A RENTAL

REYKJAVÍK, ISLAND · JANUAR 2017

Reisen wir nach Island! Wer träumt nicht davon, einmal im Leben in den hohen Norden zu fahren, um die Nordlichter mit eigenen Augen zu sehen? Bei mir stand das schon sehr, sehr lange auf der Bucket List. Tatsächlich bin ich aber erst Anfang 2017, nach mehr als sieben Jahren Weltreisen, relativ spontan dazu gekommen.

Weihnachten und Silvester waren gerade vorbei, als Steffi und ich zusammensaßen und beschlossen: »Lass uns einfach mal schauen, was Flüge nach Island kosten.« Wenige Tage später saßen wir auch schon in einem Flieger der WOW air. Da die Lebenshaltungskosten in Island im Gegensatz zu anderen Ländern relativ hoch sind, ist es günstiger, zu zweit ein Airbnb zu nehmen, als in einem Hostel einzuchecken. Deshalb mieteten wir uns für zehn Tage eine gemütliche Bude mitten in Reykjavík.

Es braucht übrigens immer etwas Glück, die Nordlichter zu sehen. Ihr Erscheinen hängt unter anderem vom Wetter und vom Einfall der Sonnenstrahlen ab. Damals fanden wir ein paar coole Apps, die auf einer Skala von eins bis zehn anzeigen, wie gut die Chancen stehen. Bei eins siehst du sehr wenige Nordlichter, zehn ist richtig krass mit verschiedenen Farben.

Ganz oben im Norden und mitten im Winter sind die Tage echt kurz. Die Sonne geht gegen elf Uhr vormittags auf und schon um drei Uhr nachmittags wieder unter. Das heißt: Steffi und ich hatten nur vier Stunden Tageslicht. Der Körper gewöhnt sich sehr schnell an diese Lichtveränderung. Wir schliefen relativ lange, meist bis um zehn. Dann machten wir es uns während der paar hellen Stunden zur Aufgabe, mit unserem kleinen Mietauto so viel wie möglich von Island zu erkunden und dabei gleichzeitig ein paar Spots zu entdecken, an denen wir nachts die Polarlichter sehen könnten. Wir wussten: Am besten fahren wir dazu ein ganzes Stück von der Stadt weg, wo es keine Störlichter gibt. Wir machten uns deshalb schon tagsüber auf die Pirsch, weil wir passende Orte im Dunkeln nur sehr schwer hätten ausmachen können.

Die ersten zwei oder drei Nächte waren wir in Sachen Aurora borealis völlig erfolglos. Am Himmel war nirgends ein Leuchten zu sehen, mal abgesehen von den Sternen. Dafür aber fanden wir einen schönen Platz an einem komplett zugefrorenen Fluss, der umringt war von ein paar mächtigen Bergen.

Unsere Tage in Island liefen immer gleich ab: schlafen bis um zehn, im Airbnb frühstücken, durch Reykjavík laufen, mit dem Mietauto die Gegend erkunden, Spots für die Nacht suchen, abends heimkehren, ein bisschen ausruhen und dann für ein paar Stunden ins Bett. Gegen Mitternacht standen wir wieder auf, packten uns dick ein, füllten Pfefferminztee in eine Thermosflasche, steckten noch ein paar Kekse ein und fuhren raus in die Dunkelheit.

Als wir die Nordlichter zum ersten Mal sahen, waren sie ziemlich schwach. Es gab nicht diese berühmten Leuchtschwaden, die auf Fotos zu sehen sind. Stattdessen war der ganze Himmel einfach nur etwas grün gepunktet. Hatten wir anfangs noch relativ gutes Wetter gehabt, wurde es nun von Tag zu Tag schlechter. In der folgenden Nacht fuhren wir sogar durch einen richtigen Sturm. Das Thermometer zeigte minus zwanzig Grad Außentemperatur an. Wir konnten kaum etwas sehen, so dicht war das Schneegestöber vor unserer Windschutzscheibe. Glücklicherweise sind die Mietwagen in Island alle mit Spikes an den Reifen ausgestattet, sodass du nicht ins Rutschen kommst. Ich hatte das natürlich gleich auf einem Supermarktparkplatz getestet und dabei versucht, ein paar Donuts zu drehen - also mit dem Auto im Kreis zu driften. Doch da war nichts zu machen gewesen, denn diese isländischen Spikereifen haben viel zu guten Grip.

Steffi und ich fuhren also fest im Sattel, konnten aber nicht wirklich sehen, wohin. Unser Plan war, zu dem zugefrorenen Fluss zu fahren, den wir entdeckt hatten. Wir waren wirklich froh, dass wir uns die Strecke im Hellen herausgesucht hatten, denn jetzt hätten wir auch an einem voll erleuchteten Disneyland vorbeifahren können, ohne es zu bemerken. Die Straßen waren nur noch Eis und Schnee, die Sicht gleich null. Als ich das Fernlicht einschaltete, wusste ich sofort, wie George Lucas auf die Idee zu *Star Wars* gekommen sein musste: Er war wahrscheinlich zuvor in Island gewesen. Wir jedenfalls saßen im Millennium Falken und schwirrten durch den Schnee wie durch eine fremde Galaxie. Steffi Solo und Nick Chewbacca: »FFFGGGGRRRRRRRRR!« Wir waren beide total aufgeregt, denn wir hatten ja am Tag zuvor schon schwache Nordlichter gesehen. Natürlich hofften wir heute auf mehr.

»Vielleicht hört der Sturm ja noch auf«, meinte Steffi und schaute aus dem Seitenfenster.

Sie hatte halb recht. Wenig später ließ der Schnee langsam nach, und es wurde eine sternenklare Nacht. Was aber nicht aufhörte, war der Wind, der weiterhin tobte. Als wir schließlich am Fluss ankamen, entschieden wir, doch noch ein Stück weiter weg von den Lichtern der Stadt zu fahren. Bald erreichten wir eine große, schneebedeckte Fläche, unter der sich vermutlich Felder befanden. Genau wussten wir es nicht. Wir sahen nur Weiß und hin und wieder große Schneeverwehungen, die wie lange Fäden geisterhaft über die Straße zogen. Konzentriert lehnten wir uns vor, um durch die Windschutzscheibe eine Stelle zu erspähen, wo wir am besten halten und unsere Kamera aufbauen konnten. Wir waren wie auf geheimer Mission, fühlten uns wie Indiana Jones und sahen in unseren Klamotten aus wie sehr dicke Yetis. Hungrige Yetis übrigens, weshalb wir kurz Pause machten und die Kekse und den Pfefferminztee auspackten. Es war eine unglaubliche Stimmung: Mitten in der tiefschwarzen Nacht saßen wir irgendwo in Island, und im schwach beleuchteten Auto stieg der Dampf aus unseren Teebechern, während der Wind Schneewehen seitlich an die Autofenster peitschte. Mich kitzelte das Abenteuer schon wieder unter den Sohlen. Ich trank meinen Tee aus und schnallte mich ab. »Okay«, sagte ich zu Steffi, »ich check das mal aus da draußen.«

Ich drehte mich halb im Fahrersitz, zog mit der rechten Hand die Klinke der Tür – und BÄMM – es war, als hätte jemand ganz laut »Go-Go-Gadget-o-Arme!« gebrüllt. Mit einem Ruck flog die Fahrertür auf, riss meine Hand mit sich – und mich gleich hinterher. Der Vollkrasse Wind, der von hinten kam, hatte sich mit Vollkaracho auf die Tür gestürzt. Es kostete mich richtig Kraft, mich von der anderen Seite gegen die Tür zu stemmen, um sie wieder zu schließen.

Wo ich nun aber schon mal draußen im Island-Orkan stand, nutzte ich die Gelegenheit, meine Kamera im Windschatten des Autos aufzubauen. Ich wollte ein paar Langzeitaufnahmen mit vierzig oder fünfzig Sekunden Belichtungszeit machen, um die Nordlichter richtig schön einzufangen. Um das Objektiv einzustellen und das Stativ auszurichten, musste ich meine Handschuhe ausziehen. Es dauerte nicht mal zwei Sekunden, da waren meine Hände bereits taub gefroren. Ich schaffte es immer nur, etwa vier oder fünf Fotos zu machen, bevor mir so eiskalt wurde, dass ich wieder eine Weile zurück ins Auto musste. Dort stellte ich dann den Motor an und taute meine steif gefrorenen Finger vor der Lüftung auf.

Zwei- oder dreimal hatte ich diese Raus-Foto-wieder-rein-Nummer schon gemacht, als ich tatsächlich die ersten Nordlichter mit der Kamera einfing. »Boah, Steffi, schau dir das an! Du siehst die Nordlichter schon ein bisschen! Wenn ich das jetzt noch ein wenig editiere ... geil, geil, geil!«

Ich war sofort aufgeregt.

Weshalb ich den Wind vergaß.

In der einen Hand hielt ich die Kamera, mit der anderen öffnete ich die Fahrertür – und merkte dann erst, dass ich ja gar keine dritte Hand besaß, um die Tür festzuhalten. ZACK, war sie auch schon weg. Wie ein unsichtbarer, brüllender Riese hatte sich der Sturm erneut gegen die Tür geschmissen und sie einmal komplett auf links gedreht. Mit einem lauten Knall riss sie teilweise aus ihrer Verankerung und krachte auf den Kotflügel. Im Anschluss war es bei uns im Auto ein paar Sekunden merkwürdig still, während Steffi und ich wie Wayne und Garth aus *Wayne's World* hinter der Windschutzscheibe saßen und entgeistert auf die Tür vor uns starrten. Dann sagte ich so was wie: »Scheiße, ich habe gerade unseren Mietwagen kaputt gemacht.« Steffi schaute mich an und fing an zu lachen. Ich stimmte mit ein. Was sollten wir auch anderes tun? Wir lachten also Tränen.

Schließlich stieg ich aus, um nachzuschauen, ob türmäßig noch etwas zu retten war. Die gute Nachricht war, dass die Tür noch mit dem Auto verbunden war und sich tatsächlich auch wieder zurückdrücken und schließen ließ. Die schlechte Nachricht war ein neues Feature: Unsere Fahrertür ließ sich nun bis zu einem Winkel von 180 Grad öffnen. Weil es nun einmal mitten in der Nacht war, wir sowieso vor Ort waren und die Nordlichter immer deutlicher wurden, blieben wir, wo wir waren, und schossen noch ein paar Dutzend Bilder. Es war eine phänomenale, grün leuchtende Nacht mitten in Island.

Als wir den Mietwagen einige Tage später am Flughafen abgaben, druckste ich erst ein wenig herum: »Hmm, doofe Sache … uns ist da ein kleines Malheur passiert … und der Wind … äh … und keine Ahnung.« Der Typ am Schalter reagierte jedoch ganz gelassen: »Ach ja, easy, das passiert öfter, kein Problem. Wir erstellen ein Gutachten. Bitte einmal Ihren Personalausweis und Ihre E-Mail-Adresse.«

Was reden die Isländer wohl im Pub über die ganzen Touristen, die nachts die Autotüren der Mietwagen schrotten?

»Na, Jarle, wie war dein Tag?«

»Ganz gut, heute nur drei Fahrer- und zwei Beifahrertüren.«

»Das geht ja noch.«

»Jau. Haste recht. Gibt auch gute Tage.«

Im Nachhinein hat mich der ganze Spaß etwa 180 Euro gekostet. Ärgerlich, aber nicht die Welt. Das Abenteuer war es eindeutig wert.

KÖRPERLICHER SCHMERZ	★★★★★
HERZSCHMERZ	☆☆☆☆☆
MINDFUCK	★★★★☆
TOLLPATSCHFAKTOR	☆☆☆☆☆
GEFAHR	★★★★★

DER HEIMWEG DES BETRUNKENEN

HO CHI MINH TRAIL, VIETNAM · APRIL 2016

Es war schon immer mein Traum, mit dem Motorrad durch Vietnam zu fahren. Den ersten Versuch wagte ich 2011. Leider ging das ziemlich in die Hose, weil ich kurz vorher einer Betrugsmasche zum Opfer gefallen war. Der zweite Versuch war erfolgreich: 2016 flog ich von Indonesien nach Vietnam, kaufte mir in Ho-Chi-Minh-Stadt eine eigene Maschine und erlebte ein paar der großartigsten Wochen meines Lebens. Wie großartig ich Motorradfahren in Vietnam finde, war bereits in meinem ersten Buch Thema. Für mich war der Trip auf jeden Fall eines dieser Erlebnisse, von denen ich den Rest meines Lebens zehren werde.

Das kann ich allerdings nur, weil ich es auch überlebt habe. Denn Motorradfahren in Vietnam ist nicht ohne. Wenn ich danach gefragt werde oder auf der Bühne davon erzähle, sage ich zwar immer: »Ja, war geil.« Allerdings war es auch wirklich geisteskrank und verrückt. Es verging kaum ein Tag, an dem ich nicht beinahe einen Unfall gehabt hätte. Manchmal schlitterte ich haarscharf an einem Totalschaden vorbei. Und damit meine ich nicht nur mein Motorrad. Das lag nicht daran, dass ich das Motorradfahren erst in Vietnam gelernt hatte, sondern eher an den dortigen Verkehrsregeln. Oder besser gesagt an der einzigen Verkehrsregel, die es in Vietnam gibt, an die sich dafür aber alle wirklich vorbildlich halten: Friss oder werde gefressen! Fürs Motorradfahren in Vietnam braucht man vor allem zwei Dinge: Mut und Wahnsinn.

Die Geschichte, die jetzt kommt, handelt von Kyle. Der war auf jeden Fall mutig und wahnsinnig – aber auf eine sehr sympathische Weise. Auch außerhalb des Motorradfahrens. Genau das wurde ihm dann zum blutigen Verhängnis.

2016 cruiste ich also auf meiner ersten eigenen Maschine quer durch Vietnam. Schon nach wenigen Tagen begegnete ich zwei anderen Backpackern, die ebenfalls auf Motorrädern unterwegs waren: Kyle aus Wales und Nico, der wie ich aus Deutschland kam. Fast die ganze Zeit waren wir zu dritt unterwegs. Kyle war derjenige unter uns, der immer nur Vollgas kannte. Das meine ich, wie gesagt, nicht nur in Sachen Motorrad, sondern vor allem auch, was Alkohol anging. Kyle liebte Alkohol. Auch ich habe absolut nichts gegen das eine oder andere Bierchen am Abend, um ab und zu mal ein bisschen niveauflexibel zu bleiben. Gegen Kyle aber bin ich harmlos. Wenn ich zum Beispiel nach einer durchzechten Nacht in ein Röhrchen pusten müsste, würde der Polizist vielleicht tadelnd eine Augenbraue heben. Ich schwöre, Kyle müsste nur gegen das Röhrchen hauchen, und sofort würden neben ihm ekstatische Leuchtschilder bimmeln. Die Augenbrauen des Cops wären unterdessen gar nicht mehr zu sehen, weil er sie so weit hochziehen müsste, dass sie ihm vom Hinterkopf runterbaumelten. Um es kurz zu machen: Kyle hat es einfach immer ein bisschen übertrieben. Er konnte nie nur ein oder zwei Bier trinken. Gleichzeitig ist Kyle einer der lustigsten und offensten Menschen, die ich kenne. Er braucht keine drei Sekunden, um sofort mit allen, die ihm begegnen, ins Gespräch zu kommen. Jeder mag Kyle. Kyle mag jeden. Und Kyle mag eben auch Alkohol.

Eines Tages hatten wir uns für ein paar Nächte in einem kleinen Bed and Breakfast in Ninh Binh eingemietet. Gegenüber gab es ein Hostel, in das wir abends gingen, um etwas zu essen und ein Bier zu trinken. Hier trafen wir auf viele andere Motorradreisende. Wir saßen gemütlich zusammen, unterhielten uns über unsere Erlebnisse und tauschten uns über Orte aus, die sich besonders lohnten. Das ist übrigens einer meiner großen Reisetipps für jeden Trip: Statt im Internet zu googeln und sich im Vorfeld eine genaue Route zu überlegen, solltest du direkt vor Ort einfach andere Reisende oder Locals fragen. Auf diese Weise bekommst du viel bessere Tipps als von jedem Reiseführer oder Blog.

Mich interessierte besonders das nahe liegende Kalksteingebirge. Meine Idee war es, am übernächsten Tag die dortige Gegend zu entdecken und im Anschluss einen Bus in Richtung des Nationalparks Phong Nha-Kẻ Bàng zu nehmen. Es ist in Vietnam übrigens kein Problem, sein Motorrad im Bus mitzunehmen: Dazu musst du einfach nur den Tank leer machen und die Maschine auf die Ladefläche schieben. Danach wollte ich auf die Insel Cát Bà weiterreisen, um von dort aus die Halong-Bucht auszukundschaften.

Während wir in der Hostelbar saßen, entdeckte Kyle sofort das lokale Bier für sich. Er trank und trank und trank. Nico und ich hingegen machten nach ein paar Halben Feierabend und gingen in unsere Unterkunft zurück. Wir waren vom Tag auf dem Motorrad komplett kaputt.

Am nächsten Morgen standen wir gegen neun Uhr auf, machten uns fertig und wollten uns ein Café suchen, um gemütlich zu frühstücken. Als wir die Treppe unseres Bed and Breakfast hinuntergingen, trafen wir auf Kyle. Der saß auf den Stufen und trank mit irgendwelchen Locals eine Flasche Wodka.

»Hey, Kyle«, begrüßte ihn Nico. »Sag mal, hast du überhaupt geschlafen?«

Kyle grinste selig zurück: »Ja. Ich war so bis drei oder vier Uhr wach. Hab kurz die Augen zugemacht, und dann bin ich wieder aufgestanden und hab diese Leute hier gefunden. Sind super nett.«

Wie gesagt: Mit seiner sympathischen Art schließt Kyle überall Freundschaften.

Nico und ich grinsten uns an. Der Typ war voll wie ein Eimer. Aber hey, er hatte Spaß, also ließen wir ihn, wo er war.

Als wir einige Zeit später vom Frühstück zurückkehrten, war die Treppe zu unserer Unterkunft leer und Kyle nirgends zu sehen. Er hatte sich wahrscheinlich einfach hingelegt. Unsere Unterkunft bestand aus zwei kleineren Räumen: In dem einen schliefen Nico und ich, im anderen Kyle. Leise holten wir unsere Sachen aus unserem Zimmer, um Kyle nicht zu wecken, und machten uns auf in die Kalksteinlandschaft. Wir kamen erst abends wieder zurück, sprangen nacheinander unter die Dusche und liefen dann für ein Abendessen rüber zum Hostel. Dort fanden wir auch Kyle wieder, der wie üblich vor einem Bier saß. Ich habe wirklich keine Ahnung, wie man so viel trinken kann. Seine Leber musste auf jeden Fall schon gut geeicht sein.

Ich verfolgte meinen Plan und stieg noch am selben Abend in den Bus. Ich verabschiedete mich von Nico und Kyle, dann war ich weg. Unsere Wege trennten sich also für einige Zeit. Weshalb ich auch etwas überrascht war, als einen Tag später mein Handy klingelte und Nicos Name im Display erschien. Ich hob sofort ab. Nico klang aufgeregt: »O mein Gott, du glaubst nicht, was mit Kyle gestern noch passiert ist!« Dann erzählte er mir, was sich nach meiner Abreise ereignet hatte.

Nico und Kyle hatten noch eine ganze Weile in der Hostelbar gesessen, ohne dass etwas Außergewöhnliches geschehen war. Kyle, der wieder – oder immer noch – ordentlich auf Pegel war, hatte irgendwann erneut eine Wodkaflasche in der Hand. Die gab ihm oder seiner Leber schließlich den Rest. Kyles Körper streikte und verlangte nach Schlaf, weshalb er aufstand und noch vor Nico zum Bed and Breakfast hinüberwankte. Vor der Tür stellte er fest, dass abgeschlossen war. Ich weiß nicht, ob er den Schlüssel vergessen oder verloren hatte. Vielleicht hatte er in dem Moment auch vergessen, wie Türschlösser funktionieren. In Kyles betrunkenem Kopf jedenfalls gab es nur eine Lösung: »Dann muss ich das Ding halt aufbrechen.« Ich kann mir richtig vorstellen, wie er schwankend dastand, Stress mit der Tür suchte und letztendlich die Fäuste schwang. Wie so ein lädierter Römer, der von den Galliern bereits vermöbelt wurde und noch einmal alle Kräfte zusammennimmt, um auszuholen, während Obelix ihn mit dem kleinen Finger an der Stirn auf Abstand hält. Kyle jedenfalls traf dabei mit der Faust die kleine Glasscheibe, die in der Tür eingelassen war. Diese splitterte, gab nach – und unser Suffkopp aus Wales hing mit dem Arm im scharfkantigen Glas. Dass er sich dabei verletzte, bemerkte er sogar in seinem Zustand, denn er öffnete die Tür von innen und stolperte ins Bad, wo er sich ein Handtuch auf eine große Schnittwunde presste.

Als Nico wenig später zur Unterkunft ging, blieb er vor unserem Zimmer abrupt stehen und bekam einen Schock. Es sah aus, als wäre jemand eingebrochen: Überall lagen Glasscherben, und ein Haufen Blut lief die sperrangelweit offen stehende Tür herunter. Ihm schwante Böses, als er sich näherte, denn er sah, dass die Blutspur quer durch unsere Unterkunft bis ins Bad führte. Er rief nach Kyle: »Hey, Mann, Kyle, bist du da?« Als er keine Antwort bekam, rannte er in Kyles Zimmer. Doch das war leer. Dann folgte er der Blutspur ins Bad. Und da lag unser Kumpel, an die Badewanne gelehnt und ein mit Blut durchtränktes Handtuch um den Unterarm gewickelt.

Es stellte sich heraus, dass sich Kyle bei seinem Kampf mit der Tür wirklich schwer verletzt hatte. Er konnte von Glück reden, dass er nicht innerhalb weniger Minuten verblutet war, denn eine der Glasscherben hatte seinen Arm unmittelbar neben der Pulsader tief aufgeschnitten.

»Ich dachte zuerst wirklich, er wäre tot«, berichtete Nico. »Der Typ hatte so viel Alkohol getrunken, dass sein Blut dünn war wie Mineralwasser. Das ist alles einfach so aus ihm rausgelaufen.« Nico erzählte mir, dass ein Notarzt Kyle eingepackt und ins nächste Krankenhaus gebracht hatte. Dort war eine Alkoholvergiftung festgestellt worden. Glücklicherweise konnte der Arzt Kyle wieder zusammenflicken und aufpäppeln.

In Vietnam auf dem Motorrad von A nach B zu fahren ist eigentlich Abenteuer genug. Wie viele Unfälle ich auf der Stecke von Ho-Chi-Minh-Stadt nach Hanoi gesehen habe, kann ich nicht mehr zählen. Es ist einfach super gefährlich. Besonders die Strecke durch das Kalksteingebirge, wo hinter fast jeder Kurve der schmalen Serpentinenstraßen Geröll liegt: Wie viele Leute es da zerlegt hat, weil sie aus den Kurven geflogen sind, will ich gar nicht wissen. Und wenn dir ein Unfall passiert, hast du nicht viel, was deinen Sturz abmildert, denn es gibt keine Motorradausrüstung. Wenn's gut läuft, besitzt du zumindest einen Helm. Ansonsten trägst du T-Shirt, kurze Hose und Sneakers. Kyle fuhr sogar mit Flipflops und Minions-Socken. In Vietnam laufen deshalb viele Motorradfahrer mit üblen Schürfwunden herum, die sich aufgrund der hohen Luftfeuchtigkeit auch unwahrscheinlich schnell entzünden können. Dort Motorrad zu fahren ist also an sich schon ein wirklicher Wahnsinn. Sich dann noch zusätzlich und bewusst in eine Situation zu begeben, bei der man sich beinahe die Pulsader zerfetzt – was soll man dazu noch sagen? Nico zeigte mir später Bilder des ganzen Schlamassels, die er sicherheitshalber gemacht hatte: Unsere Unterkunft hatte ausgesehen wie ein Tatort. Ein Tatort in einem Splatter-Movie. Das war schon richtig heftig.

Ich bin bis heute mit Nico und Kyle in Kontakt. Neulich schrieb Kyle mir über Facebook: »Nick, der Motorradtrip in Vietnam ist schon so lange her. Ich kann es kaum erwarten, wieder hinzufliegen und die nördliche Schleife zu fahren!« Ich grinste und schrieb zurück: »Bin gespannt, ob du es dieses Mal ohne diverse Verletzungen schaffst!« Darauf wetten würde ich allerdings nicht. Kyle ist ein supertoller und freundlicher Mensch, der weiß, wie man das Leben auskostet. Aber er trinkt definitiv zu oft einen über den Durst.

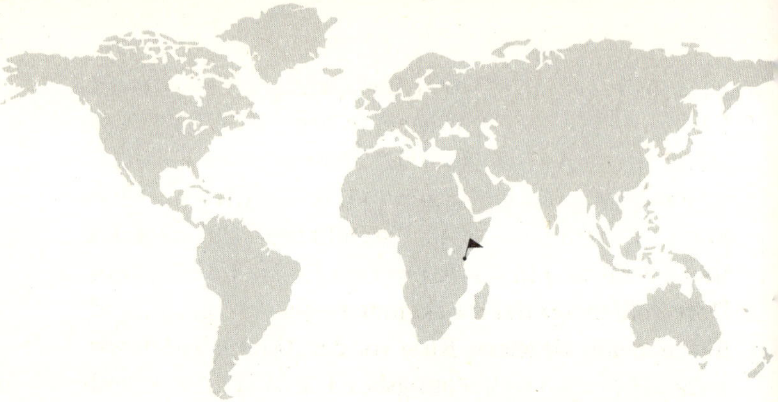

KÖRPERLICHER SCHMERZ	★★★★★
HERZSCHMERZ	★★★☆☆
MINDFUCK	★★★★★
TOLLPATSCHFAKTOR	★★★★★
GEFAHR	★★★★★

MARGARITA BURN

KILIFI COUNTY, KENIA · JANUAR 2020

Jetzt kommen wir zu einer Geschichte, bei der ich innerlich immer noch mit dem Kopf schütteln muss, wenn ich daran zurückdenke. Mittlerweile muss ich selbst darüber grinsen, obwohl es wirklich kein Zuckerschlecken war. Ich hatte gerade meine Abschlusstour 2019 zu *Die geilste Lücke im Lebenslauf* beendet, und Corona war noch nicht präsent. Es lag eine übelst stressige Zeit hinter mir: 24 Shows in Deutschland, Österreich und der Schweiz. Mit einem Tinnitus im Ohr und dem Jahresende vor Augen hatte ich mit Steffi beschlossen, Silvester in Kenia zu verbringen und später weiter nach Uganda zu reisen. Ich konnte es kaum abwarten, in den Flieger nach Ostafrika zu steigen und die Seele baumeln zu lassen.

Unser Plan war ein Traum: Wir hatten über ein Reiseportal ein Zimmer in einem gechillten Hostel am Kilifi Beach gebucht. Ein Raum nur für uns direkt am Strand. Dort wollten wir dann Bekannte treffen, um gebührend ins neue Jahr zu feiern. Kurz vor der Abreise hatten wir noch keine weitere Buchungsbestätigung erhalten und schrieben eine E-Mail an das Hostel. Wir wussten zum Beispiel nicht, ob uns jemand vom Flughafen abholen würde oder ob wir den Transfer selbst organisieren sollten. Die Antwort kam umgehend: »Es tut uns leid, aber Ihre Buchung ist hier nicht angekommen.«

Glücklicherweise hatten wir eine E-Mail von der Buchung über das Reiseportal. Deshalb riefen wir als Nächstes dort an. Hier gab man sich zerknirscht: »Wir können uns nur entschuldigen, uns ist ein Fehler unterlaufen.« Das Reiseportal hatte unsere Reservierung verzockt, bemühte sich aber sofort um eine Alternative. Das Problem: Jetzt, ein paar Tage vor Silvester, war natürlich alles ausgebucht. Steffi telefonierte und schrieb mit den Leuten vom Reiseportal hin und her, und schließlich war eine Lösung gefunden. Ich weiß noch, dass meine Schwägerin mich belustigt anschaute und sagte: »Nick, du hast das Glück echt gepachtet. Wahrscheinlich stecken sie euch jetzt in ein Luxushotel!«

Womit sie recht hatte. Das Reiseportal buchte uns in einen All-inclusive-Luxus-Familienbunker ein und übernahm die Mehrkosten. Eigentlich ein Grund zur

Freude: dreimal am Tag All-you-can-eat-Büfett, richtig geile Bude am Start, direkt am Meer. Doch wenn du seit Jahren als individualreisender Backpacker unterwegs bist, entwickelst du einen komplett anderen Reisestil. Hinzu kam, dass das Resort nicht am Kilifi Beach lag, sondern knapp fünfzig Kilometer weiter nördlich. Eine ganz schöne Strecke, um sich mit seinen Bekannten für ein Abendessen zu treffen.

Tatsächlich waren Steffi und ich regelrecht geschockt, als wir vom Flughafen abgeholt wurden und dann in die Auffahrt der Ferienanlage einbogen: Das war wirklich ein riesiger Ferienbunker! Sofort kamen ein paar Angestellte herbeigelaufen. Einige holten unser Gepäck aus dem Kofferraum, die anderen drückten uns einen Willkommensdrink in die Hand. Ein Angestellter blickte auf unser Handgepäck und fragte irritiert: »Wo ist denn Ihr normales Gepäck?« Ich musste grinsen: »Das ist unser normales Gepäck.« Hatte man dort auch noch nicht erlebt, dass Gäste nur mit Handgepäck anreisen. Steffi und ich guckten uns an. In ihren Augen konnte ich lesen, was ich selber dachte: »Ei, ei, ei, wo sind wir denn hier gelandet?« Immer wieder wurden wir überschwänglich auf Italienisch begrüßt. Es buongiorno-te uns regelrecht von allen Seiten an. Mitten in Kenia. Wie wir erfuhren, lag das daran, dass dieses Familienresort einem Italiener gehörte.

Das Ankommen war ein merkwürdiges Gefühl gewesen – und auch danach war alles ein bisschen zu viel. Schon nach wenigen Tagen ging uns der ganze »Luxus« auf die Nerven. Ständig gab es an jeder Ecke Animationen, Aufführungen, dudelnde Musik, und pünktlich um 17 Uhr bimmelte eine Glocke, woraufhin sich Horden von Touristen auf das abendliche Büfett stürzten. Auch wenn Steffi und ich immer sofort am Start sind, sobald jemand »all you can eat« auch nur denkt, fanden wir das alles nicht so toll. Das war nicht das Kenia, das wir hatten besuchen wollen.

Auch unsere Freunde zu treffen war kompliziert. Um zum Kilifi Beach zu gelangen, mussten wir uns ein Taxi bestellen und fünfzig Kilometer durch die Gegend tuckern. Zwar übernahm auch hier das Reiseportal die Kosten für eine Fahrt am Tag, aber es war trotzdem blöd. Wir konnten nicht einfach zu unseren Freunden rausgehen, sondern mussten das jeden Tag aufs Neue umständlich planen. Mit den Taxis in Kenia ist es nicht wie in Deutschland. Noch weniger gilt das für die Straßen. Nur so viel: Es dauerte eben alles seine Zeit. Doch einem geschenkten Gaul schaut man nicht so dolle in den Rachen, also beschlossen wir, die Tage trotzdem zu genießen. Morgens waren wir in unserem Hotel, dann fuhren wir runter zum Kilifi Beach, verbrachten den Tag mit unseren Freunden und nahmen abends wieder ein Taxi zurück.

Über das Frühstücksbüfett konnten wir uns wirklich nicht beschweren. Da gab es einfach alles, was das Herz begehrt. Man konnte sich Omeletts oder Pfannkuchen frisch zubereiten lassen. Wenn man eher Lust auf Brötchen mit Wurst oder Käse hatte, war auch das da. Man hätte sogar Schnitzel mit Pommes zum Frühstück bekommen, wenn man das gewollt hätte.

An einem Morgen – ich stand gerade vor einer ganzen Armada aus Säften – bemerkte ich ein großes Tablett voll mit fein säuberlich zugeschnittenen Limetten. Ich war direkt begeistert. Wenn ich am Meer bin, genieße ich es nicht nur gewaltig, Salzwasser um mich herum und in den Haaren zu haben. Oft träufle ich mir zusätzlich Limettensaft hinein, weil es die dunklen Haare ausbleicht. Ein kleiner Vitamin-C-Booster ist doch nie verkehrt. Sobald ich also in Strandnähe bin, laufe ich schon nach wenigen Tagen freudig grinsend mit limettenblonden Haaren durch die Gegend.

Als ich mich da also am Frühstücksbüfett dem Tablett voller Limetten gegenübersah, dachte ich: »Na, perfekt! Das nutze ich gleich mal aus.« Ich schnappte mir einen Becher und schippte ein paar Hände voll Limetten hinein. Zurück im Zimmer, drückte ich die Zitrusfrüchte aus. Weil es so viele waren, kam eine Menge Saft zusammen. »Was soll's«, sagte ich mir – und kippte einen halben Becher voll auf meinen Kopf. Ich hatte meinen vom deutschen Winter ausgebleichten Körper vorher ordentlich mit Sonnencreme einbalsamiert. Nun war ich bereit für den Strand. Mit noch von dem Limettensaft getränkten Haaren trat ich neben Steffi ins Freie. Es war toll: Sonne, Strand, und ein Stück weiter entdeckten wir eine Stelle zum Bocciaspielen.

Etwa eine Stunde hielten wir uns draußen auf und warfen die Kugeln. Danach waren wir knallrot im Gesicht, komplett durchgeschwitzt und stellten uns nacheinander unter die kühle Stranddusche. Mittags fuhren wir wie jeden Tag runter nach Kilifi. Als wir am Abend wieder zurück im Hotel waren und im Restaurant unser Abendessen genossen, bemerkte ich zum ersten Mal, dass ich mir wohl einen Sonnenbrand abgeholt hatte.

»Puh, ich glaube, ich habe mich ein bisschen verbrannt«, sagte ich zu Steffi. »Ich habe auch ein bisschen Kopfschmerzen.«

Steffi sah mich prüfend an: »Na, hoffentlich hast du dir keinen Sonnenstich geholt. Ist dir schlecht?«

Ich verneinte und schob meinen Zustand einfach darauf, dass wir erst vor ein paar Tagen vom tiefsten deutschen Winter ins bullenheiße, sonnige Kenia gekommen waren. Mein Körper brauchte wohl eine Weile, um sich an den plötzlichen Jahreszeitenwechsel zu gewöhnen. Ich würde mich in den nächsten Tagen einfach noch öfter eincremen müssen.

Nichtsdestotrotz fühlte ich mich unwohl. Sobald wir wieder im Zimmer waren, ging ich ins Bad, um mir meinen vor sich hin prickelnden Rücken etwas genauer anzuschauen. Ich zog mein T-Shirt aus, drehte mich mit dem Rücken zum Spiegel und dann meinen Kopf um die eigene Achse. Vor mir sah ich ein kleines Flammeninferno: »Ja, leck mich im Arsch!«, rief ich. »Steffi, du hast meinen Rücken nicht richtig eingecremt, schau dir mal an, wie der aussieht!« Ich hatte tatsächlich eine Art Flammenmuster auf dem Rücken. So, als ob Steffi meinen Rücken nur streifenweise eingecremt hätte.

Weil der bei Sonnenbrand echt super hilft, besorgte ich mir von der Hotelbar einen Joghurt und stellte ihn eine Weile in den Kühlschrank. Später legte ich mich bäuchlings aufs Bett, und Steffi verteilte den kompletten

Joghurt auf meinem Rücken. Noch während er langsam einzog und meine Haut mit neuer Feuchtigkeit versorgte, schlief ich ein.

Am nächsten Tag ging es für uns schon in aller Frühe los: Wir hatten eine zweitägige Safari durch den Tsavo-East-Nationalpark gebucht. Die Sonne war noch nicht aufgegangen, als wir von unserem Safari-Guide abgeholt wurden. Der Safari-Bus sah aus wie ein T2 und hatte ein Dach, das nach oben herausgedrückt werden konnte. Die meisten Safari-Busse sind mit solchen Dächern ausgestattet. So kann man in einem Nationalpark anhalten und die ganzen wilden Tiere wie auf einer kleinen Aussichtsplattform beobachten – aus nächster Nähe, aber trotzdem sicher. Gleich nachdem wir losgefahren waren, merkte ich, dass die holprigen Straßen und mein verbrannter Rücken kein gutes Team waren. »Ach, das ist doch scheiße mit dem Sonnenbrand«, sagte ich zu Steffi. Ich hatte ja keine Ahnung, dass das gerade mal der Anfang von der »Scheiße« war, die mir noch bevorstand.

Die Hinfahrt dauerte fünf Stunden. Fünf Stunden auf einem heißen Sitz, ohne Klimaanlage, bei brennender Sonne, die durch die Seitenfenster knallte, und einem Fahrgefühl, bei dem einzig der Schleudergang einer Waschmaschine mitreden konnte. Ich fühlte mich großartig. Nicht.

Als wir endlich in den Nationalpark reinfuhren, atmete ich auf. Wenigstens gab es jetzt ein bisschen Ablenkung. Ich freute mich auf die Tiere und hoffte, in den zwei Tagen ein paar der berühmten afrikanischen »Big Five« vor die Linse zu bekommen: Elefanten, Löwen,

Leoparden, Nashörner und Büffel. Aber auch Zebras, Giraffen, Antilopen, Hängebauchschweine, Krokodile und Nilpferde sind in Ostafrika heimisch und wuseln entspannt in den Nationalparks herum. Als ich aufstand, um meinen Kopf aus dem Dach zu strecken und mir ein wenig Fahrtwind um die Nase wehen zu lassen, fiel mein Blick auf meine linke Hand. Ich stutzte und hielt sie Steffi hin: »Schau mal, sieht komisch aus. Ist das eine Sonnenallergie? Vielleicht von gestern?« Meine Hand war deutlich angeschwollen, rot und fühlte sich heiß an. Auch insgesamt fühlte ich mich ausgesprochen schlapp. Aber ich hielt den ganzen Tag durch, bis wir gegen 18 Uhr in unserer Unterkunft eincheckten, der Lions Hill Safari Lodge. Das Safari-Hostel befand sich auf der gegenüberliegenden Seite des Nationalparks auf einem kleinen Berg. Die Unterkünfte bestanden aus Zelten, die sehr einfach ausgestattet waren: Es gab ein Bett, einen kleinen Verschlag mit einer Dusche und – dem Himmel sei Dank – eine Klimaanlage. Wir fanden es sofort megaschön dort, besonders im Vergleich zu unserer königlichen Residenz im kenianischen Little Italy.

Zum Abendessen saßen wir mit unseren Freunden zusammen, die ebenfalls auf einer Safari unterwegs waren und per Zufall an genau diesem Tag ganz in der Nähe übernachteten. Unter ihnen war Stella, die Gründerin der 22STARS Foundation, die wir im Anschluss an unsere Zeit in Kenia in Uganda besuchen wollten. Stella fiel auf, dass ich ungewöhnlich ruhig war. So introvertiert kannte sie mich nicht. Sie drehte sich beim Essen zu mir und meinte: »Sag mal, Nick, du bist so still, bist du krank? Dir geht es doch nicht gut, oder?« Das war mein Zeichen. »Nee, irgendwie nicht. Sorry, Leute, ich bin so im Eimer, ich will einfach nur ins Bett.« Ich sagte Steffi Gute Nacht und ging zu unserem Zelt.

Dort fiel ich sofort ins Bett und schlief ein. Mein Schlaf war allerdings wenig erholsam. Ich wälzte mich unruhig und schwitzend hin und her. Immer wieder drang der Schmerz meines mittlerweile höllenmäßig brennenden Rückens in mein Bewusstsein. Um etwa zwei Uhr nachts wachte ich dann endgültig auf. Es war stockdunkel, und in meiner Hand trommelte das Blut, als wollte es Dave Grohl Konkurrenz machen. Durch das Moskitonetz und unsere offene Zeltwand blickte ich hinaus in die finstere Nacht und hörte weit entfernt ein paar Löwen brüllen. Normalerweise hätte mich ein magischer Moment wie dieser sofort nach draußen gelockt, wo ich die Stimmung in mich aufgesogen hätte. Mit all den Schmerzen konnte ich allerdings nichts anderes tun, als möglichst bewegungslos im Bett zu liegen.

Nach drei Stunden, in denen ich nur ab und zu ein wenig weggedämmert war, bevor mich das Brennen auf meiner Haut wieder und wieder aufgeweckt hatte, hielt ich es nicht mehr aus. Noch immer war es stockdunkel, und ein Blick zur Seite verriet mir, dass Steffi gemütlich neben mir schlief. Langsam kroch ich unter dem Moskitonetz hervor und tastete mich ohne Licht zum Bad vor. Die Schmerzen waren kaum noch auszuhalten. Weil mein ganzer Körper glühte, zog es mich auf direktem Weg zur Dusche. Ich zog mich aus und stellte mich unter den kalten Wasserstrahl. Mir kam es vor, als würde das eiskalte Nass sofort mit einem Zischen verdunsten, sobald es mit meiner Haut in Kontakt kam. Eine gefühlte Ewigkeit stand ich einfach nur da und ließ das kühle Wasser an meinem Rücken herunterlaufen.

Dann ging das Licht an, und Steffi stand im Bad. »Alles in Ordnung mit dir?«, fragte sie schlaftrunken.

Ich stieg aus der Dusche, nahm das Handtuch, das sie mir reichte, und begann, ganz vorsichtig meine Haut abzutupfen. »Nein, es tut alles fürchterlich weh«, antwortete ich. Ein Blick in den Spiegel versetzte mir einen kleinen Schock: »O Gott, was ist DAS?« Mittlerweile hatten sich die feuerroten Streifen von meinem Rücken auf meine Brust ausgebreitet. Ich schaute auf meine Hand. Auch die war noch weiter angeschwollen.

Beim Blick in den Spiegel hatte ich Steffi den Rücken zugedreht, die bei seinem Anblick regelrecht aufstöhnte: »Ach du Scheiße, Nick!«

Ich drehte den Rücken zum Spiegel und sah sofort, was sie meinte: Mein kompletter Rücken war nicht mehr nur rot, sondern leuchtend feuerrot. Viele merkwürdig geformte Streifen zogen sich von den Schultern bis hinunter zur Hüfte.

»Das kann doch kein normaler Sonnenbrand sein«, sagte ich. »Es sieht fast aus, als wäre mir etwas den Rücken heruntergelaufen.« In dem Moment, als ich diese Worte aussprach, dämmerte es mir zum ersten Mal: der Limettensaft? Wie sollte Limettensaft so etwas auslösen? Vielleicht doch eine Sonnenallergie?

Ich hatte nicht viel Zeit, weiter über die Ursache nachzudenken. Es war, wie es war, und da musste ich jetzt durch. Ich nahm eine Schmerztablette, zog mit äußerster Vorsicht T-Shirt und Shorts an und ging mit Steffi zum Frühstück. Dann startete auch schon unser erster Game Drive des Tages, also ein Ausflug mit dem Safari-Bus durch den Nationalpark. Von außen betrachtet, war der Game Drive phänomenal. Wir sahen Krokodile, Zebras, Giraffen, Elefanten und Löwen. Es war wunderwunderschön. Doch genießen konnte ich es nicht. Nicht eine Sekunde. Während Steffi wie ein Erdmännchen mit einem Fernglas oben aus dem Safaribus herausspähte und die Zeit ihres Lebens hatte, quälte ich mich von Minute zu Minute. Nur ab und zu blickte ich auf, wenn Steffi mir zurief, dass ein Löwe mit einem Jungen zu sehen war oder riesengroße Elefanten und Giraffen direkt um unser Auto herumliefen. Ich realisierte, dass das alles total schön war, doch ich war einfach nur energielos. Jedes Schlagloch auf den Sandstraßen sorgte dafür, dass heißer Schmerz durch meinen Körper jagte. Jeder Sonnenstrahl, der durch die Fensterscheiben in das Auto fiel, fühlte sich an, als würde er mich bei lebendigem Leib zerfressen.

Auf den ersten folgte an diesem Tag noch ein zweiter Game Drive. Am Ende des Tages stand uns zudem noch die fünfstündige Rückfahrt nach Mtwapa bevor. Wenn ich nicht so erschöpft und mit allen Kräften am Ende gewesen wäre, hätte ich bei der Aussicht auf das stundenlange Geholper wahrscheinlich irre aufgelacht. So aber ließ ich es mehr oder weniger über mich ergehen. Ich habe heute wirklich keine Ahnung, wie ich das alles überstehen konnte, ohne in Ohnmacht zu fallen.

Egal, wie ich mich hinsetzte, es tat weh. Einen absoluten Schmerzhöhepunkt hatte ich erreicht, als wir an einer Art Imbiss hielten, um einen Nachmittagssnack einzunehmen. Ich war aufgrund der Verbrennungen und Blasen nicht mal mehr in der Lage, einen Löffel zum Mund zu heben. Also hing ich mit dem Gesicht über meinem Teller und bewegte einzig mein Handgelenk, um Essen aufzufüllen und in meinen Mund zu schieben. Als ich es bei der Weiterfahrt gar nicht mehr aushielt, baten wir unseren Safari-Guide, zur nächsten Apotheke zu fahren. Tatsächlich stoppte er wenig später vor einer Art Mini-Drugstore mitten in der kenianischen Pampa. Dort erklärte ich, was los war: »Ich habe vorgestern zu lange in der Sonne gelegen und jetzt überall Sonnenbrand und Blasen.« Damit die Frau besser verstehen konnte, was ich meinte, hob ich mein T-Shirt und zeigte ihr einen Teil meines Rückens. Sie verkaufte mir daraufhin eine Salbe, die ich mit Steffis Hilfe auf meinen Schulterblättern und meiner Hand verteilte. Es half nicht wirklich.

Als wir endlich unsere neue Unterkunft erreichten, war ich mit den Nerven am Ende. Unsere Tage im Luxusbunker waren vorbei, und wir checkten in Mtwapa in einer kleinen Lodge ein. Nach zwei Tagen höllischer Qualen auf Safari und einer Heimfahrt, die mir den absoluten Rest gegeben hatte, stand ich nun in unserem neuen »Zuhause«: einem etwa acht Quadratmeter großen Raum mit schmalem Bett, winzigem Fenster und einem altersschwachen Ventilator. Eine Klimaanlage gab es nicht. Das Bad war so klein, wäre es noch enger gewesen, wäre es einfach verschwunden. Es bot aber immerhin Platz für einen Wasserhahn, der unablässig tropfte. Es war eines dieser Multifunktionsbadezimmer, wie ich sie schon oft auf Reisen kennengelernt hatte: Während man auf der Toilette saß, konnte man sich problemlos gleichzeitig duschen und parallel über dem Waschbecken die Zähne putzen. Kurz: Es war das komplette Kontrastprogramm zu dem italienischen Luxustempel. Bei dem räudigen und ungemütlichen Anblick, den unser Zimmer bot, mussten Steffi und ich schon wieder lachen. Doch allein dieses kleine Beben durch meinen Körper löste einen wahnsinnigen Schmerz aus. Ganz ehrlich: Ich weine fast nie. Doch als ich nach der gefühlt endlosen Tortur der letzten Tage in diesem Raum stand, konnte ich nicht mehr dagegen ankämpfen. Mir liefen die Tränen einfach die Wangen herunter. Ich hielt es kaum noch aus. Nein, falsch: Ich hielt es überhaupt nicht mehr aus.

Steffi sah mich an und sagte: »Nick, was kann ich tun?«

Ich war verzweifelt: »Steffi, ich … ich kann nicht mehr.« Mehr brachte ich nicht heraus. Während ich versuchte, mich aufs Bett zu legen, hängte Steffi sich an ihr Handy. Durch ihre Social-Impact-Trips, die sie gemeinsam mit Stella in Uganda organisierte, hatte sie eine Bekannte in Kenia. Die schrieb sie nun an. Andrea, eine jung gebliebene Mittvierzigerin, kommt ursprünglich aus Deutschland, wohnt aber mittlerweile in Kenia, wo sie einige soziale Projekte für Kinder gegründet hat. Eigentlich hatten wir vorgehabt, in den nächsten Tagen viel Zeit mit ihr zu verbringen, damit sie uns ihre Arbeit zeigen konnte. Daran war aber zumindest für mich überhaupt nicht mehr zu denken. Steffi schrieb: »Andrea, du kennst dich hier aus. Kannst du mir sagen, wo das nächste Krankenhaus ist? Nick braucht Hilfe.«

Andrea fackelte nicht lange. Schon kurze Zeit später stand sie mit dem Auto vor unserer Unterkunft. Ihr Sohn saß am Steuer, und zu viert fuhren wir ins nächstgelegene Krankenhaus. Bei der Anmeldung sagte ich nicht viel, nur dass ich mich in der kenianischen Sonne verbrannt hatte und mein Körper voller Blasen war. Dann weitete ich den Kragen meines T-Shirts, damit die beiden Krankenschwestern am Empfang sehen konnten, was los war. Die Blasen hatten sich mittlerweile prall mit Wundwasser gefüllt und leuchteten rot.

»Okay. Sie brauchen einen Arzt«, stellte die eine der beiden Schwestern fest. Zum Glück musste ich nicht lange warten, bis ich aufgerufen wurde.

Im Arztzimmer, einem winzig kleinen Raum mit einer Liege und einem Tisch, stand ein hochgewachsener Arzt, der mich begrüßte und gleich zur Sache kam: »Was ist Ihr Problem?«

Ich erzählte ihm von meinen Verbrennungen, und er bat mich, mein T-Shirt auszuziehen. Doch das war leichter gesagt als getan. Ich musste aufschreien, als Steffi mir helfen wollte, den Stoff über meinen Rücken und die Schultern zu ziehen. Es war unmöglich. Weil auch der Arzt das erkannte, stand er auf, kam zu mir und warf einen Blick unter mein Shirt.

»Okay«, sagte er. »Ich sehe schon. Wie haben Sie das denn angestellt?«

Ich erzählte ihm die Story mit den Limetten.

Der Arzt setzte sich wieder hinter seinen Schreibtisch, verschränkte die Finger ineinander und sah mich an: »Was Sie da haben, ist kein Sonnenbrand. Umgangssprachlich sagen wir dazu Margarita Burn.«

Steffi und ich schauten ihn an. Margarita-was?

Ein Margarita Burn – medizinisch Photodermatitis – ist eine Säureverbrennung. Benannt ist der Margarita Burn nach dem Cocktail Margarita, für den man viel frischen Limettensaft braucht. Und jetzt kommt's: In Zitrusfrüchten gibt es bestimmte Stoffe, die Psoralen heißen. Landen Limettensaftspritzer auf der Haut und man wäscht sie nicht gleich wieder ab, werden diese Psoralen innerhalb von zwanzig bis dreißig Minuten von der Haut aufgenommen. Das ist überhaupt nicht schlimm. Dramatisch wird es nur, wenn man dann am Strand eine Stunde Boccia spielen geht. Denn die Psoralen reagieren mit der Sonne, und es kommt zu einer sogenannten phototoxischen Reaktion. Klingt nach Action, ist es auch. Denn bei dieser Reaktion wird die Sonneneinstrahlung einfach mal um das Zehnfache verstärkt. Da hilft auch die stärkste Sonnencreme nicht mehr. Es kommt zu Brandblasen wie bei Verbrennungsopfern.

Das allein wäre schon eine üble Sache, doch wir reden hier beim Margarita Burn über Limettensaft*spritzer*. Ich aber hatte mir einen halben Becher über den Kopf gekippt. Die Folge war, dass über achtzig Prozent meines Rückens verbrannt waren. Und nicht nur ein bisschen: Es waren Säureverbrennungen zweiten Grades. Zur Einordnung: Es gibt den leichten Sonnenbrand, den schweren Sonnenbrand und dann folgen Verbrennungen ersten, zweiten und dritten Grades. Jackpot. Zwar hatte ich meinen vom Winter ausgebleichten Körper nur eine einzige Stunde in die afrikanische Sonne gehalten, aber durch den Limettensaft, der mir aus den Haaren über den ganzen Oberkörper getropft war, fühlte es sich für meine Haut an, als wären es zehn gewesen. Und zwar OHNE Sonnenschutz.

Nach seiner Erklärung schauten Steffi und ich den Arzt entgeistert an. Der hob die Brauen, schnappte sich einen Stift und schrieb mir eine ellenlange Liste von Medikamenten auf. Danach wurden mir vor Ort zwei Ampullen Cortison in die Adern gespritzt. Das war übrigens ein Moment, in dem ich durch meine am Boden liegenden Nerven innerlich noch mal kurz ein wenig hysterisch wurde. Denn normalerweise wird ein Arm vor einer Spritze abgebunden, und man muss einige Male die Faust ballen, damit die Adern schön hervortreten. Dort in diesem Krankenhaus hatten sie nichts zum Armabbinden. Sie wickelten mir einfach einen labbrigen Einmalhandschuh um den Bizeps. Sofort flüsterte ich Steffi zu: »Bitte schau nach, ob die Nadeln sauber sind!« Eine Blutvergiftung konnte ich jetzt wirklich nicht auch noch gebrauchen. Spoiler: Es ging zum Glück alles gut. Zumindest, was das anging.

Zusätzlich zu den zwei Ampullen Cortison bekam ich einen Haufen Schmerzmittel, Steroide und Antibiotikum. Bevor wir das Krankenhaus verließen, rief mich der Arzt noch mal zu sich. »Ich habe noch eine Frage«, sagte er und lehnte sich vor. »Warum haben Sie sich überhaupt Limettensaft in die Haare getan?«

Bis heute kann ich die Frage nicht wirklich beantworten. Ich weiß nur eines: Noch mal tue ich das ganz sicher nicht. Wenn ich die Wahl zwischen einem Margarita Burn, Runde 2, oder einer weiteren Schussverletzung durch eine Harpune hätte, ich schwöre, ich würde mir die Harpune selbst ansetzen.

Trotz der Behandlung im Krankenhaus durchlebte ich noch tagelang wahnsinnige Schmerzen. Es dauerte viele Wochen, bis meine Haut wieder vollständig verheilt war. Eine Bekannte meines Bruders, die im Krankenhaus arbeitet, sagte später, dass ich in Deutschland mit Verbrennungen wie diesen ins künstliche Koma gelegt worden wäre. Ich selbst hatte nach dem Krankenhausbesuch im Internet nach »Margarita Burn« gegoogelt – und o Gott: Recherchiere niemals im Internet nach deinen Krankheitssymptomen auf Reisen. Nämlich egal, was du hast, du wirst laut Google immer sterben. In der Hauptsache stimmte meine persönliche Erfahrung mit der Internetrecherche jedoch überein: Es waren die qualvollsten Schmerzen, die ich je erlebt hatte. Das wünsche ich niemandem. Schon gar nicht in Kombination mit einer winzigen Unterkunft und einer Bullenhitze, gegen die ein Schrottventilator, wie wir ihn hatten, niemals ankommen konnte. Schlimmer konnte es eigentlich nicht mehr kommen. Dachte ich wenigstens.

KÖRPERLICHER SCHMERZ	☆☆☆☆☆
HERZSCHMERZ	★★★★★
MINDFUCK	★★★★☆
TOLLPATSCHFAKTOR	☆☆☆☆☆
GEFAHR	☆☆☆☆☆

IM STUNDENHOTEL

MTWAPA, KENIA · JANUAR 2020

Es kam noch schlimmer. Trotz der Cortisonspritzen, Steroide und Schmerzmittel litt ich tagelang unter starken Schmerzen und war nahezu bewegungsunfähig. Zum Glück ging die Schwellung meiner Hand schnell zurück, und sie sah immer weniger aus wie ein aufgeblasener Einmalhandschuh. Schon ein paar Tage später konnte ich die Finger wieder krümmen, was zuvor gar nicht möglich gewesen war. Trotzdem war Herumliegen nach wie vor alles, was ich tun konnte. Weder mir noch Steffi gefiel es sonderlich in unserer Unterkunft, aber eine neue Bleibe zu suchen und dorthin überzusiedeln war mir in meinem Zustand gleichermaßen zu stressig und zu schmerzhaft. Während Steffi tagsüber unterwegs war und mit Andrea diverse Schulprojekte besuchte, war das Abenteuerlichste, was ich tat, mir einen Netflix-Account zuzulegen. Natürlich war es gut, dass Steffi unterwegs war. Warum sollte sie auch neben mir herumsitzen? Trotzdem versetzte es mir natürlich einen Stich, wenn sie abends heimkam und mir auf ihren Handyfotos all das zeigte, was sie am Tag erlebt – und was ich verpasst hatte.

Wenigstens halfen stumpfsinnige Serien und schlechte Filme ein wenig dabei, mich von den Schmerzen abzulenken und die Zeit totzuschlagen. Weil ich etwas Tapetenwechsel brauchte, erhob ich mich alle paar Stunden in Faultiergeschwindigkeit vom Bett und trat auf unsere kleine Terrasse. Hier musste ich haargenau darauf aufpassen, meine Haut nicht auch nur eine Millisekunde der Sonne auszusetzen. Traf mich nur der klitzekleinste Sonnenstrahl, fing ich nicht etwa an zu glitzern wie Edward Cullen aus *Twilight*, sondern wurde von den Schmerzen direkt in die Knie gezwungen. Ich verfügte über den Bewegungsspielraum eines verletzten Vampirs – zumindest tagsüber oder wenn der Himmel nicht bedeckt war. Von morgens bis abends hing ich also auf dem Bett herum und hoffte einfach nur, dass die ganze Angelegenheit so schnell wie möglich vorbeiging. Zwischendurch wurde ich immer wieder wütend auf mich: Durch meine eigene Dummheit konnte ich keine Abenteuer erleben. Ich hatte mir selbst ein Bein gestellt und war voll auf die Fresse geflogen. Weil ich Depp mir halt einen halben Liter

Limettensaft in die Haare gekippt und mir dadurch Verbrennungen zweiten Grades zugefügt hatte. Es war zum Heulen.

Schaute ich kein Netflix, telefonierte oder schrieb ich mit meiner Familie oder meinen Freunden. Meinen Eltern erzählte ich sicherheitshalber nichts von meinen Verletzungen, um sie nicht unnötig zu schocken. Doch ich schickte meinem Bruder ein Foto von meinem Rücken und berichtete, was passiert war. Er antwortete entgeistert: »Alter, wie lebst du eigentlich noch?« Eine Bekannte von mir, die als Apothekerin arbeitet, schrieb mir, dass ich mindestens Ibuprofen 1800 bräuchte, um das annähernd aushalten zu können. Dass mein Bruder und meine Freunde mir Nachrichten schickten, tat mir unwahrscheinlich gut. Doch es änderte leider nichts daran, dass ich in diesem Kabuff gefangen war. Sobald die Dämmerung einsetzte oder dicke Wolken am Himmel hingen, konnte ich meine »Zelle« und dieses unnütze Ding, das sich Ventilator schimpfte, wenigstens eine Weile verlassen und im Schneckentempo ins Hostelrestaurant gehen. Leider war auch das nur ein weiterer Versuch, die Zeit herumzukriegen. Wirklich Hunger hatte ich nicht. Ich war einfach nur im Arsch und hatte null Energie. Fast war ich so weit zu behaupten, dass sich das alles mindestens so schlimm anfühlte wie ein echter Männerschnupfen. Aber wir müssen ja nicht gleich übertreiben.

Als ich eines Abends im Restaurant saß und irgendein Essen herunterwürgte, das mir nicht schmeckte, fiel mir etwas auf: An der Bar saßen fast ausschließlich alte, dicke, weiße Männer. Ab und zu kam ein hübsches kenianisches Mädchen vorbei und verschwand nach ein paar Minuten Unterhaltung mit einem dieser alten Säcke in einem der Hostelzimmer. Als ich das einmal bemerkt hatte, sah ich das gleiche Spiel immer und immer wieder. Und dann hörte ich aus den Räumen quietschende Betten und Gerumpel. Einige Zeit später liefen die Mädchen dann wieder durch die Lodge und verschwanden. Plötzlich machte es in meinem Kopf laut klick, und ich realisierte, dass unser Hostel eine Art Laufhaus war, in dem alte weiße Männer abstiegen, um sich mit jungen Prostituierten zu vergnügen. Mir wurde umgehend schlecht. Steffi und ich hatten uns in einer Art Epizentrum des Mtwapanischen Sextourismus eingebucht – und mit meinen fucking Körperverbrennungen konnte ich nicht fliehen! Sofort fiel es mir noch schwerer, mich überhaupt in unserem Zimmer aufzuhalten. Jetzt, wo ich wusste, was hier üblicherweise abging. Es war einfach nur widerlich.

Natürlich hatte ich auf meinen Reisen nicht nur schöne Momente erlebt. Aber das Gute an den schlechten Momenten war bisher gewesen, dass sie immer nur von kurzer Dauer waren. Selbst die schlimmste Magen-Darm-Verstimmung mit Fieber und tagelangem Kotzen war im Vergleich zu meiner Margarita-Verbrennung in meiner Erinnerung nur eine Momentaufnahme. Ein ähnlich langwieriges Erlebnis, das so negativ war wie der Margarita Burn, hatte ich bisher nur erlebt, als ich mit einem Katamaran in einen Hurrikan gesegelt war. Auch das hatte sich endlos angefühlt. Genau wie damals zog mein momentaner Zustand alle Lebensfreude und Energie aus meinem Körper. Dass ich dabei nun auch noch an einem Ort war, an dem europäische Männer afrikanische Frauen ausnutzten, war so unerträglich, dass es mich mental komplett auf den Boden drückte. Es wurde für mich immer schwieriger, überhaupt noch etwas Positives in mir selbst und um mich herum zu entdecken. Auch wenn ich grundsätzlich weiß, dass Erfahrungen wie diese mich formen und dazu führen, dass ich das eigene Leben und die kleinen Dinge wieder viel mehr zu schätzen lerne, dachte ich in diesem Moment noch nicht so erkenntnisreich. Ich wollte einfach nur weg. Und zwar so schnell und so weit wie möglich.

Als es mit mir langsam ein wenig besser wurde, das Antibiotikum anschlug und auch die Brandblasen zum Rückzug gezwungen wurden, beschlossen Steffi und ich, die Segel zu streichen. Ich war wieder einigermaßen in der Lage, mich zu bewegen, also gab es keinen Grund, auch nur eine einzige weitere Nacht in dieser Puffhölle zu verbringen. Andrea und ihr Sohn holten uns eines wunderbaren Tages ab. Zwar konnte ich meinen Backpack noch nicht selbst tragen und brauchte ewig, um ins Auto einzusteigen, aber es war möglich. Wir fuhren Richtung Diani Beach. Auf der Fahrt genoss ich meine neue Lebendigkeit fast so sehr, als hätte ich einen sehr großen Berg erklommen. Freiheit!

Doch auch noch Tage, nachdem wir dem Hostel des Grauens den Rücken gekehrt hatten, verfolgten mich die Gedanken daran. Ich kann bis heute nicht im Geringsten verstehen, wie man überhaupt auf die Idee kommen kann, in einen Flieger zu steigen und als Sextourist ärmere Länder zu bereisen. Um dort dann die Situation der Menschen, die nur sich selbst und ihre Familien durchzubringen versuchen, auf so abscheuliche Weise auszunutzen. Was muss mit einem los sein, dass man das nötig hat?

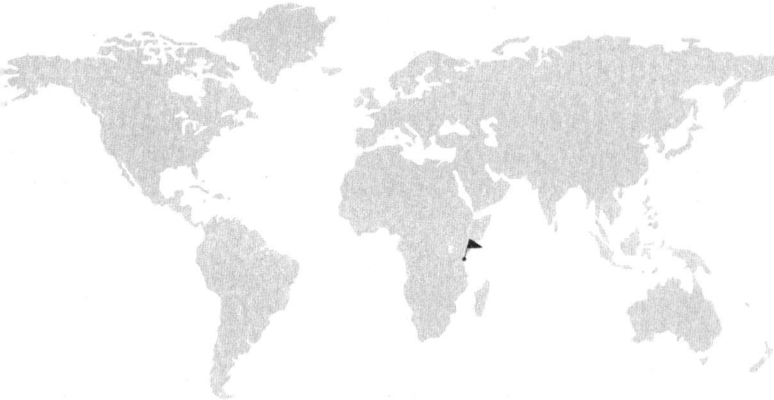

KÖRPERLICHER SCHMERZ	☆☆☆☆☆
HERZSCHMERZ	★★★★★
MINDFUCK	★★★★★
TOLLPATSCHFAKTOR	☆☆☆☆☆
GEFAHR	★★★★☆

HILFLOS

DIANI BEACH, KENIA · FEBRUAR 2020

Wenn ich heute an meine Zeit in Kenia zurückdenke, erinnere ich mich an viele wunderschöne Momente. Auch ein paar Museumsmomente waren dabei. Gleichzeitig habe ich aber auch immer die bekannten Zeilen aus *Max und Moritz* im Kopf:

»Dieses war der erste Streich,
Doch der zweite folgt sogleich.«

In Ostafrika sammelte ich nämlich auch negative Erlebnisse wie Fußballersticker in einem Panini-Sammelalbum. Der Margarita Burn war der erste und das Puff-

Hostel der zweite Streich gewesen. Direkt im Anschluss, während unserer Zeit am Diani Beach, folgte auch schon der dritte.

Am Diani Beach, einem wunderschönen Strand im Süden Kenias, wollten wir uns von den vergangenen Strapazen erholen. Die Tage dort taten mir extrem gut, sowohl für meinen körperlichen als auch für meinen mentalen Heilungsprozess. Auch wenn der Start dort unten mich noch einmal im wahrsten Sinne des Wortes in die Knie zwang. Wenn ich heute daran denke, muss ich schon wieder lachen.

Es war so: Wir kamen an unserer Unterkunft an, Steffi leichten Schrittes, ich mehr so schlurfend. Doch Schnelligkeit war eh nicht wichtig, denn in Afrika ticken die Uhren generell ein bisschen anders. Da ist es im Normalfall – also außerhalb von schicken italienischen Ferienresorts – nicht so, dass direkt jemand an der Rezeption steht und dir entgegenrennt, um dir dein Gepäck abzunehmen. Also standen Steffi und ich erst einmal eine halbe Stunde in der Gegend herum und warteten, bis wir einen Mitarbeiter ausmachen konnten. Um uns tobten ein paar Äffchen herum, und alles war friedlich.

Irgendwann kam ein junger Typ vorbei, stellte sich entspannt hinter die Rezeption und fragte gut gelaunt: »Hello, how are you doing?« Er versprühte sofort einen positiven Vibe und machte sich daran, alles in Sachen Buchung und Zimmerschlüssel zu klären. Als er fertig war, näherte sich ein zweiter, ebenso fröhlicher Mitarbeiter. Ich stand vor der Theke, mein Backpack lehnte an meinem Bein. Normalerweise hätte ich ihn genau wie

Steffi auf dem Rücken getragen, aber dieser Platz war ja gerade von ein paar Brandblasen besetzt. Ich machte wohl auch deshalb einen megaentspannten Eindruck, denn der zweite Mitarbeiter stellte sich neben mich und sagte: »Hey, how are you doing, my friend?« Dabei holte er aus und ballerte mir seine Hand einmal kumpelhaft mit ziemlicher Wucht auf den Rücken. Ich machte sofort einen riesigen Satz nach vorn, krümmte meinen Rücken in ein Hohlkreuz, auf das jeder Kunstturner stolz gewesen wäre, und schrie wie am Spieß: »Aaaaaahhhh!«

Der freundliche Kenianer machte einen erschrockenen Satz in die entgegengesetzte Richtung und antwortete ebenso laut: »Oh my god, are you okay? Are you okay?« Er konnte ja nicht ahnen, dass ich gerade Nick, der unberührbare Vampir, war. Mit zusammengebissenen Zähnen und tränenden Augen zog ich zur Erklärung kurz mein T-Shirt hoch. »Oh! I'm sorry! I'm sorry!«, wiederholte der Kenianer immer und immer wieder. Alles, was ich auf dem ganzen Weg zu unserem Zimmer denken konnte, war: »O Mann. Was war das denn schon wieder für ein Start?!«

Doch diese freundlich-schmerzhafte Begrüßung war glücklicherweise nicht der Beginn einer schlechten Zeit. Ganz im Gegenteil. Die Tage am Diani Beach waren sogar – den Umständen entsprechend – außergewöhnlich schön. Steffi und ich bewohnten einen gemütlichen kleinen Raum, der zwar ebenfalls keine Klimaanlage, dafür aber zwei Ventilatoren besaß, die ihren Namen auch verdienten. Jeden Morgen standen wir früh auf und gingen an den Strand. Ich lag natürlich nur auf einer Liege im

Schatten. Trotzdem war es etwas völlig anderes, hier bei einem lauen Lüftchen am Meer zu liegen, als in einem dunklen Raum mit fragwürdigen Nachbarn vor sich hinzuvegetieren. Der Ort hellte meine Stimmung sofort auf. Natürlich war ich nach wie vor eingeschränkt. Ohne meinen Margarita Burn wäre ich superaktiv am Strand herumgesprungen oder mit Steffi auf Entdeckungstouren gegangen. Die Leute um mich herum spielten Volleyball, kamen mit leuchtenden Augen und ihrem Kite-Equipment aus dem Meer – nur ich lag herum wie eine Couch-Potato und starrte Löcher in die Luft. Als die Blasen langsam abheilten, fand ich neben Netflix zu meiner persönlichen Freude eine weitere Lieblingsbeschäftigung: die alte Haut auf meinem Oberkörper abzupfen. War vielleicht ein bisschen eklig, aber es machte mir Spaß. Es war, als zupfte ich mit jedem kleinen Hautfetzen ein Stückchen der vergangenen schmerzhaften Zeit von mir ab. Stundenlang knibbelte ich an mir herum. Ich hatte ja auch sonst nichts zu tun. Erst wenn die Sonne untergegangen war, liefen Steffi und ich auf langen Spaziergängen den Strand entlang, und sie zeigte mir schöne Plätze, die sie tagsüber entdeckt hatte.

Dann aber kam ein Tag, der, bildlich gesprochen, einen langen Schatten auf mein sowieso schon schattiges Plätzchen warf und unsere gerade aufkeimende mentale Leichtigkeit wieder beschwerte. Es war ein windiger Tag, weshalb sich viele Kitesurfer draußen auf den Wellen befanden. Steffi und ich lagen entspannt auf unseren Liegen und unterhielten uns. Während wir sprachen, war mein Blick aufs Meer gerichtet, und ich beobachtete, wie ein Kitesurfer sein Board auf direktem Weg zum Strand lenkte. Da ich gerne Leute beobachte und das aus bekannten Gründen am Diani Beach schon eine ganze Weile getan hatte, wusste ich, wo die Kitesurfer ins Wasser starteten und wo sie üblicherweise wieder rauskamen. Der Typ zog meine Aufmerksamkeit schon deshalb auf sich, weil er sich anders verhielt als die anderen. An der Geschwindigkeit, mit der er auf den Strand zubretterte, merkte ich gleich, dass etwas los war. Sobald seine Füße den Sand berührt hatten, schmiss er sein Board weg und riss seinen Schirm runter. Auch das machen Kitesurfer eigentlich nicht. Bevor sie den Strand erreichen, biegen sie parallel zum Ufer ab und übergeben den Schirm an jemanden, der bereitsteht und ihn runterlenkt.

Ich richtete mich auf der Liege ein wenig auf, weshalb auch Steffi sich umwandte, um zu schauen, was los war. Der Typ lief völlig außer sich den Strand hoch und schrie: »We need a boat! We need a boat!« Seine Rufe klangen verzweifelt und dringend. Sofort rannten zwei Mitarbeiter der Kiteschule zu ihm, alle drei sprangen in ein Boot, und dann fuhren sie aufs offene Meer hinaus. Steffi, ich sowie einige andere Leute schauten ihnen schweigend hinterher. Natürlich fragten wir uns, was wohl passiert war, dachten aber an nichts allzu Schlimmes. Vielleicht hatte jemand sein Brett verloren oder sich verheddert? Gut, dass ihm jetzt geholfen wurde.

Nach zehn Minuten sah ich das Boot am Horizont wieder auftauchen. Ich konnte drei Personen erkennen – es waren also der Typ und die zwei Leute von der Kiteschule. Doch was passierte da? Ich kniff die Augen zusammen und achtete auf jedes Detail. Dabei fiel mir auf, dass einer der drei sich mit ausgestreckten Armen immer wieder hoch- und runterbewegte. Je näher das Boot kam, desto klarer wurde das Bild: Einer der drei war gerade dabei, eine Herzdruckmassage zu machen!

Als das Boot den Strand erreichte, hörten wir bereits die Rufe der anderen beiden: »Medic! Medic! Call an ambulance! Call an ambulance!« Wie überall auf der Welt, auf jeden Fall nicht nur in Afrika, bildete sich sofort eine große Menschentraube. Im Kreis standen alle um die drei Männer herum, die nun einen Frauenkörper aus dem Boot hoben und auf den Strand legten. Sofort machten sie mit der Herzdruckmassage und mit Mund-zu-Mund-Beatmung weiter.

Steffi und ich blieben, wo wir waren. Wir konnten sehen, dass schon viel zu viele Leute in der Gegend herumstanden. Die Ambulanz war alarmiert, und es waren genug Ersthelfer vor Ort. Keinem hätte es etwas gebracht, wenn wir uns jetzt auch noch dazugestellt hätten. Am allerwenigsten der Frau, die Hilfe brauchte. Also saßen wir beklommen auf unseren Liegen und schauten schweigend zu, was sich abspielte. Mir lief es immer wieder eiskalt den Rücken hinunter: Gerade mal ein paar Dutzend Meter von uns entfernt lag eine leblose Frau am Strand, und Menschen kämpften verzweifelt um ihr Leben.

Es dauerte ewig, bis der Krankenwagen kam. Um die vierzig Minuten wechselten sich die Ersthelfer untereinander mit der Herzdruckmassage ab. Ein paar Leute hielten ein Handtuch als Sonnen- und Sichtschutz über die Frau. Es war ein Albtraum. Die ganze Zeit spürte ich einen riesigen Kloß in meinem Hals. Endlich kamen die Sanitäter. Sie legten die Frau vorsichtig auf eine Liege und luden sie in den Krankenwagen. Dann waren sie weg. Alle schauten dem Krankenwagen noch lange nach, auch als er schon längst nicht mehr zu sehen war. Danach war es merkwürdig still am Strand. Alle waren betroffen und fragten sich, ob die Frau es wohl schaffen würde.

Einen Tag später erfuhren wir, dass es sich bei der Frau um eine Mitte zwanzigjährige Kitesurferin gehandelt hatte, die mit ihren Eltern im Urlaub gewesen war. Aus einem mir unbekannten Grund hatte sie auf dem offenen Meer einen Kite-Unfall gehabt. Vielleicht hatte ein Windstoß sie aus dem Konzept gebracht, sodass sie auf die Wasseroberfläche geknallt war. Auf jeden Fall war sie bewusstlos gewesen und hatte mit dem Gesicht nach unten im Wasser getrieben. Trotz der Herzdruckmassage und dem Einsatz vieler Beteiligter am Strand hatte die junge Frau am Ende nicht überlebt.

Bis heute bekomme ich das Bild von dem leblosen Körper, der vom Boot zum Strand getragen wird, nicht aus dem Kopf. Wenn ich mir vorstelle, was die Eltern durchlitten haben und noch immer durchleiden, wird mir schlecht. Da fliegen sie mit ihrer Tochter in einen vielleicht lang ersehnten Afrikaurlaub, erreichen den Diani Beach, genießen ihr Leben, die Tochter geht aufs Wasser raus – und eine halbe Stunde später ist sie tot. Das ist so schrecklich, dass das Wort »schrecklich« nicht einmal annähernd beschreiben kann, wie schrecklich es wirklich ist.

Ich weiß nicht, wie es bei anderen ist, aber ich für meinen Teil habe noch nicht so oft Menschen gesehen, die etwas nicht überlebt haben. Ich hatte zwar überhaupt keinen Bezug zu der Frau, aber wenn du so etwas miterlebst, dann macht das ganz viel mit dir. Selbst mit Abstand fällt es mir schwer, einen Sinn dahinter zu erkennen. Manchmal ist es sinnlos, sich eine Sinnfrage zu stellen, weil einfach absolut kein Sinn zu entdecken ist. Manchmal finde ich einen Sinn erst nach einer Weile, und es dauert seine Zeit, bis ich das Erlebte für mich und mein eigenes Leben interpretieren kann. Dort am Diani Beach zu sehen, wie eine so junge Frau durch einen Sportunfall starb, ging mir extrem unter die Haut. Nicht dass das Alter bei so etwas eine Rolle spielt, aber es war einer der Gedanken, die mir immer wieder durch den Kopf schossen: »Sie war so viel jünger als ich selbst.«

Wir fühlten uns einfach nur hilflos, Steffi und ich. Wir saßen da an diesem wunderschönen Strand, den man normalerweise einfach nur mit Lebensfreude und Positivität verbindet, und ein paar Meter weiter war ein Mensch gestorben. Auch wenn ich bis heute keinen Sinn darin finden kann, wenn solche Dinge passieren, ist dieses Erlebnis ein Teil meines Lebens geworden. Ein Teil, an den ich immer wieder denke und der mir jedes Mal aufs Neue klarmacht, wie kostbar und fragil unser Leben ist. Dass wir es in vollen Zügen ausnutzen und genießen sollten, solange wir es haben. Natürlich gibt es auch in mir eine kleine Stimme, die ab und zu fragt: »Wäre sie nicht vielleicht noch am Leben, wenn sie nicht alles ›in vollen Zügen‹ genossen hätte?«

Das ist eine Frage, die ich mir naturgemäß stelle – einfach weil ich selbst auch jemand bin, der wenn möglich kein Abenteuer auslässt. Doch jedes Mal, wenn Fragen wie diese auftauchen, antwortet sofort eine andere Stimme in mir: »Aber willst du dein Leben in Angst verbringen und dich vor jedem Risiko verstecken, damit dir nichts Schlimmes passiert? Dann passiert dir wahrscheinlich generell wenig – also auch wenig Gutes.«

Ob es eine Sportart ist, das Reisen oder die Idee, beruflich alles bisher Gewesene hinzuwerfen, um sich beispielsweise selbstständig zu machen – was ist gefährlicher: dass du mit einem breiten Grinsen im Gesicht deine eigene Passion findest und deinen Träumen folgst? Oder dass du dich aus Angst vor negativen Folgen nichts mehr traust und dadurch womöglich ein Leben lebst, das du dir ganz anders vorgestellt hast?

KÖRPERLICHER SCHMERZ	★★★☆☆
HERZSCHMERZ	★★☆☆☆
MINDFUCK	★★★★★
TOLLPATSCHFAKTOR	★★☆☆☆
GEFAHR	★★★★☆

EY MANN, WO IS' MEIN BACKPACK?

LABENNE, FRANKREICH · AUGUST 2020

Das Jahr 2020, ein paar Monate später: Die Coronapandemie war in vollem Gange, und wir saßen alle zu Hause herum. Eines Tages beschlossen mein Roadtrip-Buddy Björn und ich: Wir mieten einen Van und fahren nach Südfrankreich! Gesagt, getan – und schon waren wir unterwegs. Nach vierzehn Stunden Fahrt standen wir am Meer und grinsten dem Horizont entgegen.

»Sehr, sehr geile Idee«, sagte Björn zu mir.

»Ja, Mann«, antwortete ich.

Dank unseres gemieteten T6 genossen wir die nächsten Tage das totale Freiheitsgefühl: morgens aufstehen, Kaffee kochen, in die Wellen springen, surfen gehen und abends kühles Bier mit Blick auf Sonnenuntergänge.

Wir lernten ein paar entspannte Leute kennen, unter anderem zwei Mädels aus Mainz, mit denen wir uns sofort super verstanden. Wir beschlossen, gemeinsam einen Tag am Strand zu verbringen, und parkten unsere Vans in einer Seitenstraße. Björn warf mir unseren Volleyball zu, ich griff ein paar Handtücher, und wir schulterten unseren Drybag mit den nötigsten Utensilien für ein paar Stunden am Strand. Alles andere ließen wir im Wagen. Wie sich ein paar Stunden später herausstellen sollte und um es mit Björns Worten zu sagen: »Nicht so 'ne sehr, sehr geile Idee.«

Als wir vier lachend und sandig vom Strand wieder in die Seitenstraße einbogen, sah ich schon von Weitem, dass unser Bus in der prallen Sonne stand. Da man bei den neuen T6-Vans mit der Fernbedienung nicht nur die Türen, sondern auch die Fenster öffnen kann, drückte ich auf den Knopf, um schon einmal für ein bisschen Durchzug zu sorgen. Am Wagen angekommen, legte ich mein Zeug durch das Seitenfenster auf den Fahrersitz. Dabei fiel mir auf, dass die Jalousie der Fahrertür am Boden lag. »Merkwürdig«, dachte ich, »ist vielleicht aus ihrer Halterung gehüpft, als ich die Tür zugeschlagen habe.« Gerade wollte ich mich zu Björn umdrehen, der noch ein Stück entfernt war, da bemerkte ich noch etwas: Unter dem Lenkrad befindet sich bei diesen Bussen eine Klappe, hinter der sich ein bisschen Elektronik verbirgt. Diese Klappe stand nicht nur offen, sondern hing nur noch an einem der innen liegenden Sicherungsrelais. Ich starrte darauf, aber kriegte das Ganze im Kopf noch nicht zusammen. Ich dachte nur: »Hä? Das ist ja komisch ...« Mit gerunzelter Stirn blickte ich nach hinten durch den Van und wunderte mich erneut: Irgendwie kam mir das Wageninnere heller vor als sonst. Es dauerte noch ein paar Millisekunden, bis sich all die kleinen Informationsfetzen zu einem Gesamtbild zusammenfügten. Dann machte es klick.

»FUCK! NEIN!«, rief ich.

Björn, der noch ein paar Meter entfernt war, hielt inne und fragte: »Was'n los?«

Ich drehte mich zu ihm um: »Alter, jemand ist in unseren Van eingestiegen!«

Ich steckte den Kopf wieder zur Fahrerseite rein. Jetzt, da ich kapiert hatte, was passiert war, konnte ich auch sehen, WIE es passiert war: Die Einbrecher hatten das eingelassene Fenster der Schiebetür eingedrückt. Das hatte offenbar problemlos geklappt. Ich konnte die nach innen gedrückte Scheibe deutlich sehen. Was ich allerdings nicht sehen konnte, waren unsere Rucksäcke.

»Björn, so 'ne Scheiße! Unsere Rucksäcke sind weg! WIR WURDEN BESTOHLEN!«

Björn, der inzwischen am Auto angekommen war, schaute mich durch die eingedrückte Scheibe hindurch fassungslos an. Dann blickte auch er sich innen um. »Die haben ja echt ALLES mitgenommen!«

Ich legte den Kopf in die Hände und trat gegen den Vorderreifen.

Gerade an diesem Morgen hatten wir noch ein bisschen Ordnung gemacht. Normalerweise sah es in unserem Bus immer aus wie Sau. Aber bevor wir zum Strand aufgebrochen waren, hatten wir alle unsere Habseligkeiten fein säuberlich zusammengelegt und in unsere Backpacks geräumt. Die Diebe hatten sich nur die Rucksäcke schnappen müssen. Noch einfacher hätten wir es ihnen gar nicht machen können. Es war wirklich alles weg: unsere Klamotten, Ausweise, Führerscheine, Handys, Computer, externen Festplatten, Ladekabel, das ganze Geld. Sie hatten sogar unsere Kulturbeutel mitgenommen. Wer klaut denn Kulturbeutel?! Alles, was wir noch besaßen, war Folgendes: die Badeklamotten, die wir trugen, unsere Surfskates, die separat im Kofferraum eingeschlossen waren, und eine Boardshorts von mir, die noch auf dem Boden gelegen hatte. Dass es sich dennoch um echte Amateure in Sachen Einbruch gehandelt haben musste, bemerkten wir, als wir unseren kleinen Kühlschrank öffneten: Da standen nämlich noch drei gekühlte Biere drin. Was für Anfänger!

Wie aus dem Nichts kam ein paar Minuten später eine Polizeistreife die Straße entlang. Wir winkten die Beamten heran und versuchten zu erklären, was passiert war. Da die Polizisten jedoch nicht gut Englisch und wir genauso wenig Französisch sprechen konnten, gestaltete sich die Kommunikation als schwierig. Auch mit Händen und Füßen, Deutsch und Spanisch kamen wir nicht weiter. Als ich dann noch mein Fidschianisch auspackte – »Bula, bula!« –, schickten uns die Cops zur nächsten Wache.

Die Mädels aus Mainz hatten unterdessen ihren eigenen Van abgecheckt, der jedoch zu ihrem Glück nicht angerührt worden war. Wir konnten netterweise ihre Handys nutzen, um zunächst die wichtigsten Dinge sperren zu lassen wie EC-Karten, Kreditkarten und so weiter. Während wir von einer in die nächste Telefonwarteschleife geschoben wurden, liefen Björn und ich die Seitenstraße entlang und durchsuchten – wohl aus Verzweiflung – sämtliche Büsche, Mülltonnen, Mauervorsprünge und Dickichte. Vielleicht waren die Einbrecher ja nur auf Wertsachen aus gewesen und hatten unser anderes Zeug in die nächste Mülltonne geschmissen? Leider blieb unsere Suche erfolglos.

Die beiden Mädels beschlossen, in der Stadt auf uns zu warten, während Björn und ich uns aufmachten, um den Diebstahl zu melden. In Boardshorts und T-Shirts – also so, wie wir vom Strand gekommen waren – betraten wir wenig später die Polizeiwache, wurden aber direkt am Eingang von einem Beamten aufgehalten, der auf Englisch mit starkem französischen Akzent zu uns sagte: »Sie können hier nicht ohne Maske reinkommen.«

Björn antwortete diplomatisch: »Es ist so: Wir wurden ausgeraubt und haben nichts mehr. Deshalb auch keine Masken.«

Der Mann war relativ unbeeindruckt und wiederholte: »Ja. Aber Sie können hier nicht ohne Maske reinkommen.«

Björn und ich schauten uns an. Wir dachten beide dasselbe: »Sind wir jetzt bescheuert oder er?«

Als Nächstes versuchte ich es: »Ja, das verstehen wir. Aber wir wurden ausgeraubt und haben nichts mehr. Auch keine Masken.«

Der Polizist: »Okay, ich verstehe. Aber dann gehen Sie bitte und kaufen sich welche. Danach können Sie wiederkommen.«

Björn und ich kamen uns vor wie in einem Fernsehsketch. Halb ironisch-belustigt und dennoch nach wie vor ernst versuchten wir, die Sachlage erneut zu erklären – dieses Mal allerdings mit einer etwas ungeduldiger klingenden Artikulationsweise: »Digger, uns wurde ALLES geklaut. Wir haben nicht mal mehr zehn lappige Cent, von denen wir uns einen Kaugummi kaufen könnten. Wie sollen wir uns denn jetzt Masken kaufen?«

Natürlich kamen wir trotzdem nicht an diesem französischen Polizisten vorbei. Stattdessen machten Björn und ich auf dem Absatz kehrt und gingen zurück zu den Mädels. Mit ihrer Hilfe kamen wir an zwei Masken und liefen erneut zur Wache. Dort mussten wir dann stundenlang warten. Ich muss sagen, es war echt entspannt, mit Björn unterwegs zu sein, denn gemeinsam nahmen wir alles mit viel Humor. Weil wir beide schon mehrfach bestohlen worden waren und deshalb bereits diverse Polizeistationen auf der ganzen Welt von innen gesehen hatten, wussten wir, was zu tun war. Wir organisierten uns Zettel und Stifte und fingen an aufzulisten, was geklaut worden war. Dabei machten wir uns einen Spaß daraus, uns gegenseitig zu überbieten.

»Also, auf jeden Fall ist mein MacBook weg«, sagte Björn.

Ich konterte: »Bei mir sind mein Handy UND mein Kulturbeutel weg.«

Björn hielt dagegen: »Vier T-Shirts und drei Hosen.«

Ich: »Vier T-Shirts, drei Hosen UND mein Rucksack.«

Björn zückte seinen Stift und notierte, während er laut mitsprach: »Mein nagelneues iPhone 12!«

So ging es eine Weile weiter, bis wir endlich aufgerufen wurden und der ganze Formularbums losging: Tathergang, Kennzeichen, Spurensicherung am Van, Kopien für die Versicherungen und so weiter. Zwischendurch mussten wir immer mal wieder rausgehen, weil andere Leute auf die Wache kamen und sich nicht so viele Menschen gleichzeitig darin aufhalten durften. Maske rauf, Maske runter, rein, raus. Nach etwa drei Stunden kehrten wir zu unserem Treffpunkt mit den Mädels zurück. Wir mussten einsehen, dass das der Anfang vom Ende unseres Roadtrips war, denn wir hatten kein Geld mehr. Da unsere Ausweise fort waren, konnten wir uns auch keines aus Deutschland transferieren lassen. Die Mädels luden uns auf eine Art »Ausraubschmaus« in eine Pizzeria um die Ecke der Polizeistation ein. Danach blieb Björn und mir nur noch eines: Wir brauchten einen Schlachtplan. Schließlich mussten wir zurück nach Deutschland kommen. Doch noch hatten wir nicht einmal Geld für die Autobahnmaut, geschweige denn für Benzin.

Unser Weg führte uns als Erstes auf einen Campingplatz. Mithilfe der Polizeidokumente und unserer Geschichte hatten wir keine Zweifel, auch ohne Geld einen Platz auf dem Campingplatz zu bekommen. Was auch problemlos klappte, denn wir wurden beim Betreten des Campingplatzes von der Kassiererin einfach durchgewunken. Kaum angekommen, schnappte sich Björn eines der gekühlten Biere – unser letztes wertvolles Gut – und lief zwischen den Zelten und Vans herum, um ein Tauschgeschäft anzubieten: Dieses kühle Bier gegen ein bisschen Smartphone- oder Computernutzung. Er fand schnell jemanden, der uns weiterhalf. Wir versuchten, Björns iPhone anzupingen, aber das funktionierte nicht. Die Diebe hatten es wohl vorsorglich ausgeschaltet, und so konnten wir es nicht orten.

Am Abend genossen wir unsere letzten zwei Biere und stießen, passenderweise in unsere letzten Hemden gekleidet, an. Ich lief ein paar Schritte und fragte eine Gruppe Leute: »Hey, wie schaut es aus, kann ich eine Zigarette von euch schnorren? Die hab ich grad echt nötig!«

Die Leute schauten mich belustigt an: »Klar«, ein Typ reichte mir seine Schachtel, »was ist denn los?«

Ich erzählte ihnen die Geschichte. Am Ende saßen wir den ganzen Abend mit unseren neuen Bekannten zusammen. Auch die Mainzer Mädels stießen wieder zu uns auf den Campingplatz. Nachdem einige Biere und der ein oder andere Wodka-Red-Bull die Runde gemacht hatten, schaute mich einer der Typen stirnrunzelnd an. Dann riss er die Augen auf: »Woah, warte mal! Du bist doch der Typ von *Die geilste Lücke im Lebenslauf!* Nick, oder?« Dann passierte, was unter gleichgesinnten Reisenden öfter passiert: Es entstand eine emotionale Nähe, eine Art Vertrauensgefühl zwischen uns. Besser kann ich es nicht beschreiben. Ein anderer in der Runde sagte: »Passt auf, Leute. Morgen fahre ich mit euch zu einem Geldautomaten, gebe euch ein bisschen Kohle für die Rückfahrt in die Hand – und ihr überweist es mir einfach zurück, sobald ihr wieder an eure Konten könnt.« Wir waren sprachlos und stießen dankend mit ihm an. Mehrmals. Dann fügte der Typ grinsend hinzu: »Und wenn ihr es nicht zurücküberweist, dann schreib ich dir 'ne schlechte Buchrezension auf Amazon.«

Der Typ hielt Wort. Am nächsten Tag fuhr er mit uns zu einem Geldautomaten und gab uns 400 Euro. Damit kamen wir ohne Probleme zurück nach Deutschland. Als ich zu Hause war, loggte ich mich als Erstes in mein PayPal-Konto ein und überwies ihm das Geld.

Für Björn ging die Pechsträhne noch ein bisschen weiter. Da auch der Schlüssel für seine Berliner Wohnung geklaut worden war, musste er zuerst zu seinen Eltern nach Münster, wo er einen Zweitschlüssel vermutete. Dort gab es jedoch keinen. Also musste er in Berlin zusätzlich noch einen teuren Schlüsseldienst bezahlen, der ihm die Tür aufbrach. Alles in allem konnten wir aber das Gute an der Geschichte sehen: Wir waren gesund und hatten ein paar wirklich tolle Erfahrungen in Sachen Hilfsbereitschaft unter Reisenden gemacht. Das Einzige, was mir bis heute einen kleinen Stich versetzt: Ich hatte ewig kein Back-up von meinem Handy gemacht, weshalb sämtliche Fotos von 2019 verloren waren – unter anderem auch sämtliche Bilder meiner Bühnentour. Alles andere ließ sich ersetzen, doch diese Fotos sind für immer weg. Genauso wie alle Kontakte, die ich über Jahre gesammelt und – ich Idiot! – ebenfalls nur auf meinem Handy gespeichert hatte.

Die Leute von Tauwald Automobile, bei denen wir den Van gemietet hatten, waren übrigens supernett. Es gab überhaupt keine Probleme wegen der beschädigten Fensterscheibe. War ja alles versichert. Tatsächlich leiteten sie die Geschichte sogar an den Hersteller weiter. Schließlich ist es eine ziemliche Sicherheitslücke, wenn man die Scheibe eines Campervans einfach so eindrücken kann.

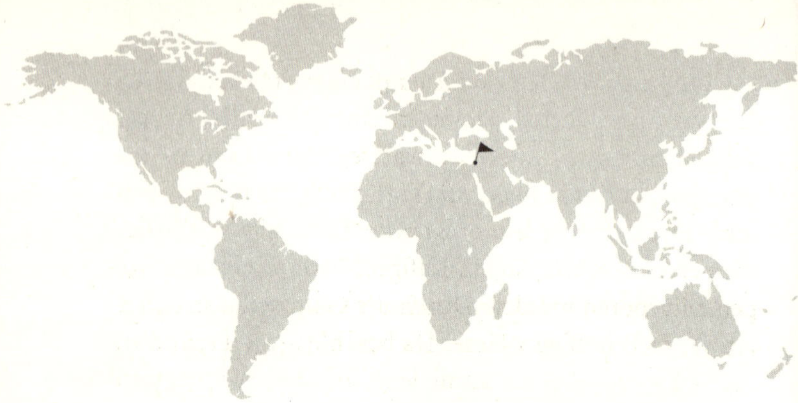

KÖRPERLICHER SCHMERZ	☆☆☆☆☆
HERZSCHMERZ	★★★★★
MINDFUCK	★★★☆☆
TOLLPATSCHFAKTOR	★☆☆☆☆
GEFAHR	★★★☆☆

IN CHINA ESSEN SIE HUNDE

AMMAN, JORDANIEN · MAI 2019

Es gibt eine Geschichte, die ich nicht selbst erlebt habe, die ich aber trotzdem nie vergessen werde. Ich kann mich noch erinnern, dass ich durch Jordanien gereist war und mich in Amman aufhielt, als sie mir von einer Frau erzählt wurde, die ich gerade kennengelernt hatte. Wir hatten uns über die kulinarischen Spezialitäten verschiedener Länder unterhalten, und ich sagte: »Na ja, in China essen sie Hunde.« Meine neue Reisebekanntschaft hielt kurz inne, und ich sah, wie ihr etwas einfiel: »Boah, da habe ich auch noch eine Story, die muss ich dir erzählen.«

Dann berichtete sie, wie sie mit einer Freundin durch China gereist war. Ihre Freundin, eine Veganerin, die sich für jede Fliege starkmacht, war regelrecht ausgeflippt, als sie auf den dortigen Märkten mitbekam, dass man auch Hundefleisch kaufen konnte. Eines Tages standen die beiden vor unzähligen Käfigen, in denen kleine Welpen feilgeboten wurden. Durch die Gitterstäbe streichelten sie die knuffigen Tiere. Da beschloss die Freundin: »So. Egal wie, aber ich kaufe jetzt so einen Welpen und schenke ihm die Freiheit. Dann wird wenigstens einer nicht gekocht.« Sie suchte sich den niedlichsten unter den Welpen aus, winkte den Verkäufer heran und deutete auf den Hund. Der Verkäufer nickte nur, packte den Welpen am Genick und zog ihn aus dem Käfig. In derselben Bewegung legte er den Hund auf den Tresen, griff ein Messer und hackte ihm den Kopf ab. Dann nahm er die beiden Teile des Hundes, den die Freundin gerade eben noch gestreichelt hatte, packte sie in eine Tüte und reichte sie ihr. Er war davon ausgegangen, dass sie ihn später zubereiten wollte. So wie es dort üblicherweise passiert.

Meine erste Reaktion, als meine Reisebekanntschaft mir das erzählte: Ich musste lachen. Aber nicht, weil ich das so irre witzig fand, sondern weil das Ganze so absurd war. Ich meine, dort landen Tiere auf dem Teller, die bei uns Haustiere sind. Da reist also eine Veganerin in China herum, will einen Hund retten und ihm die Freiheit schenken – und in Wirklichkeit war das dann sein Todesurteil. Sie muss gedacht haben: »Was ist los mit dieser Welt?« Bei solchen Geschichten ist der Grat schmal: Soll ich lachen, soll ich weinen – oder besser gar nicht reagieren? Auf der anderen Seite: Wir kaufen in Plastik eingepackte Körperteile von Hühnern, Puten, Schweinen und Kühen. Es ist, wie es ist: Andere Länder, andere Sitten.

KÖRPERLICHER SCHMERZ	★★★☆☆
HERZSCHMERZ	☆☆☆☆☆
MINDFUCK	★★★☆☆
TOLLPATSCHFAKTOR	★★★★☆
GEFAHR	★★☆☆☆

KULINARIK DES GRAUENS

SMÖGEN, SCHWEDEN · SEPTEMBER 2020

Wo wir gerade beim Thema Essen sind: Ob ein saftiges Steak in Argentinien, traumhafte Empanadas in Brasilien, scharfes Laab Gai in Thailand, leckere Pho Bo in Vietnam – mit ganz dünn geschnittenem Rindfleisch oder auch mal komplett vegetarisch –, manchmal frage ich mich, warum ich nicht längst über diesen Planeten rolle. Oder warum ich noch nicht geplatzt bin, so viel, wie ich esse. Es heißt ja nicht umsonst, dass man rausgehen und über den Tellerrand schauen soll. In Sachen Kulinarik habe ich das auf jeden Fall schon so einige Male gemacht.

Obwohl ich gleichzeitig zugeben muss: Das eine oder andere Mal hätte ich mich gern wieder zurück in meine gewohnte Suppenschüssel verzogen.

Eines der ekelhaftesten Gerichte habe ich gleich zu Beginn meiner ersten Weltreise gekostet – und zwar nichts ahnend. An einem Streetfood-Truck in Mexiko lachten mir frisch zubereitete Tacos entgegen. Wer mich kennt, weiß, dass ich an so was nicht vorbeigehen kann. Was das Essen angeht, zählt Mexiko sowieso zu meinen Lieblingsländern. Ich bestellte also drauflos und erfuhr erst im Nachhinein, dass ich gerade das Hirn und die Augen einer Kuh gegessen hatte. Hätte ich schon mehr Spanisch sprechen können, wäre ich klar im Vorteil gewesen, denn um was sich die Tacos drehten, stand groß und breit auf der Karte am Truck: »Tacos de Cabeza de Res« (Tacos vom Kopf eines Rindes). Mein Fazit: einmal und nie wieder.

Ebenfalls in Mexiko, in der Stadt Oaxaca, probierte ich eine halb gegarte Schweinsnase. Die wird mit einem großen Fleischerbeil geschnitten und dann in einer sehr heißen Pfanne ganz kurz angebrutzelt. Innerhalb weniger Sekunden wird die Schweinsnase außen sehr dunkel, ist aber von innen noch roh. Sozusagen eine Schweinenase medium rare. Kann ich nicht empfehlen. Kurz angebratene Schweinsnasen sind im wahrsten Sinne des Wortes saueklig.

In Vietnam hatte ich einmal richtig Appetit auf eine Pho Bo, also eine traditionelle Suppe mit Reisnudeln, Rindfleisch und Kräutern. Die findet man normalerweise auch an jeder zweiten Straßenecke. Weil man in Asien

HIER WAR DIE WELT NOCH IN ORDNUNG. EINIGE MINUTEN SPÄTER ROLLTEN WIR DIE DÜNE HINUNTER …

MACGYVER WÄRE STOLZ AUF MEINE SELBST GEBAUTEN KRÜCKEN … UND NEIDISCH AUF DEN CAIPIRINHA!

OFFIZIELLER BEFUND: »DAS BEIN IST KAPUTT, DAS BRAUCHT ZEIT.« MANCHMAL MUSS MAN SOLCHE MOMENTE MIT EINEM HALBEN LÄCHELN HINNEHMEN.

CAMPTEILNEHMER UND LOCALS MIT DEM STOLZEN UND ZUGLEICH TRAURIGEN ERGEBNIS UNSERES BEACH-CLEAN-UPS

MÄNNER IN FREIER WILDBAHN: HAUPTSACHE IRGENDWO KLETTERN, SPRINGEN, HÜPFEN ODER RUNTERRUTSCHEN

IN MANCHEN KRANKENHÄUSERN WIRD MAN SOFORT AN DEN TROPF GELEGT, …

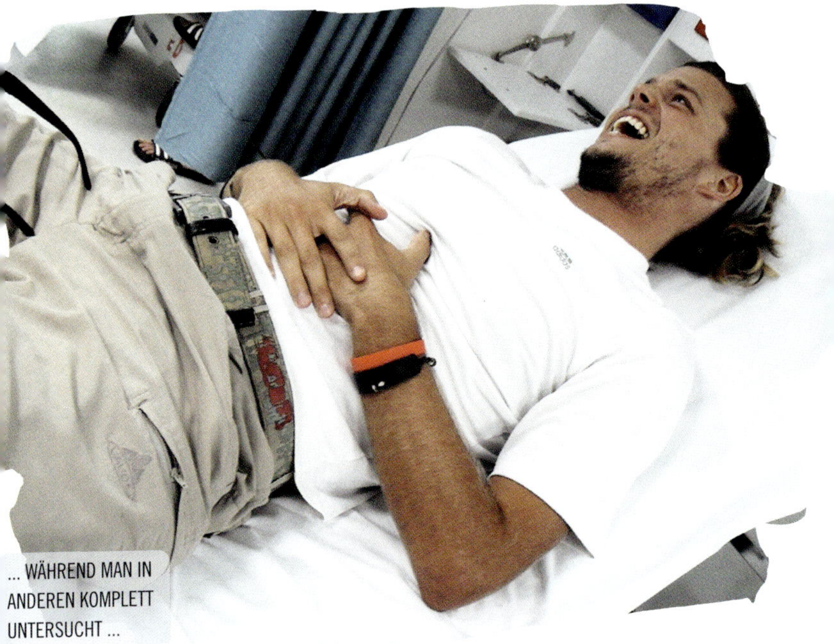

... WÄHREND MAN IN ANDEREN KOMPLETT UNTERSUCHT ...

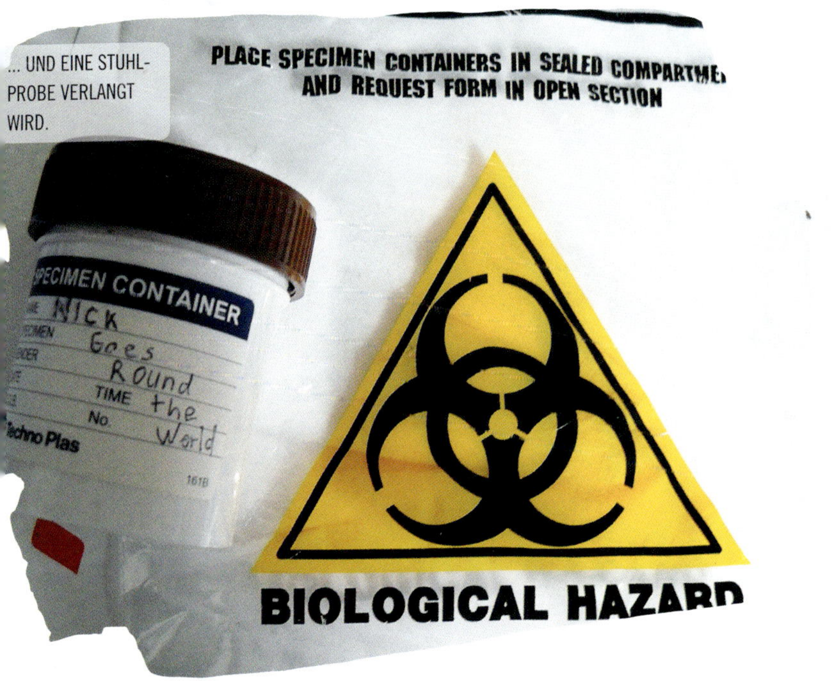

... UND EINE STUHLPROBE VERLANGT WIRD.

DIESES BILD ENTSTAND KURZ VOR DEM ANKERN, ALS UNSERE MITREISENDE SICH DEN KIEFER BRACH.

STRÄNDE HABEN EINE MAGISCHE WIRKUNG: BLAUER OZEAN, WEISSER SAND UND VIEL VITAMIN D. DOCH DIE TRAUMKULISSE KANN SEHR SCHNELL ZUM ALBTRAUM WERDEN ...

TULUM, WIE ICH ES KENNENGELERNT HABE

TULUM AKA »INSTAGRAM CITY« HEUTE

ERST FÜHLST DU DICH IM SCHNEEGESTÖBER WIE BEI »STAR WARS«, IM NÄCHSTEN MOMENT STECKST DU MIT KAPUTTER AUTOTÜR IM SCHNEESTURM FEST.

DOCH SOLCHE RÜCKSCHLÄGE NIMMT MAN MIT EINEM LACHEN, SOFERN MAN SEIN ZIEL TROTZDEM ERREICHT. IN MEINEM FALL: DIE NORDLICHTER MIT EIGENEN AUGEN ZU SEHEN.

KYLE IN SEINEM ELEMENT: NEUE FREUNDE FINDEN UND LACHEN.

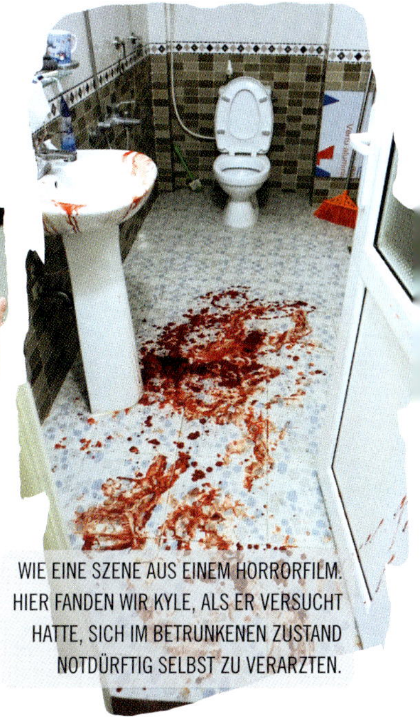

WIE EINE SZENE AUS EINEM HORRORFILM. HIER FANDEN WIR KYLE, ALS ER VERSUCHT HATTE, SICH IM BETRUNKENEN ZUSTAND NOTDÜRFTIG SELBST ZU VERARZTEN.

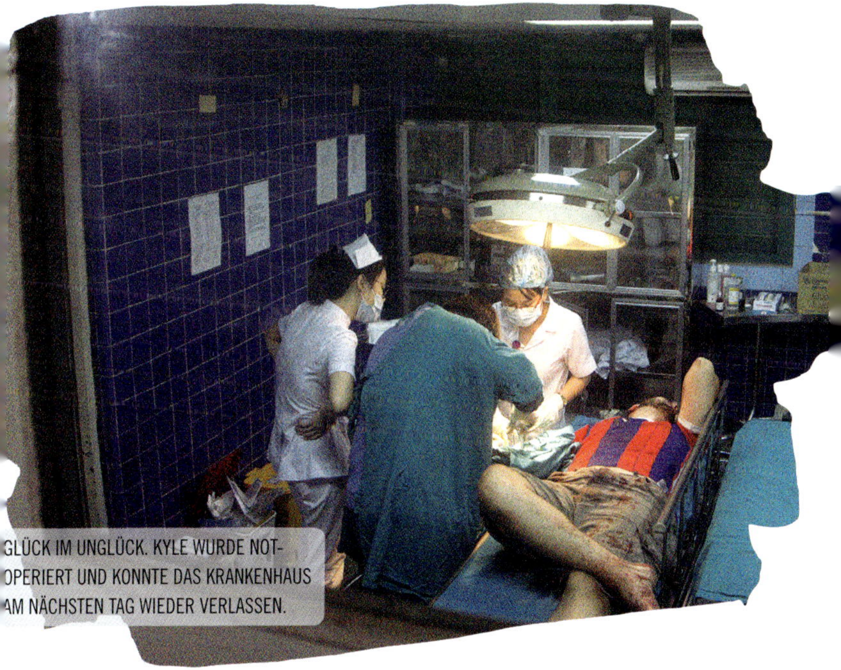

GLÜCK IM UNGLÜCK. KYLE WURDE NOTOPERIERT UND KONNTE DAS KRANKENHAUS AM NÄCHSTEN TAG WIEDER VERLASSEN.

EINE SAFARI KANN SO SCHÖN SEIN, ALLERDINGS RATE ICH DAVON AB, LIMETTENSAFT IN DIE HAARE ZU SCHÜTTEN ...

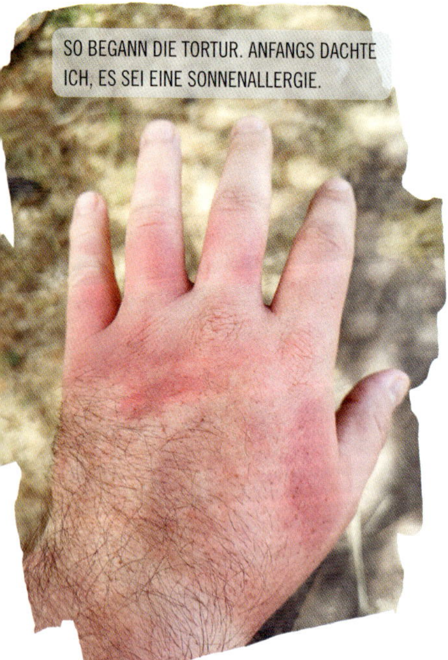

SO BEGANN DIE TORTUR. ANFANGS DACHTE ICH, ES SEI EINE SONNENALLERGIE.

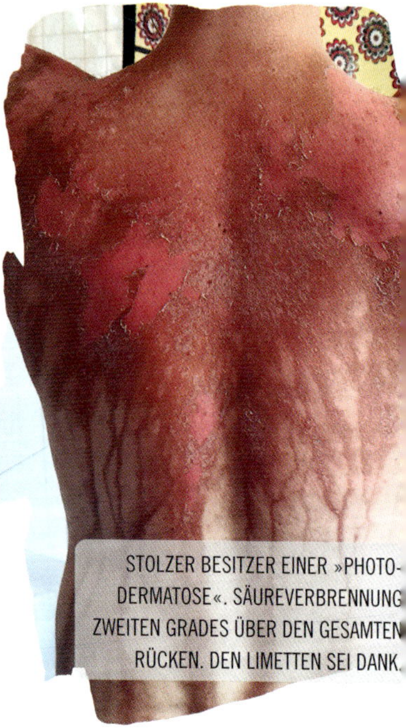

STOLZER BESITZER EINER »PHOTODERMATOSE«. SÄUREVERBRENNUNG ZWEITEN GRADES ÜBER DEN GESAMTEN RÜCKEN. DEN LIMETTEN SEI DANK.

POLIZEI, DEIN FREUND UND HELFER. WÄREN DA NICHT KORRUPTION UND UNFAIRE LEBENSBEDINGUNGEN.

MANCHE DELIKATESSEN WAREN SEHR »INTERESSANT« BZW. »ANDERS«, WIE RATTEN AM SPIESS IN UGANDA ODER SURSTRÖMMING IN SCHWEDEN. KANN MAN MACHEN, MUSS MAN ABER NICHT.

DIE KIDS IM ACHOLI QUARTER HABEN TROTZ BESCHEIDENER VERHÄLTNISSE IMMER EIN LACHEN IM GESICHT. DA KÖNNTE UNSEREINER SICH EINE SCHEIBE VON ABSCHNEIDEN.

EIN EIGENHEIM AUS WELLBLECH-
DÄCHERN UND LEHM. HIER WOHNEN
GANZE FAMILIEN AUF ENGSTEM RAUM.

LUXUS IST EINE FRAGE DER PERSPEKTIVE. HIER ESSEN WIR
GERADE IN EINEM HINTERHOF MIT SUSAN UND IHRER FAMILIE.

DIE MISCHUNG MACHT'S! VON VOLL-
GESTOPFTEN GASSEN BEI LA TOMATINA ...

... BIS HIN ZU UNSEREM EINZIG TREUEN
BEGLEITER WÄHREND UNSERES ROAD-
TRIPS IN ARGENTINIEN.

SOCIAL MEDIA HAT VIELE VORTEILE.

JEDOCH SOLLTEN WIR NICHT VERGESSEN, DASS DIE SCHÖNSTEN ERINNERUNGEN IM HERZEN BLEIBEN UND KEINE DIGITALE WÄHRUNG SIND. #HANDYWEG

KONTRASTREICHES REISEN: BANGKOK BIETET DIR ALLES, EGAL OB DU ES DIR VORSTELLEN KANNST ODER NICHT.

BEI ANDEREN UNTERNEHMUNGEN IST DAS BUDGET KNAPP, UND ES MUSS AUCH MAL CONTAINERT WERDEN WIE HIER IN AUSTRALIEN.

AUSNAHMEZUSTAND IN ARUGAM BAY: NACH EINEM TERRORANSCHLAG PATROUILLIERT DAS MILITÄR AM STRAND.

UNGEWOHNTER ANBLICK: DIE NINE ARCHES BRIDGE KOMPLETT OHNE BESUCHER

MEXIKO 2010 VS. MEXIKO 2020:
10 JAHRE REISEN VERÄNDERN
DICH. ANGEBLICH AUCH OPTISCH.

DIE BUCKET LIST ABZUARBEITEN IST SINNLOS. ES KOMMEN IMMER WIEDER NEUE IDEEN DAZU. MOMENTAN STEHEN AUF MEINER ZUM BEISPIEL WANDERN IM YUKON, EIN TRIP NACH RAJA AMPAT IN PAPUA ODER EINE EXPEDITION IN DIE ANTARKTIS.

mit Englisch nicht so weit kommt wie in vielen anderen Regionen der Welt, erklärte ich mit Händen und Füßen, was ich für eine Suppe wollte. Das mit dem Bestellen in Asien ist deshalb auch manchmal so eine Sache für sich: Wenn man sich nicht vernünftig artikulieren kann, bekommt man auch mal einfach irgendwas serviert. Wenn man dann gerade hungrig ist, freut man sich nicht darüber, was man serviert bekommt, sondern DASS man überhaupt etwas vor die Nase gestellt kriegt. Aus diesem Grund war ich hocherfreut, als schließlich tatsächlich eine Suppenschüssel vor mir landete, deren Inhalt auch wie eine Pho Bo aussah. Als ich aber den ersten Löffel im Mund hatte, wusste ich, dass etwas anders war. In der Suppe war zwar Fleisch, aber durch meine Fleischkenntnisse der bisherigen Reisejahre konnte ich definitiv ausschließen, dass es sich um Rindfleisch handelte. Ich nahm einen weiteren Bissen.

Huhn? Nein.

Schwein? Auch nicht.

Als ich noch kauend vor meinem Teller saß, lief links ein dreibeiniger Hund an mir vorbei. Es brauchte ein paar Sekunden, aber dann zählte ich eins und eins zusammen. Mitten in der Bewegung hielt ich inne, schaute auf meinen vollen Suppenlöffel und dachte: »Holy shit. O. Mein. Gott. Essen die in Vietnam eigentlich auch Hunde?«

Ich winkte die Kellnerin heran und versuchte, gestikulierend zu fragen, was für ein Fleisch da eigentlich in meiner Suppe herumschwamm. Ich deutete auf den dreibeinigen Hund, dann auf die Suppenschüssel, dann wieder auf den Hund. Die Kellnerin folgte mit den Augen:

Hund, Suppe, Hund. Dann schaute sie in mein fragendes Gesicht und grinste. Sie sagte weder Ja noch Nein. Aber ihr belustigtes Gesicht sprach Bände: »Jepp, du Idiot, du hast gerade Hund gegessen.«

Noch viel widerlicher als die Vorstellung, Hundefleisch zu essen, war allerdings das, was es in Uganda am Spieß gab. Nachdem Steffi und ich Anfang 2020 in Kenia gewesen waren – und ich mir mit Limetten einmal die komplette Haut weggeätzt hatte –, reisten wir nach Kampala, die Hauptstadt Ugandas. Steffi war dort schon sehr oft gewesen, weil sie sich für die 22STARS Foundation unserer Freundin Stella engagiert. Einer der Standorte der Stiftung befindet sich mitten im Ancholi Quarter, einem Slum in Kampala. Die Frauen der Stiftung dort vor Ort sind für Steffi mittlerweile wie eine zweite Familie, und dementsprechend freudig wurde auch ich begrüßt. Es wurde gesungen und getanzt – und natürlich auch gekocht. Die Menschen, die im Ancholi Quarter wohnen, sind größtenteils aus Konfliktgebieten im Norden Ugandas nach Kampala geflohen und leben nun in großer Armut. Das allerdings tut der Fröhlichkeit, die besonders die 22STARS-Frauen an den Tag legen, überhaupt keinen Abbruch. Wenn wer feiern kann, dann definitiv diese Frauen. Es dauerte nicht lange, da brieten auf einem Grill einige Spieße mit Fleisch vor sich hin. Als ich mir das Essen näher anschaute, erkannte ich, dass es sich um mittlerweile verkohlte Ratten handelte. Ganz eindeutig. Wäh! Die 22STARS-Projektmanagerin Susan bemerkte meinen skeptisch-angewiderten Blick. Sie hatte bereits einen Spieß in der Hand, biss einen großen Happen ab und sagte lachend mit verführerisch verstellter Stimme: »Oh, Nick, it's so delicious!« Ich antwortete sehr wortgewandt: »Uääääääh!«

Steffi, die uns beobachtet hatte, lachte laut und krempelte sich gedanklich die Ärmel hoch. Dann sagte sie: »Alles klar! Ich probiere ein Stück!« Ich schaute sie ungläubig an, sie schaute genauso zurück. Vermutlich dämmerte ihr erst, nachdem sie es ausgesprochen hatte, was sie da gerade angekündigt hatte. Doch sie stand zu ihrem Wort, ließ sich einen der Spieße geben und biss ein Stück verkohlten Rattenfuß ab. Ich hörte sie knuspern. »Joa. Gar nicht so schlecht eigentlich«, sagte sie diplomatisch, nachdem sie den Bissen heruntergeschluckt hatte. »Auch mal?« Steffi grinste mich provozierend an. Ich seufzte innerlich, denn ich hatte überhaupt keine Lust herauszufinden, wie Meister Splinter schmeckt. Doch wie das halt so ist, wenn man mit jemandem zusammen ist, der auch gerne reist und Dinge ausprobiert: Man wird auch ein wenig zu Abenteuerkonkurrenten. Weil Steffi sich der Ratte gestellt hatte, musste ich jetzt wohl oder übel nachziehen. »Okay, dann gib mal ein Stück Ratte rüber«, sagte ich. Wie sich schnell zeigte, hatte ich das schlechtere »Rattenlos« gezogen: Steffi hatte einen knusprigen Fuß erwischt, ich bekam das daran anschließende Teil gereicht. Das war allerdings überhaupt nicht knusprig, sondern innen noch fast roh. Wenn ich nur daran denke, kommt es mir schon wieder hoch. Ich sah zwar, was ich da in den Händen hielt, aber nie im Leben hätte ich noch einen Rückzieher gemacht. Tapfer schob ich mir das Fleisch in den Mund. Es schmeckte, wie ich es mir vorgestellt hatte – und zwar überhaupt nicht. Wenn es irgendwo eine Bucket List der Höllenspeisen gibt, kann ich hinter »Ratte« einen Haken setzen. Aber noch mal brauche ich das auf keinen Fall.

Die Liste der ekelhaftesten Gerichte, die ich je probiert habe, führen aber weder Kuhgehirn noch Hund oder Ratte an. Sogar ein Balut (angebrütetes gekochtes Enten- oder Hühnerei) in den Philippinen schafft es nicht auf Platz eins. Das wirklich mit großem Abstand kulinarisch Widerlichste, was mir in meinem bisherigen Leben untergekommen ist, lernte ich auch nicht in Asien oder Afrika kennen, sondern in Schweden. Im März 2020, also im Anschluss an unsere Zeit in Uganda, reisten Steffi und ich dort hin. Wir wollten einen kleinen Roadtrip machen und außerdem meinen Bettunfall-Buddy Dan und seine Frau besuchen.

Traditionell essen die Schweden Surströmming, was so viel heißt wie »saurer Hering«. Der wird im Frühjahr gefangen und in eine Salzlake eingelegt. Durch Milchsäurebakterien fängt der Fisch an, vor sich hinzugären, und wird in Konservendosen abgepackt. Dort gärt das Ganze dann noch schön weiter, sodass sich die Konservendosen nach außen wölben. Obwohl allein das uns nicht gerade das Wasser im Mund zusammenlaufen ließ, wollten Steffi und ich das in Schweden berühmte Gericht wenigstens einmal ausprobieren. Ich muss sagen, mir kippte schon der Magen auf links, als wir die Dose öffneten. Es machte einmal laut »Pffff«, etwas Saft spritzte heraus, und dann schlug uns ein faulig-vergammelter Geruch entgegen. Ich dachte, dass es wohl kaum schlimmer kommen konnte, als wir den stinkenden Fisch mit der Gabel aufpieksten und probierten. Doch es ging schlimmer. Es war einfach nur ekelhaft. Mein Magen streikte und beschloss, den Fisch genau da wieder herauszupfeffern, wo er reingekommen war: »Nee, Mann, danke. Kannste wiederhaben. Ich mach ja viel mit – Augen von Kühen, Haustiere, Kanalratten –, aber was zu viel ist, ist zu viel!« Dann spuckte ich den Fisch wieder aus.

Um die Schweden und ihren traditionellen Stinkehering in Schutz zu nehmen: Steffi und ich hatten das Gericht nicht so gegessen, wie man es normalerweise essen sollte. Eine Variante ist zum Beispiel diese hier: Man hält die Dose beim Öffnen unter fließendes Wasser, nimmt den Fisch heraus, tupft ihn ab und packt ihn zusammen mit Zwiebeln, Gurken und Tomaten auf eine Scheibe Brot. Ich persönlich kann mir nicht vorstellen, dass der Hering dann tatsächlich angenehmer schmeckt, aber gut.

Mich jedenfalls verfolgte das Ministück Surströmming noch zwei Tage. Mein Magen fühlte sich an wie ein einziger Muskelkater, und allein bei dem Gedanken an den fiesen Geruch zog sich alles zusammen.

Mit kulinarischen »Highlights« auf Reisen ist es eben so eine Sache. Man probiert immer wieder neue Dinge aus. Manche sind super, aber nicht immer ist alles toll. Ich vergleiche das gerne mit dem Pareto-Prinzip. Das besagt, dass man achtzig Prozent von dem, was man erreicht, mit zwanzig Prozent des Aufwandes gewuppt bekommt. Für die restlichen zwanzig Prozent Ergebnis braucht man dann halt die anderen achtzig Prozent Aufwand. Übertragen aufs Essen im Ausland: achtzig Prozent des Essens ist »geht so« bis ganz fies. Die anderen zwanzig Prozent sind dafür aber so unfassbar großartig, dass man am liebsten mit einem dreifachen Salto und einer Arschbombe reinspringen würde. Um an diese zwanzig Prozent zu kommen, nehme ich die achtzig Prozent eben in Kauf.

Das Nick-Pareto-Prinzip lässt sich meiner Erfahrung nach auch auf das Reisen generell anwenden. Ich würde sagen, etwa sechzig bis siebzig Prozent der Erlebnisse auf Reisen sind einfach scheiße. Du hast Schmerzen, Durchfall, isst etwas Superekliges, kämpfst mit Bettwanzen, Moskitos, übernachtest in einem afrikanischen Puff, zwiebelst dir die Haut auf dem Rücken weg, wirst ausgeraubt, es ist schlechtes Wetter und und und. Es gibt sehr viele Gründe, aus denen du dich beim Reisen mehr als einmal und in schöner Regelmäßigkeit fragst: »Warum reise ich überhaupt? Das ist doch kacke!« Aber dann kommt einer dieser speziellen Momente um die Ecke. Einer, bei dem du die absolute Freiheit oder ein unbändiges Glücksgefühl spürst. Und zwar eines, das du niemals in der Form erlebt hättest, wenn du zu Hause geblieben wärst. Nach so einem Moment macht alles wieder Sinn, und du weißt ganz genau, warum du unterwegs bist. Nämlich genau dafür. Für die Momente, in denen du unglaubliche Menschen triffst und tiefe Gespräche führst. In denen du staunend vor wahnsinnig schönen Naturschauspielen wie den Nordlichtern stehst. Selbst wenn du nach einiger Zeit einen Rhythmus entwickelst und in einer Art Reisealltag steckst, bleibt das Reisen spannend. Denn immer wieder verlässt du diese Routinen und jegliche Komfortzonen. Dann bist du von früh bis spät in der Natur und hast keinen Plan, was morgen ist. Du entscheidest jeden Tag aufs Neue, was du machst oder wohin es geht. Dann probierst du eben auch mal Meister Splinter, obwohl du das im »normalen Leben« niemals tun würdest. Klar kommt es dabei oft vor, dass du denkst: »Gut. War jetzt nicht so geil. Mach ich nicht noch mal.« Aber auch dann bist du um eine Erfahrung reicher, selbst wenn es eine negative ist. Die sorgen schließlich mit dafür, dass du die guten Momente erkennst und viel intensiver genießen kannst. Dann sitzt du in Thailand, kaust genüsslich einen Papayasalat und denkst: »O Mann, viel besser als Kuhaugen!« Egal ob gutes oder fragwürdiges Essen, ob gute oder weniger gute Reiseerfahrungen – eines steht fest: Am Ende puzzelt sich alles zu einem Bild zusammen, das wirklich alles ist, aber ganz sicher nicht gewöhnlich.

KÖRPERLICHER SCHMERZ	★★★☆☆
HERZSCHMERZ	★★★☆☆
MINDFUCK	★★★★★
TOLLPATSCHFAKTOR	★☆☆☆☆
GEFAHR	★★★★☆

KAUF DICH FREI

PLAYA DEL CARMEN, MEXIKO · FEBRUAR 2010

Wenn auf meinen Reisen etwas Negatives passiert ist und ich ohne ein gekrümmtes Haar aus der Sache herausgekommen bin, dann hatte ich auf jeden Fall eines: etwas zu erzählen. Das wirkte besonders anfangs wie ein Hype, und ich dachte oft in Dauerschleife: »Boah, krass!« Gerade als Geschichtenerzähler fühlte ich mich dann wie Jason Bourne, der einen dreifachen Salto mortale in den neuesten *James-Bond*-Streifen gemacht hat und nun Daniel Craig erzählt, was er Unglaubliches erlebt hat. Doch mit der Zeit, mit jedem Jahr, das auf meinen

Weltreisen hinzukam, mit jedem neuen Land, das ich entdecken durfte, wandelte sich diese spannungsgeladene Aufregung in »das geht mir einfach nur noch auf den Sack«.

Neben Krankheit und Unfällen gehört besonders eine Sache zu meinen Forever-Top-3 der unangefochten nervigsten Reiseerlebnisse: Polizeikorruption. Auf Reisen lässt eine Begegnung damit nicht lange auf sich warten. Meine erste Erfahrung mit korrupten Polizisten machte ich jedenfalls gleich zu Beginn meiner ersten Weltreise in Mexiko. Ich lief eines Abends von einer Party nach Hause und wurde von zwei Beamten angehalten. Erst war ich verwirrt, denn ich hatte nichts Falsches gemacht. Jedenfalls nichts so Falsches, dass es nötig wurde, mir ein geladenes Maschinengewehr unter die Nase zu halten. Doch selbst in meinem durchgefeierten Zustand wurde mir schnell klar, dass es nur einen Grund gab, warum die beiden mich angehalten hatten: »Ach guck, ein Tourist, den zocken wir mal ein bisschen ab.«

Wenn einem so etwas öfter passiert, geht es einem wirklich nur noch auf die Nerven. Vor allem weil man einfach keine Wahl hat, denn man hat immer die schlechteren Karten. Aufregend ist daran dann nichts mehr. In zehn Jahren Weltreisen kann ich mittlerweile ein kleines Sammelalbum mit Polizeikorruption in den unterschiedlichsten Ländern füllen. Doch natürlich habe ich durch solche Situationen auch viel gelernt. Beispielsweise wie man sich am besten verhalten sollte. Ganz wichtig: Man sollte immer darauf achten, einen Ausweis dabeizuhaben. Oder besser noch: eine Kopie davon. Das

Originaldokument sollte immer schön am Körper bleiben. Auf Cozumel wurde ich einmal angehalten, als ich mit einem geliehenen Roller unterwegs war. Ausweisen konnte ich mich nicht, auch meinen internationalen Führerschein hatte ich nicht dabei. Blöd für mich und selbst schuld, für die Beamten war ich dadurch ein gefundenes Fressen. Überlegen klärten sie mich auf, welche Optionen ich nun hatte: »Der Roller wird nun konfisziert, und wir müssen den Verleiher ermitteln. Das wird jetzt ganz schön dauern, ist ja schließlich ein beträchtlicher Aufwand. Doof, nicht wahr?« Ich wusste natürlich, worauf die Beamten hinauswollten. Nämlich dass ich den ganzen für mich sehr unangenehmen Vorgang auch ganz einfach abkürzen könnte – mit Geld.

Ähnliches passierte mir in Thailand. Ich kann gar nicht mehr zählen, wie oft ich dort aus den beklopptesten Gründen auf meinem Motorrad angehalten wurde. Es lief immer nach demselben Schema: »Gib uns ein paar Dollars oder Zigaretten, dann lassen wir dich weiterfahren. Ansonsten versauen wir dir den Tag, so gut wir können.« Es ärgerte mich jedes Mal, aber zeigen darf man das in dieser Situation nicht. Das verschlimmert die Situation im Zweifel nur. Also rückst du Kippen und Kohle heraus – und fütterst damit gleichzeitig die florierende Polizeikorruption.

In Sri Lanka wurde ich sogar einmal von Polizisten blockiert, als ich auf einem Roller saß und die Gegend rund um Arugam Bay erkundete. Es handelte sich um eine typische Verkehrskontrolle. Obwohl mit meinem internationalen Führerschein, dem Helm und den Fahrzeugpapieren alles in Ordnung war, auch hier das gleiche Spiel: »Bezahle, oder wir machen dir das Leben ordentlich schwer.« Irgendein Grund wird immer gefunden, um Bargeld zu verlangen: angebliches zu schnelles Fahren, fehlende oder nicht ausreichende Dokumente, frisierte Fahrzeugteile oder falsche Klamotten.

Mit der Zeit habe ich auch gelernt, Situationen abzuschätzen: Wenn ich heute mit einem Roller oder Motorrad unterwegs bin und jemand mich anhalten will, checke ich ab, mit was für einem Gefährt derjenige unterwegs ist. Bin ich im Vorteil, täusche ich einen Stopp an und starte dann wieder durch. Oder ich fahre einfach direkt weiter. Wenn das schiefgeht, ist die Kacke natürlich am Dampfen, da helfen dann auch Dollars und Zigaretten nicht mehr. Oder nur in rauen Mengen.

Wird man gezwungen, stehen zu bleiben, habe ich einen wertvollen Rat: Schlüssel abziehen und in die eigene Hosentasche stecken! In Vietnam beispielsweise sind die Polizisten schnell darauf aus, deinen Schlüssel in die Finger zu bekommen, denn damit haben sie ein Druckmittel, mit dem sie dich erpressen können. Von deinem Bargeld kannst du dich dann auf jeden Fall verabschieden.

Richtig blöd sind Polizeikontrollen mit dem Auto, bei denen man aufgefordert wird, den Wagen zu verlassen und sich ein Stück zu entfernen. Das habe ich in Zentral- und Südamerika erlebt. Hier wurden dann fadenscheinige Gründe genannt, beispielsweise dass die Beamten Drogen vermuteten und verhindern wollten, dass ich noch etwas einsteckte, wenn ich zu dicht am Auto bliebe.

Auf diese Weise verschaffen sich Polizisten jedoch einfach nur die Möglichkeit, ganz in Ruhe dein Gepäck zu durchwühlen. Man kann sicher sein, dass sich sämtliche kleineren Wertgegenstände oder Bargeld bei der »Durchsuchung« in Luft auflösen. Und zwar in den Taschen der Polizisten. Jeder Versuch zu beweisen, dass etwas fehlt, läuft ins Leere. Die Typen behaupten dann einfach: »So was haben wir hier nicht gesehen.«

Die Erfahrungen mit Polizeikorruption finde ich jedes Mal krass. Doch einfach auf die Leute zu fluchen und ihnen Pickel an den Arsch zu wünschen ist für mich zu einfach. Denn wenn Korruption existiert, muss man sich auch die Frage stellen, warum das so ist. Und natürlich herrscht sie vor allem in solchen Ländern – nicht nur, aber doch vermehrt –, wo generell viel Ungerechtigkeit stattfindet. Ich kann einen Polizisten, der so wenig Geld verdient, dass er seine Familie nur schwer durchbringen kann, schon verstehen, wenn er Touristen etwas abnimmt. Für die ist das ärgerlich, für ihn überlebenswichtig. Er reagiert dann nur auf die Umstände, in denen er lebt. Ich meine damit nicht, dass ich das gutheiße – aber würde ich in seiner Situation vielleicht auch zu solchen Mitteln greifen? Ich kann es nicht sagen. Möglich wär's.

Bevor man also auf korrupte Polizisten flucht, sollte man sich fragen: Was treibt denjenigen dazu, sich so zu verhalten? Man muss sich ja nicht gleich die große Sinnfrage stellen, wenn man das nicht möchte. Reisen bedeutet aber auch, sich auf Länder und Umstände einzulassen. Empathisch zu sein und sich in die Menschen vor Ort einzufühlen. Es ist einfach, »outside the box« zu urteilen.

Beweggründe nachzuvollziehen und hinter den Vorhang zu blicken ist da schon schwieriger – aus meiner Sicht aber wichtig. Dann kann man nicht anders, als sich selbst zu fragen: Wie würde ich handeln, wenn ich nicht genug Geld hätte, von der Mafia unter Druck gesetzt würde oder mit einem komplett anderen Mindset aufgewachsen wäre, bei dem das Wort »überleben« genau das bedeutet, was es besagt? Wo es wirklich ums echte Überleben geht und nicht nur um das »Überleben« der nächsten Uniprüfung?

Spannt man dann den Bogen noch größer, muss man sich an die eigene Nase fassen und sich fragen: Wie trage ich durch meinen Lebensstil eigentlich dazu bei, dass mich in Indien jemand anhält, um mir mein Geld abzunehmen? Kapitalismus und Korruption halten nicht erst seit gestern Händchen. Man produziert und konsumiert auf dem Rücken anderer, die ausgebeutet werden. Wen wundert es dann noch, dass Menschen bei so einer elenden Hackordnung dazu übergehen, sich selbst zu helfen, um ihr Überleben zu sichern?

Hat man diese Gedankengänge einmal gestartet, verschwinden die *Indiana-Jones*-Gefühle noch schneller. Dann setzen sich Jason Bourne und James Bond nebeneinander auf die Bank und murmeln: »Stimmt.« Natürlich kotzt es mich trotzdem regelmäßig an, wenn ich von korrupten Bullen abgezockt werde. Ich weiß aber auch, dass ein Haus mehrere Türen und Fenster hat. Und eine Wurst zwei Enden. Eine Medaille eine Kehrseite. Dass, wo es Licht gibt, der Schatten nie weit weg ist. Dass Geld die Welt regiert. Dass Späne fallen, wo gehobelt wird.

Jetzt fallen mir keine Redensarten mehr ein. Ach, eine noch: Den Letzten beißen die Hunde.

Ich könnte in eine ganze Wanne voll Empathie tauchen, doch ich denke nicht, dass ich als Außenstehender wirklich verstehen oder nachfühlen kann, was einen anderen dazu treibt, korrupt zu werden. Muss ich ja auch nicht. Beim Reisen wird man mit herausfordernden Situationen konfrontiert, die für den einen oder anderen Mindfuck sorgen. Ganz besonders passiert das eben, wenn es darum geht, sich auf andere Kulturen und Gebräuche sowie andere Voraussetzungen, Religionen oder Traditionen einzulassen. Ich kann aus meiner Erfahrung sagen: Es macht nie Sinn, Menschen in Schubladen zu stecken, die man sich aufgrund seines eigenen kulturellen und gesellschaftlichen Hintergrundes zurechtgezimmert hat.

KÖRPERLICHER SCHMERZ	☆☆☆☆☆
HERZSCHMERZ	★★★★★
MINDFUCK	★★★★★
TOLLPATSCHFAKTOR	☆☆☆☆☆
GEFAHR	★★★★☆

REISEN TUT WEH

KÖRPER, GEIST UND SEELE · WENN ALLES VORBEI IST

Eine der größten, tiefsten und dunkelsten Erfahrungen beim Reisen findet in dir selbst statt. Denn es macht etwas mit deinem Geist, wenn du anderen Lebensumständen und Kulturen begegnest. Einerseits erden dich die Erfahrungen sehr, zum Beispiel in Sachen Dankbarkeit. Du lernst Dinge zu schätzen. Andererseits wirst du immer wieder mit Sinnfragen konfrontiert, bei denen du aufpassen musst, nicht in eine Art Hoffnungslosigkeit abzugleiten.

Nehmen wir mal den Umgang mit dem Tod. Eine der schrecklichsten Erfahrungen, die man im Leben machen kann, ist es, dem Sterben zu begegnen. Der Tod macht uns Angst, und wir können ihn nicht begreifen. In Europa treten wir dem Tod in der Regel mit Demut und Respekt gegenüber. Es gibt Trauerfeiern und Beerdigungen. In anderen Ländern wird der Tod gefeiert, beispielsweise als Erlösung oder als Stufe auf einer Treppe der Wiedergeburten. Daran musste ich mich mit meiner eigenen kulturellen Erziehung erst gewöhnen, weil ich es einfach nicht kannte. Als ich einmal mit dem Roller durch Canggu auf Bali fuhr, stieß ich auf ein riesiges Verkehrschaos. Diesmal nicht aufgrund von umgefallenen Autos, die im Reisfeld gelandet waren, sondern wegen einer farbenfrohen, musikalisch untermalten Bestattung. Alle Teilnehmenden hatten bunte Klamotten an, tanzten, sprangen um die Wette und trugen den Sarg durch die engen Gassen Canggus. Es war völlig normal, dass die Prozedur den kompletten Verkehr lahmgelegt hatte. Viele andere Verkehrsteilnehmer stiegen sogar aus und erwiesen dem Verstorbenen durch eine Verneigung oder ein Nicken die letzte Ehre.

Der Tod als Fest ist die eine Sache. Ich habe aber auch schon einen Umgang mit Sterbenden und Toten erlebt, der mich fassungslos zurückließ. Ein kleines Beispiel: Als ich durch Indien reiste, hatte ich oft das Gefühl, dass das Leben eines Einzelnen nicht besonders viel wert ist. Vielleicht lag dieses zugegebenermaßen sehr subjektive Gefühl an den Millionen von Menschen auf engstem Raum. Wenn in Mumbai einer unter ein Tuk-Tuk geriet und starb, wirkten die Umstehenden so, als würden sie denken: »Ja, passiert. Das ist eben so.« Natürlich kann man das nicht pauschalisieren, aber das ist einer der Eindrücke, die bei mir persönlich hängen geblieben sind. Wiederum auf Bali war es so: Wenn dort jemand im Straßenverkehr starb, wurde er oft einfach liegen gelassen. Manchmal wurden ein paar Palmenblätter über den Leichnam gelegt. Ich habe gehört, dass dort derjenige, der einen Unfall meldet, auch verantwortlich dafür ist, das Opfer ins Krankenhaus zu bringen. Weil das mit viel Geld verbunden ist und die wenigsten Geld übrig haben, bleiben die Toten einfach an Ort und Stelle. Eine andere Episode erlebte ich auf den Fidschis, wo ein Mann von einem Boot mit dem Gesicht voran ins Meer stürzte und dort bewusstlos im Wasser trieb. Anstatt ihm zu helfen, lachte sein Kumpel nur, wie lustig der Sturz ausgesehen hatte.

Jedes Mal, wenn ich so etwas erlebte, versetzte es mir einen tiefen Schock. Mit Verhalten – sei es nun kulturell begründet oder nicht –, das den eigenen gelernten Grundwerten und Prinzipien so krass entgegensteht, muss man erst einmal zurechtkommen. Reisen ist nicht immer Pommes und Disco, Bacardi am Strand trinken oder auf einem Roadtrip mit der Sonne um die Wette grinsen. Solche Dinge zu sehen und zu erleben tut weh. Wie kleine Nadelstiche. Reisen tut weh. Mal körperlich, aber auch oft seelisch. Nach einer Schockstarre folgt ein emotionaler Schmerz, den man, nachdem man ihn durchlebt hat, irgendwo im Gehirn als Erfahrung abspeichert. Eine Kehrseite des Reisens ist es, dass man durch die Häufung dieser Nadelstiche immer auch Gefahr läuft, emotional abzustumpfen.

KÖRPERLICHER SCHMERZ	★☆☆☆☆
HERZSCHMERZ	★★★★☆
MINDFUCK	★★★★★
TOLLPATSCHFAKTOR	☆☆☆☆☆
GEFAHR	★★☆☆☆

PRIVILEGIEN

SCHLAFLOS IM BETT · IMMER UND IMMER WIEDER

Es ist nicht nur der Umgang mit Krankheit und Tod, der mich des Öfteren verstört zurückgelassen hat. Auch der gesellschaftliche Umgang – was sich gehört, was erlaubt und was verboten ist – bereitete mir manchmal schlaflose Nächte. Dann starrte ich in der Dunkelheit vor mich hin, versuchte, das Erlebte zu verarbeiten, und haderte mit Schuldgefühlen: Ohne es mir in irgendeiner Form verdient zu haben, lebe ich mit Privilegien, von denen andere nur träumen. Wie oft nehmen wir diese für selbstverständlich.

Einmal bettelte mich ein Kind um etwas Geld an. Noch während ich da stand, kam ein Mann vorbei, zog sich einen Flipflop vom Fuß und schlug damit auf das Kind ein. Das Kind rannte natürlich sofort weg. Ich starrte den Mann an, der ebenfalls einfach weiterlief, und dachte: »Hä? Was ist da gerade passiert? Der kann doch nicht einfach ein Kind schlagen!« Ich erfuhr nie, ob der Mann zugeschlagen hatte, weil das Kind gebettelt oder weil es überhaupt mit mir gesprochen hatte.

Es müssen nicht nur solche Erlebnisse mit Fremden sein, die einen aufwühlen. Zum Beispiel ist einer meiner besten Freunde Borkman aus El Salvador. Obwohl er Zahnarzt ist, muss er mit etwa 300 Dollar im Monat über die Runden kommen. Seine Mutter und sein Bruder sind gestorben. Allein zurückgeblieben, ist er aus seinem Elternhaus im lebensgefährlichen Getto ausgezogen und hat sich in ein winziges Zimmer bei einer Bekannten eingemietet, weil er sich nicht mehr sicher gefühlt hatte. Das ist Borkmans Leben. Der Unterschied zwischen seinen und meinen Lebensumständen ist enorm.

Natürlich kann man sich auch an Umstände so »gewöhnen«, dass sie einen nicht mehr in jeder Sekunde verzweifeln lassen, man aber trotzdem mit ihnen emotional verbunden bleibt. So wie es bei Steffi und Uganda ist. Wenn ich an meinen ersten Besuch im Ancholi Quarter zurückdenke, dem Slum in Kampala, dann erinnere ich mich, wie betroffen ich war – Steffi aber vor Freude strahlte. Natürlich sah sie genau wie ich, in welcher Armut die Menschen lebten. Aber sie war schon oft vor Ort gewesen, hatte dort eine Art Familie gefunden und sah deshalb auch ein anderes, genauso wahres Bild: den Slum und die Not, aber auch den Ort, an dem ihre Freunde leben, die die Welt sehr positiv sehen und das Leben feiern. Während sich um mich herum also alle in die Arme fielen, dachte ich zunächst: »O Gott, das ist ja krass, wie die Leute hier leben müssen! Auf engstem Raum, ohne fließendes Wasser, mittendrin in der Armut.« Doch dann sah ich auch, was Steffi sah: die lebensbejahende Ausstrahlung der Menschen, die immer lachen und ständig tanzen. Ich dachte: »Von dieser Positivität könnten sich viele in der westlichen Welt definitiv mal eine große Scheibe abschneiden.« Als ich das erkannte, trat das Gefühl des Mitleids, das anfangs für einen Kloß in meiner Kehle gesorgt hatte, in den Hintergrund. Nicht dass ich der Armut nun emotionslos gegenübergestanden hätte nach dem Motto: »Denen geht's doch trotzdem gut.« Es war mehr so, dass ich dachte: »Wow! Tolle Menschen, die das Beste aus ihrer Situation machen und vorankommen wollen.« Was ich damit sagen will: Ich hatte in Uganda einen Ort kennengelernt, der geradezu prädestiniert dafür war, Hoffnungslosigkeit in mir auszulösen. Aber das Gegenteil war der Fall. Von emotionaler Abstumpfung konnte dabei keine Rede sein.

Es passiert trotzdem oft, dass Schuldgefühle in mir aufsteigen, weil ich beispielsweise ein materiell reicheres Leben führe als mein Freund Borkman. Dann frage ich mich: »Ist es überhaupt in Ordnung, wenn ich mir einen Wetsuit fürs Surfen kaufe? Darf ich solch einen Luxus genießen, während er von 300 Dollar im Monat lebt?«

Ich habe auf diese Fragen keine Antworten. Das muss jeder mit sich selbst ausmachen.

Solche Gedanken und Gefühle werden beim Reisen sehr stark. Man ist so oft hin und her gerissen zwischen Dankbarkeit und Schuldgefühlen, wird konfrontiert mit seinen eigenen Privilegien. Und damit meine ich nicht nur materielle Dinge, sondern auch Sicherheiten. Wenn ich abends vor die Tür gehe, mache ich mir um nichts Gedanken. Borkman muss täglich damit rechnen, eine Kugel abzukriegen. Wenn man so vom Glück überschüttet ist wie ich: Darf man da überhaupt noch schlecht drauf sein – oder sogar unglücklich?

Für mich selbst habe ich festgestellt, dass gute Laune, Positivität und Dankbarkeit wie Muskeln sind, die ich durch das Reisen trainieren darf. Jeder hat gute und schlechte Zeiten, Tage, an denen man fröhlich, und andere, an denen man traurig ist. Jede Erfahrung kommt mit unterschiedlichen Emotionen daher. Wie wir diese Emotionen wahrnehmen und sie unser Handeln beeinflussen, ist also komplett subjektiv. Ich bin unendlich froh, dass es mir gut geht. So sehr mich der Anblick von Armut und Ungleichheit auf Reisen immer wieder runterzieht: Er bringt mich auch zum Nachdenken, Reflektieren und schürt das innere Verlangen, Gutes zu tun und mein Glück anderen weiterzugeben. Es ist nicht immer einfach, die Dankbarkeitsbrille aufzusetzen, bei all dem Leid auf der Welt positiv zu bleiben und nicht zu verzweifeln. Aber man kann es – wie einen Muskel – jeden Tag neu trainieren.

KÖRPERLICHER SCHMERZ	★☆☆☆☆
HERZSCHMERZ	★★★★☆
MINDFUCK	★★★★★
TOLLPATSCHFAKTOR	☆☆☆☆☆
GEFAHR	★★★☆☆

HILFE LEISTEN

KAMPALA & JINJA, UGANDA · FEBRUAR 2020

Das führt mich zu einem nächsten Punkt, an dem mein Gedankenkarussell oft ins Trudeln gerät. Auf der einen Seite lehren mich Erfahrungen immer wieder, wie dankbar ich sein kann für alles, was ich habe und tun darf. Auf der anderen Seite ist es für mich damit nicht getan – ich möchte auch helfen. Doch das ist gar kein so einfaches Thema. Immer wieder gerate ich an den Punkt, dass ich nicht allen helfen kann. Aber wenn ich das nicht kann, wo soll ich dann am besten anfangen? Und wie? Es ist nämlich durchaus möglich, falsch zu helfen.

Ich bin, was diese Punkte angeht, noch zu keiner Weisheit gelangt. Das Leben ist ein Prozess aus Erfahrungen – und hier stehe ich manchmal hilflos daneben und weiß nicht, wie ich mich verhalten kann, soll oder sogar muss. Es hilft, Bücher zu lesen, mit Menschen und Betroffenen zu sprechen – und eben eigene Erfahrungen zu sammeln.

Not passiert ja auch ganz nah um einen herum – und man bekommt es nicht richtig mit, weil man in einer anderen Gesellschaftsschicht unterwegs ist. Mal ehrlich: Wie viele von uns wissen, wie es sich anfühlt, obdachlos zu sein? Aus welchen Gründen man in eine Wohnungslosigkeit rutschen kann? So wirklich nur die, die es selbst erlebt haben oder die sich engagieren. Ansonsten haben wir Not zwar ständig vor der Nase, kümmern uns im Alltag aber wenig darum. Das klingt hart und ignorant – und es mag auch wehtun, sich das selbst einzugestehen –, aber es ist so. Da gibt es nichts zu beschönigen.

Wir wissen, dass es Menschen gibt, die mit den Folgen von Naturkatastrophen leben müssen, die durch korrupte Systeme wenig Chancen haben oder denen durch Krieg alles genommen wurde. Menschen, die kein Sozialsystem haben, das sich um sie kümmert. Menschen, die lebensgefährliche Fluchtmöglichkeiten ergreifen, weil all das, was hinter ihnen liegt, noch so viel schlimmer ist. Wir wissen, dass es all das gibt, aber die wenigsten von uns setzen sich damit wirklich auseinander. Vielleicht spenden wir zu Weihnachten oder bei einer Aktion Geld. Aber das war es dann meistens schon. All das passiert für uns in weiter Ferne. Oder wir schauen weg. Aus welchen Gründen auch immer.

Beim Reisen sieht das etwas anders aus. Da wirst du in Situationen geworfen, in denen du nicht wegschauen kannst. Vielleicht versuchst du sogar, in eine andere Richtung zu blicken – aber da ist die Not auch. Du lernst Menschen kennen und lieben, denen es wirklich schlecht geht und die nicht mal ansatzweise die Chancen im Leben haben wie du. Natürlich willst du allen sofort helfen. Und natürlich besonders denen, die dir nah sind. Aber sehr schnell kommst du zu der niederschmetternden Erkenntnis, dass du nicht allmächtig bist. Trotz deiner ganzen schönen Privilegien. Du gelangst in Windeseile zu dem Punkt, an dem du erkennst, dass auch dein Geld endlich ist. Und dass du so gut wie keine Macht hast.

Es passiert sehr häufig, dass Menschen mir schreiben und mich um Hilfe bitten. Sie fragen, ob ich einen Aufruf machen, eine Spendenaktion teilen oder unterstützen kann. Ich bin wirklich nicht weltberühmt, aber ich habe mir eine treue Community aufgebaut, mit der ich meine Reisegeschichten teile und mich austausche. Natürlich würde ich am liebsten allen Anfragen nachkommen. Keine Frage. Doch wenn ich jede einzelne Bitte in meine Community tragen würde, bestünde meine Timeline aus nichts anderem mehr. Ich weiß, meine großartige Community würde helfen, Geld sammeln, Kontakte vermitteln und so weiter. Doch der Mensch ist irgendwann »satt«. Nach und nach würden die Aktionen ungesehen durchbimmeln. Nicht weil Interesselosigkeit herrscht. Sondern weil keiner von uns allmächtig ist und die meisten am Ende des Geldes noch viel Monat übrig haben. Weil irgendwann der Punkt erreicht ist, an dem jeder hilflos sagt: »Ich kann doch auch nicht mehr helfen, als ich kann.«

Ich teile also nicht alle Aufrufe, sondern wäge ab: Kann ich wirklich einen Impact liefern? Habe ich einen Bezug zu der Aktion? Hat meine Community ein besonderes Anliegen daran? Oder kann ich bei einer bestimmten Anfrage eher direkt Kontakte vermitteln, als es an alle zu senden? Weiß ich jemanden, der mehr Einfluss nehmen kann als ich? Es klingt so unglaublich abgefuckt, aber beim Thema Helfen muss man mit Bedacht vorgehen. Auch sehr wichtig: Man muss prüfen, ob die Anliegen authentisch und sinnvoll sind. Ob sie nachhaltig sind. Ob da vielleicht Geld versandet oder womöglich in den falschen Taschen landet. Wenn ich mir nicht sicher bin, bleibt mir nichts anderes übrig, als Nein zu sagen. Das fühlt sich jedes Mal schlimm an.

Ich habe, wie gesagt, noch keine Antwort auf die Frage, wie ich mich am besten verhalte, wenn ich um Hilfe gebeten werde. Aber je nach Situation finde ich »Teilantworten«. Mein guter Freund Borki, von dem ich bereits geschrieben habe, brauchte einmal dringend Hilfe. Ich kenne ihn, ich weiß, dass die Hilfe dort ankommt, wo sie gebraucht wird – und zwar zu einhundert Prozent. Also habe ich eine Spendenaktion gestartet und mithilfe meiner Community Geld gesammelt. Diese Spendenaktion wurde deshalb erfolgreich, weil ich dahinterstehen konnte. Weil meine Community einen Bezug zu Borkman hat. Ich wusste: Das wird funktionieren.

Eine andere Sache, bei der ich gern und oft meine Community um Engagement bitte, ist die ebenfalls bereits erwähnte Stiftung 22STARS in Uganda, die unsere Freundin Stella ins Leben gerufen hat und bei der Steffi mitarbeitet. Hier Unterstützung zu leisten, wie Stella es tut, hat nichts von diesem White-Savior-Komplex, den man so oft beobachten kann. Was die 22STARS Foundation in Uganda leistet, ist Hilfe zur Selbsthilfe, beispielsweise durch Businesstrainings, Weiterbildung oder durch Mikrokredite, um Geschäfte zu starten. Bei meinen Shows berichtet Steffi immer als Gast-Speaker von ihren Erfahrungen dort, und wir stellen eine Spendenbox auf. Nach jeder Tour kommt auf diese Weise eine Menge Geld zusammen, das von 22STARS so dringend gebraucht wird. Aber auch hier: Ich kenne die Organisatorin, ich kenne die Stiftung, ich weiß, was mit dem Geld passiert – also kann ich das guten Gewissens an meine Community weitertragen.

Gerade was Hilfe in armen Ländern angeht, ist Nachhaltigkeit sehr wichtig. Wir kennen alle die Poster, auf denen mit Bildern von hungernden Kindern Mitleid erzeugt werden soll. Und wie oft waren dann selbst große Organisationen wegen Spendenaffären und Geldveruntreuung in den Nachrichten? So etwas zerstört Vertrauen. Die Menschen fragen sich: Gibt es mein Patenkind in Afrika überhaupt? Kommen mein Geld und meine Geschenke dort an? Bei Stella und 22STARS weiß ich, dass es ankommt. Auch weil ich selbst vor Ort war. Es ist einfach, Geld zu sammeln und jemandem in die Hand zu drücken. Aber wie viel Veränderung schafft man dadurch? Wie oft ist das nur ein Tropfen auf dem heißen Stein – oder hat sogar negative Auswirkungen?

Stella setzt sich seit Jahren mit dieser Thematik auseinander und macht es anders. Sie hilft den Familien vor Ort, sich selbst zu helfen und sich ein eigenes Business aufzubauen. Sie vertreibt den handgefertigten Schmuck, den die Frauen in den Slums von Uganda aus Papier herstellen, auf der ganzen Welt. Als sie die Familien einmal fragte, wie sie noch unterstützen könne, bekam sie von allen dieselbe Antwort: »Wir möchten, dass unsere Kinder zur Schule gehen können.« Armen Familien in Uganda ist es meist nicht möglich, das recht hohe Schulgeld zu bezahlen. Sie arbeiten zum Beispiel für einen Dollar am Tag unter gefährlichsten Bedingungen im Steinbruch. Wie sollen sie da etwa 200 Euro im Jahr Schulgeld bezahlen? Um nicht zu verhungern, müssen oft schon die Kleinsten mitarbeiten. Ohne Schulbildung haben die Kinder jedoch keine Chancen, aus den Slums herauszukommen. Es ist ein Teufelskreis, aus dem die Familien keinen Ausweg finden.

Also fing Stella damit an, Sponsoren auf der ganzen Welt zu suchen. Mit einem kleinen Geldbetrag – etwa zwanzig Euro im Monat – kann ein Sponsor das Schulgeld für ein Kind übernehmen. Zuerst waren es ein paar Kinder, dann ein paar Dutzend. Heute, einige Jahre später, sorgt die 22STARS Foundation mithilfe der Sponsoren dafür, dass mehr als 400 Kinder jeden Tag zur Schule gehen können. Dort bekommen sie auch warme Mahlzeiten. Der Leitspruch von 22STARS ist »Education is the key to fight poverty«. Stella geht nicht hin und legt irgendwo Geld ab. Sie unterstützt nachhaltig. Und trotzdem hat sie zu kämpfen – mit Vorurteilen und auch mit negativen Auswirkungen vor Ort. Das erlebte ich, als ich selbst dorthin reiste.

Die Orte, an denen sich alle von 22STARS treffen, sind die Büros an den Standorten in Kampala und Jinja. Die Kinder machen hier ihre Hausaufgaben, bekommen sonntags eine Mahlzeit, und die Eltern gehen hier zu ihren Businesstrainings. Es sind fröhliche und schöne Orte, diese beiden Büros. Es ist unglaublich, was Stella dort Hand in Hand mit den Einheimischen auf die Beine stellt. Die 22STARS-Frauen lernen mit Freude, arbeiten mit Herzblut und zeigen stolz die Zeugnisse ihrer Kinder.

Das Büro in Kampala wird von Susan geleitet. Weil sie die Stiftungsmanagerin vor Ort ist, wohnt sie mit ihren drei Kindern auch dort. Steffi und ich saßen gerade auf der kleinen steinernen Terrasse, als wir mitbekamen, dass andere Slumbewohner, die vorbeiliefen, wütend etwas brüllten. Sofort entstand ein Tumult. Peace, Susans 20-jährige Tochter, flippte ebenfalls aus, wollte sich am liebsten auf die Leute stürzen und konnte nur mit Mühe zurückgehalten werden. Wir verstanden nicht, was los war, brachten aber die Kinder in die Büroräume in Sicherheit. Erst später, als sich die Lage wieder beruhigt hatte, erzählten uns Stella und Susan, was passiert war:

Dort, wo es Menschen besser geht, entsteht Neid. Es gibt im Ancholi Quarter Menschen, die hinter Susans Glück dunkle Mächte vermuten, sie sogar als Hexe beschimpfen. Sie sehen nicht, dass Susan sich abrackert, als Erwachsene ihre Schulbildung nachgeholt und auf eigene Faust Englisch gelernt hat. Sie sehen nur, dass es Susan besser geht als ihnen. Solche Menschen waren am 22STARS-Büro vorbeigelaufen und hatten wüste Beschimpfungen gerufen, die gegen Susan gerichtet waren. Peace hatte das schon oft erlebt. Wie jeder Mensch, dessen Mutter so hart beleidigt wird, war sie an die Decke gegangen und hatte zurückgepfeffert. Auch aus Angst. Oft bleibt es nämlich nicht bei diesen Beschimpfungen, sondern die 22STARS-Frauen erleben echte Bedrohungen. Natürlich waren wir geschockt. Wir erlebten aber auch den unfassbaren Zusammenhalt der Gruppe, die sich so mühsam versucht, aus dem Elend herauszuarbeiten.

An dem Abend fragte ich mich: Was für Probleme hätten Susan und die anderen Frauen womöglich noch, wenn Stellas Organisation anders aufgebaut wäre? Es gehört viel mehr zu echter Hilfe, als einfach nur Geld zu sammeln. Wer so ein Projekt auf die Beine stellt, muss eine Menge Verantwortung übernehmen. Dafür sorgen, dass es keine negativen Auswirkungen gibt. Nachhaltig dagegen vorgehen, wenn welche entstehen. All das macht Stella – und deshalb kann ich ihr Projekt auch von ganzem Herzen teilen. Aber bei Organisationen, die ich nicht kenne: Wie soll ich das beurteilen können? Helfe ich dann wirklich – oder bewirke ich womöglich sogar das Gegenteil?

So unglaublich es klingt: Ich provoziere selbst mit durchdachten Aktionen und Hilfen eine Menge Diskussionen. Manchmal sogar Streit. Dann höre ich Sätze wie: »Entschuldigung, aber was kann ich denn dafür, wenn Kinder in den Slums von Uganda oder in Indien in Armut geboren werden? Ich bin hier geboren und habe hier meine Probleme, die sind dort geboren und haben dort ihre Probleme. Da kann ich doch nichts dran ändern!« Ich sehe die Wut hinter solchen Sätzen. Diese Wut kann viele Gründe haben, unter anderem einfach Hilflosigkeit. Manchmal steckt vielleicht sogar tatsächliche Empathielosigkeit dahinter. Aber das kann ich nicht wissen, und ich möchte die Gedanken von anderen nicht verurteilen. Jeder kann selbst entscheiden, was er denken und tun will.

Je mehr ich durch die Welt reise, desto weniger gibt es für mich »die Ferne«, bei der mich nichts angeht. Wir sind alle zusammen in dieses Ding geboren, das sich Leben nennt. Und wir können und müssen uns gegenseitig unterstützen. Hilfe leisten ist keine Einbahnstraße, sie tut auch einem selbst gut. Hilflosigkeit im Angesicht von Not und Ungerechtigkeit kann dich aber auch mehr zermürben, als du je gedacht hast.

Das ist eine Seite des Reisens, die definitiv dunkel ist. Du wirst mit Armut, Not und Leid konfrontiert. Du musst dich damit auseinandersetzen und aushalten, dass du so oft keine Antworten findest und nichts tun kannst. Oder dass du denkst, du hilfst, und in Wahrheit schadest du. Beim Reisen sind Katastrophen plötzlich nicht mehr »weit weg« – weder physisch noch psychisch. Du wirst zum Hingucken gezwungen. So schwer es ist und so wenig Antworten ich bisher selbst habe, bin ich dennoch froh, dass es so ist. Sehen und Mitfühlen sind die ersten Schritte in die richtige Richtung, so klein sie auch sein mögen.

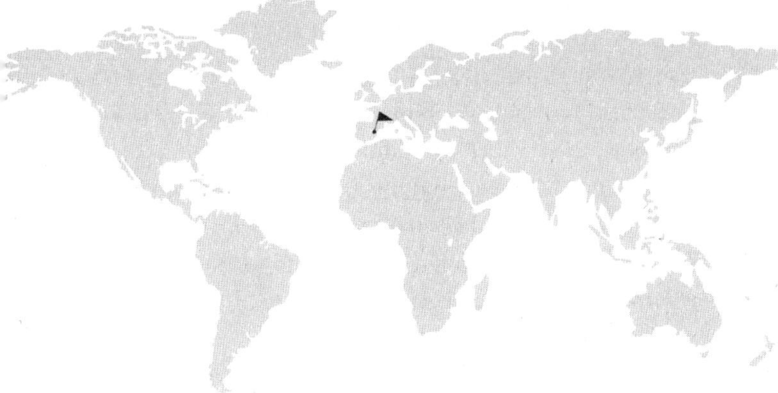

KÖRPERLICHER SCHMERZ	★★★☆☆
HERZSCHMERZ	☆☆☆☆☆
MINDFUCK	★★☆☆☆
TOLLPATSCHFAKTOR	★★★★☆
GEFAHR	★★★☆☆

LA TOMATINA UND DIE QUALLEN

BUÑOL UND VALENCIA, SPANIEN · AUGUST 2012

Steffi und ich waren ganz frisch zusammen, als wir beschlossen, nach Buñol in Spanien zu fahren. Schon damals stand eine Sache auf meiner Bucket List, die man nur dort erleben kann: das spanische Fest La Tomatina. Jedes Jahr am letzten Mittwoch im August drehen die Leute dort völlig am Rad, denn sie laufen durch die Straßen und bewerfen sich mit überreifen Tomaten. Die matschigen Dinger werden haufenweise in Lkws herangekarrt, in den Straßen abgeladen – und dann geht's los. Diese völlig abgedrehte Tomatenschlacht ist mittlerweile in der ganzen Welt bekannt. Ende August überschwemmen deshalb Tausende Touristen die kleine Stadt. So auch Steffi und ich.

Bevor es so weit war, genossen wir noch zwei Tage die Ruhe vor dem Tomatensturm und hingen am Strand von Valencia herum. Ich hatte mich eine Weile gesonnt, und mir war bullenwarm. Deshalb rannte ich ins Wasser, um mich abzulöschen und ein bisschen zu planschen. Plötzlich spürte ich ein Brennen auf meinem linken Oberschenkel. »Autsch! Was ist das?«, rief ich und suchte mit den Augen das Wasser um mich herum ab. Und da war sie: eine Qualle. Das blöde Viech hatte mir ordentlich an den Oberschenkel gezeckt. Es brannte höllisch.

Sofort lief ich aus dem Wasser, kaufte mir am Kiosk eine eiskalte Dose Cola und versuchte, das Brennen damit etwas zu lindern. Am liebsten hätte ich mir selbst auf den Schenkel gepinkelt, irgendwo hatte ich mal gehört, dass das hilft. Ich musste allerdings gerade absolut nichts »loswerden«. Steffi und ich kannten uns jetzt auch noch nicht so gut, als dass ich sie hätte fragen können: »Hey, Steffi, könntest du mir mal kurz auf mein brennendes Bein pullern?« Mal abgesehen davon, dass wir uns an einem voll besetzten Strand aufhielten. Ich denke, nicht nur Steffi hätte meine Idee fragwürdig gefunden. Obwohl wir dann sicherlich ordentlich Platz um uns herum bekommen hätten. Schon lustig, die Vorstellung, wie die Mamas ihren verstörten Kindern die Augen zugehalten und in Windeseile ihre Strandtücher umgeparkt hätten. Aber nun gut, die Cola half auch ein bisschen. Nach ungefähr einer halben Stunde wurde es erträglicher. Ich untersuchte die Stelle. Auf meinem Schenkel leuchtete ein

Abdruck, als hätte mich eine überdimensionale Bremse gebissen. Im Vergleich zu meiner Säureverbrennung in Kenia ein Klacks, aber auch nicht angenehm.

Etwas später – wir dösten wieder herum, und ich hatte die Cola mittlerweile ausgetrunken – drehte sich Steffi zu mir und sagte: »Ich gehe noch mal ins Wasser. Kommst du mit?«

»Hm. Ich weiß nicht«, antwortete ich, »ich habe keinen Bock auf noch einen Quallenstich.«

»Ach komm«, Steffi lachte, »als ob du jetzt noch mal von einer Qualle gestochen wirst. Das ist total unwahrscheinlich.«

Wo sie recht hatte, hatte sie recht. Steffi rannte ins Wasser und fing sofort an herumzuplanschen. Ich folgte ihr ein wenig vorsichtiger. Man kann echt nicht behaupten, dass ich nicht aus meinen Fehlern lerne. Aber ich hatte die Rechnung ohne die Qualle gemacht. Die hatte vermutlich die letzten Stunden im Wasser gesessen und auf eine neue Chance gewartet. Denn kaum war ich eine Minute im Wasser – ZACK –, klebte das olle Ding schon wieder an meinem Bein. Sie hatte auch noch genau dieselbe Stelle erwischt wie beim letzten Mal. Ich schrie auf und rannte aus dem Wasser. Vielleicht gibt es einen Quallenfachmann, der jetzt, seinen Kinnbart zwirbelnd, etwas vom Stapel lassen würde wie: »Ja, das ist nicht ungewöhnlich, wenn Quallen einen einmal erwischt haben, kommen sie wieder.« Ich bin jedoch komplett überzeugt davon, dass die Qualle einfach Bock hatte, mich zu dissen: »Ach guck, da kommt der Trottel wieder. Dem geb ich's heute so richtig!«

Zurück am Strand, murmelte ich wütend vor mich hin: »Jetzt reicht's mir! Ich pinkle mir jetzt dagegen, sollen die Leute doch denken, was sie wollen.« In der Theorie eigentlich eine super Idee, anatomisch aber nur schwer durchführbar. Ich humpelte also wieder zum Kiosk und gab mich mit einer weiteren Dose Cola zufrieden. Ins Wasser bekamen mich an diesem Tag keine zehn Pferde mehr.

Seit diesem Tag sind Quallen so was wie meine Strand-Endgegner. Ich würde das ihnen gegenüber nie zugeben, aber ich habe ordentlich Respekt vor diesen Tierchen. Als ich 2021 auf Fuerteventura war, erfuhr ich, dass dort die Portugiesische Galeere heimisch ist – ein ordentliches Kaliber mit irre langen Tentakeln, die aus Tausenden von Nervenenden bestehen. Sie trägt zwar auch den hochtrabend klingenden Namen Floating Terror, ich aber nenne sie nur Pimmelqualle. Erstens, weil sie genauso aussieht, und zweitens, weil jeder, der einem solche Schmerzen zufügen kann, einfach voll der Pimmel ist. Ich brauche wohl nicht zu betonen, wie vorsichtig ich dort auf meinem Surfbrett herumpaddelte. Gegen die Portugiesische Galeere war die kleine Haubitze aus Valencia vermutlich ein Kuscheltier. Ein anderes Mal begegnete ich Quallen in Schweden. Steffi und ich saßen auf einem großen flachen Stein, unter dem die Wellen heranrauschten. Ich hatte gerade überlegt, vom Stein aus ins Meer zu springen, als ich sie sah: ein riesiges Monsterquallenviech. Und sie hatte eine Menge Freunde dabei. Ich machte auf dem Absatz kehrt, zog mein T-Shirt wieder an und dachte: »Nee, Mann. Auf keinen Fall.«

Aber zurück nach Buñol. Zwei Tage später standen wir, bewaffnet mit Taucherbrillen und Flipflops, in den Gassen der kleinen Stadt. Die Straßen, in denen La Tomatina stattfand, waren abgesperrt, und die ersten Lastwagen kippten unzählige Matschtomaten von ihren Ladeflächen. Wir stürzten uns ins Geschehen, feierten mit unglaublich vielen Leuten, tranken Wein und sauten uns komplett ein. Es war ein riesiger Spaß.

Die Kehrseite: Ohne sich dabei ein wenig zu betrinken, war das Fest kaum auszuhalten. Es waren mindestens vierzig Grad im Schatten, und die Hitze staute sich in den Gassen. Aus allen Richtungen flogen Tomaten auf dich, was meistens einfach nur nass, stinkig und klebrig war, manchmal aber auch ganz schön schmerzhaft. Aus zwei Metern Entfernung hat sogar eine labbrige Tomate noch Paintball-Charakter. Es waren so dermaßen viele Menschen da, dass wir uns in den engen Straßen aneinanderquetschen mussten wie Sardinen in einer Dose. Wenn ich meine Taucherbrille abnahm, lief mir der klebrige Tomatensaft direkt in die Augen, und ich musste mein Gesicht sofort mit der Hand abschirmen, damit ich kein herumfliegendes Stückchen abbekam. Anfangs lagen zertretene Tomaten auf den Straßen, nach ein paar Stunden standen wir fast knietief in der Arrabiata. Spätestens ab diesem Zeitpunkt stolperten wir nur noch vorwärts und hielten unsere Sachen fest. Es war eine gute Entscheidung gewesen, an diesem Tag nur mit einem kleinen Rucksack und ohne jegliche Wertgegenstände in die Tomatensaftstraßen zu gehen. Ich bin sicher, unter der ganzen Tomatensuppe befand sich eine Schicht aus verlorenen Handys und Geldbeuteln.

Da wir aber nicht mehr ganz nüchtern waren, zelebrierten wir diese komplette Halligalli-Drecksau-Feier komplett. Ich habe noch nie so viele olle Tomaten auf einem Haufen gesehen. Jedes Mal wolltest du den Mund aufmachen, um laut zu jubeln – und BÄMM, hattest du eine Tomate drin. Es war einfach großartig. Unsere Klamotten konnten wir danach in die Tonne hauen, und es dauerte ewig, bis ich die ganzen Tomatenstücke unter der Dusche aus allen Ritzen gekratzt hatte. Aber ich bin sicher: Der Tomatensaft hat am Ende auch meinem doppelt verbrannten Oberschenkel ganz gutgetan.

KÖRPERLICHER SCHMERZ	★★★☆☆
HERZSCHMERZ	★☆☆☆☆
MINDFUCK	★★★☆☆
TOLLPATSCHFAKTOR	★★☆☆☆
GEFAHR	★★★★☆

DER TINNITUS DES REISENS

CANGGU, BALI, INDONESIEN · APRIL 2019

Wenn ich an meine Reisen zurückdenke, dann erinnere ich mich an die ganzen Museumsmomente. Wahnsinnig schöne Erlebnisse wie in Peru, als ich pinke Delfine im Amazonas gesehen, Piranhas gefischt und an einer Ayahuasca-Zeremonie teilgenommen habe. Oder ich denke ans Tauchen und Schnorcheln in Fidschi. Ähnlich eingebrannt haben sich die Holy-shit-Momente, um die es in diesem Buch hauptsächlich geht. Aber: Es gibt noch eine dritte Kategorie von Reiseerinnerungen. Das ist die Kategorie, die man gern verdrängt und an die man selten zurückdenkt, obwohl es die vielleicht nervigste Kategorie der Welt ist. Sie heißt: Ungeziefer, die einem das Leben zur Hölle machen.

Moskitos, Bettwanzen, Sandfliegen – wie sie auch alle heißen –, sobald ich eines dieser Summgeräusche am Ohr habe, geht mir schon die Pumpe. Ganz oben auf meiner Hassliste der Ungeziefer stehen ganz klar Bettwanzen. Diese Viecher sind für mich die absolute Hölle. Das erste Mal machte ich ihre Bekanntschaft in Fidschi. Noch heute erinnert mich eine fette Narbe an meiner linken Wade an ein ganz besonders ätzendes Exemplar. Die Bettwanze hatte sich nachts ordentlich an mir festgebissen und sich mit meinem Blut ein schönes Festmahl gegönnt. Die Wunde heilte ewig nicht aus, was an der hohen Luftfeuchtigkeit lag und auch daran, dass ich ständig im Meer planschen war. Ein Biss, der mir wochenlang das Leben schwer machte. Wie so ein winziger Splitter unterm Fingernagel.

Ich kann unendlich viele Geschichten von Ungeziefer erzählen, das mich zerstochen, gepiesackt, verbrannt, gebissen oder sonst was hat. Dementsprechend vorsichtig bin ich mittlerweile, wo immer auf der Welt ich in eine neue Unterkunft reinlaufe.

So auch 2019 in Indonesien. Ich war schon oft auf Bali und miete dort für gewöhnlich ein Airbnb. Damit hatte ich noch nie Probleme gehabt. Doch dieses eine Mal war es anders. Ich kam in die Bude und war erst mal zufrieden: großes Bett, eigenes Bad, alles klar. Dann fiel mein Blick auf die Matratze – und dort saß eine winzig kleine rote Wanze. »Moment! Nee, auf keinen Fall!«, sagte ich zu mir selbst. Wenn ich eine dieser Bettwanzen sehe, spult mein Gehirn sofort alle Insekten-Horror-Erfahrungen ab, die ich in zehn Jahren Weltreisen gemacht habe. Das ist ähnlich, wie wenn ich auf einem Boot stehe und es einen Windstoß gibt. Sofort schaue ich dann hoch zum Segel, weil es mir bereits zweimal passiert ist, dass ich auf offener See war und das Teil aufgrund von Sturm gerissen ist. Diese Assoziation ist in mein Unterbewusstsein wie mit einem glühenden Eisen eingebrannt. Was mir beim Thema Bettwanzen eingebrannt ist: juckende, brennende und nässende Wunden. Ekelhaft.

Ich stapfte also sofort wieder aus dem Zimmer. Denn eines weiß ich über Bettwanzen genau: Es sind Rudeltiere. Wenn du eine sehen kannst, gibt es Hunderte. Dann ist da mit Sicherheit eine ganze Armada am Start, die in den Ritzen lauert und wartet, bis du eingeschlafen bist. Es macht auch null Sinn, die Dinger aufzusammeln. Das ist ein Kampf gegen Windmühlen. Zerdrücken kannst du die Kerle auch nicht, denn sie haben irgendeine Art Stoßdämpfer eingebaut: Du kannst so fest drücken, wie du willst, sie gehen nicht kaputt. Da musst du sie wirklich schon zwischen zwei Finger nehmen und zwirbeln, bis die Dinger platzen. Und mal ehrlich: Wer hat darauf Bock? Ich nicht.

Es ging bereits auf Mitternacht zu, weshalb es mich nicht völlig verwunderte, dass in dem kleinen, verglasten Security-Häuschen, das zum Airbnb gehorte, niemand mehr saß. »Hm, wo ist der Typ?«, murmelte ich vor mich hin und schaute mich um. Erst nach einer Weile bemerkte ich, dass der Security-Angestellte gar nicht weg war, sondern auf dem Boden hinter der Glasscheibe schlief. Ich versuchte, mich bemerkbar zu machen. In Indonesien kommt man mit der typisch deutschen Attitüde aber nicht weit. Mit »Einen schönen guten Abend, Herr Security, würden Sie kurz aufwachen?« holst du dort einfach niemanden aus dem Tiefschlaf. Deshalb reagierte der schlummernde Angestellte auch weder auf mein leises »Hello? Sir?« noch auf zaghaftes Klopfen. Also warf ich meine Manieren über Bord, hämmerte volle Kanone gegen die Scheibe und rief laut: »HEEEE-LOOOOOO!!!«

Damit hatte ich Erfolg – allerdings mehr, als ich selbst erwartet hatte. Der Typ riss die Augen auf, sprang erschrocken hoch und schrie: »Was? Wie? Wo? Wer?« Dass er sich so erschreckte, erschreckte wiederum mich. Ich machte einen großen Satz zurück und schrie ebenfalls: »Wah! Fuck!« Dass wir uns beide fast in die Hose machten, hatte zumindest ein Gutes: Wir waren nun beide knallwach. Als wir uns beruhigt hatten, erklärte ich, was los war, und bat um ein neues Zimmer.

»Sorry, das tut mir leid, aber wir haben gerade nichts anderes frei«, der Security-Typ zuckte bedauernd mit den Achseln. »Aaaaber«, ein Lächeln breitete sich auf seinem Gesicht aus, »ich kann dir trotzdem helfen. Hiermit!« Er hielt mir ein Insektenspray unter die Nase.

Ich starrte ihn ungläubig an. »Nee, Mann, ich kann hier nicht übernachten, schau dir das doch selbst an!«, forderte ich ihn auf.

Gemeinsam tigerten wir in mein Zimmer, wo sich der Typ direkt daranmachte, alle Oberflächen und Wände einzusprühen. Keine Ahnung, ob er überhaupt gecheckt hatte, was Bettwanzen sind. Nach einer Weile machte er sich dann doch über mein Bett her und sprühte es großzügig ein. Ich sah fassungslos-fasziniert dabei zu, wie er mein Kopfkissen mit den Chemikalien vollpumpte. Als er fertig war, blickte er mich begeistert an: »Alles wieder gut! Sie können jetzt in Ruhe schlafen.« Ja klar. Statt von Bettwanzen malträtiert zu werden, sterb ich halt einfach an einer Chemiekeule. Ich mein: Hä?

Ich sah jedoch ein, dass ich argumentativ nicht weiterkam. Auch hatte ich keine Lust, mitten in der Nacht durch Canggu zu latschen, um mir eine neue Bleibe zu suchen. Ich ergab mich also meinem Schicksal, stapelte meine Klamotten neben dem Bett auf und versuchte, auf diesem provisorischen Lager zur Ruhe zu kommen. Keine fünf Minuten war das Licht aus, da krabbelten die ersten Wanzen schon ganz aufgeregt in meine Richtung: »Juhu! Lecker Fressen!«

Ich fluchte: »Ihr Wichser!«

Am Ende schlief ich auf dem Kachelboden im Bad. Aber erst, nachdem ich den Spalt unter der Tür mit einem Handtuch hermetisch gegen die Wanzen abgeriegelt hatte.

Wenn ich jetzt aber an Bali zurückdenke, dann erinnere ich mich trotzdem wieder nur an die ganzen tollen Erlebnisse: an das Essen, die Surf-Sessions oder an einen phänomenalen Trip nach Java. Die Bettwanzen sind im Nirwana der Erinnerung verschwunden. Was das Erinnern an sich angeht, ist das ja auch gut so. Aber Ungeziefer sind halt wie ein Tinnitus, der beim Reisen immer da ist und nervt. Jeder, der seine Sachen packt und sich mit einem breiten Grinsen aufmacht, um die Welt zu bereisen, sollte das wissen. Die Viecher werden dich an den Rand des Wahnsinns treiben. Dann wachst du morgens auf nach einer beinahe schlaflosen Nacht, in der du stundenlang versucht hast, sämtliche Moskitos ins Jenseits zu befördern – und zählst trotzdem 87 Stiche an einem einzigen Bein. Oder du stehst mitten im Dschungel und siehst zum ersten Mal ein wildes Tier, dessen Anblick dich total flasht – aber mit einer Hand versuchst du die ganze Zeit, pupsende Tausendfüßler und Feuerameisen von dir fernzuhalten.

Manchmal frage ich mich, welche Daseinsberechtigung diese Insekten noch haben, außer uns permanent komplett auf die Eier zu gehen. In jedem warmen Land, in dem nicht gerade eine steife Brise weht, können dir Moskitos jede Atmosphäre ganz wunderbar zerstören. Ob das nun ein wunderschöner Sonnenuntergang ist oder du einfach mit anderen in einer gemütlichen Runde zusammensitzt. Irgendwann kommt immer etwas Geflügeltes oder Mehrbeiniges um die Ecke und denkt sich: »Geil! Die Party mach ich jetzt mal kaputt.«

Ich sag immer: Moskitos sind wie Tequila. Du kannst den ganzen Abend Wein, Rum oder Gin trinken. Alles schön und gut. Aber sobald Tequila ins Spiel kommt, fängst du an zu kotzen. Genau wie bei Moskitos. Wenn die um die Ecke kommen, ist der Abend auch gelaufen.

Wobei ich bei Moskitos noch nicht mal das Stechen oder Jucken am schlimmsten finde. Das Nervtötendste ist dieses elendige Insektengebrumme. Als ob ein Militärbomber neben deinem Ohr fliegen würde: »BROOO-

OOOOMMMMMMMM!« Moskitos müssen sich eben immer lautstark ankündigen: »Hallo, Nick! Übrigens: We're gonna fuck up your life! Now.«

KÖRPERLICHER SCHMERZ	★☆☆☆☆
HERZSCHMERZ	☆☆☆☆☆
MINDFUCK	★★☆☆☆
TOLLPATSCHFAKTOR	★★★★☆
GEFAHR	★★★☆☆

PFFFFFT …

DER NORDEN SALTAS, ARGENTINIEN · FEBRUAR 2019

Ich liebe Roadtrips. Steffi geht es genauso. Als wir 2019 nach Argentinien gereist sind, beschlossen wir, den Norden des Landes mit dem Auto zu erkunden. Wir mieteten für umgerechnet zwölf Euro pro Person und Tag einen kleinen, stinknormalen Pkw. Unser Startpunkt war Salta, relativ weit oben im Norden, wo es wunderschöne Natur und superleckere Steaks gibt. Als Ziel hatten wir uns ausgesucht, in zehn Tagen die Salinas Grandes zu erreichen, sozusagen eine kleine argentinische Schwester der großen Salzwüste in Bolivien, der Salar de Uyuni.

Als wir im Auto saßen, die Fenster herunterkurbelten und die Musik anmachten, konnten Steffi und ich uns ein großes Grinsen nicht verkneifen. Das war genau das Freiheitsgefühl, das wir so lieben. Abgesehen von Start und Ziel, hatten wir keinen großen Plan und ließen uns einfach treiben. Kurz hinter Salta hielten wir an einem kleinen Geschäft, um uns mit Proviant zu versorgen. Betrieben wurde der Laden, der wie eine Mischung aus Bäckerei, Metzgerei und Tante-Emma-Laden wirkte, von einer freundlichen Familie – Vater, Mutter und Sohn. Die drei erkannten sofort, dass wir nicht aus der Gegend waren, und fragten uns, wohin wir unterwegs waren. Als wir von unserem groben Plan berichteten, überhäuften sie uns mit Tipps. Wir verquatschten uns bestimmt eine halbe Stunde.

Nachdem wir uns, beladen mit Essen und Getränken, von den netten Leuten verabschiedet hatten, ging es weiter über Stock und Stein. Die Landschaft veränderte sich gefühlt alle zehn Minuten: Steppen mit unzähligen Kakteen, in denen wunderbar Westernfilme gedreht werden könnten, wechselten sich mit riesigen Feldern voll großer spitzer Steine ab, die uns vorkamen wie von einem anderen Planeten. Nördlich von Córdoba fanden wir uns dann zwischen lauter Weinbergen wieder. Dort probierten wir übrigens zum ersten Mal Eis, das aus Wein hergestellt wird. Kann ich nur empfehlen.

Irgendwann gelangten wir auf die Ruta Nacional 40, neben der Panamericana die bekannteste Fernstraße in Südamerika. Sie zieht sich einmal längs durch Argentinien. Anfangs kamen uns noch andere Autos entgegen, doch je länger wir fuhren, desto einsamer wurde es. Weil wir mit Quatschen, Musikhören, Essen und Landschaftenanschauen beschäftigt waren, fiel uns erst nach etwa eineinhalb Stunden auf, dass wir das einzige Auto weit und breit waren. »Eigentlich merkwürdig«, sagte ich zu Steffi, »bei so einer großen Fernstraße, oder?«

Wenig später musste ich die Geschwindigkeit drosseln, da sich eine riesige Wasserlache über die ganze Straße zog. Sie war jedoch nicht tief, also konnten wir langsam hindurchfahren. Kaum waren wir um die nächste Kurve gebogen, stand jedoch die Straße schon wieder unter Wasser. Eine Art Bach plätscherte in aller Seelenruhe über die Fahrbahn. Wir stiegen aus, checkten die Lage und hielten einen Stock ins Wasser. Wieder nicht allzu tief. »Easy, da können wir ohne Probleme durch«, sagte ich, und wir stiegen wieder ein. Wir mussten beide lachen, als sich uns wenig später ein dritter Bach in den Weg stellte. Was war denn hier los? Zack, aussteigen, Wasserstand prüfen, alles okay – und rüber.

So einfach machte es uns das nächste Hindernis leider nicht. »Na super«, sagte Steffi, als ich anhielt, »wie sollen wir denn da rüber?« Vor uns lag ein etwa zwanzig bis dreißig Meter breiter Straßenabschnitt, über den der Berg nebenan einmal sein ganzes Geröll geschüttet hatte. Dazwischen hatte sich ordentlich Wasser gesammelt. Da standen wir also: Hinter uns ein paar Highway-Wasserläufe, vor uns ein riesiges Feld aus Kiesel-Schotter-Pampe. Ich schaute auf den Wagen, dann auf die Felsen und Steine, dann wieder auf den Wagen. Mein Bauchgefühl sagte: »Hm, nee, eigentlich gar keine so gute Idee.« Steffis

Bauchgefühl schien ähnlich zu sein: »Also ich weiß nicht, sind wir überhaupt noch auf der richtigen Straße? Es gibt überhaupt keine anderen Autos – und jetzt ist hier auch noch diese Schotterpiste.«

Bauchgefühl 1 und Bauchgefühl 2 hatten also eindeutige Meinungen. Doch wie das auf Reisen manchmal so ist: Was soll's, du machst es trotzdem. Im Spiel »Abenteuer gegen Instinkt« verliert unterwegs sehr oft der Instinkt. Das führt zwar dazu, dass man immer wieder aus seiner Komfortzone heraustritt, aber ganz ehrlich: Manchmal sollte man auch echt mal auf sein eigenes Bauchgefühl vertrauen. Bloß: Erzähl das mal einem Nick auf einem Roadtrip durch Argentinien.

Obwohl Steffi nicht wirklich überzeugt war, einigten wir uns darauf, einen Versuch zu wagen, dabei aber schön langsam zu fahren. Ich setzte mich hinters Steuer, Steffi navigierte mich von außen an den größten Brocken mit den schärfsten Kanten vorbei. Ich lenkte das Auto im Zickzack nach Steffis Anweisungen durch den ganzen Schotter. Es war brenzliger, als wir uns das vorgestellt hatten, und ich hatte alle Hände und Füße voll damit zu tun, zu kuppeln, zu bremsen, langsam Gas zu geben, scharf einzulenken und wieder zurückzusetzen. Ab und zu musste Steffi Steine aus dem Weg räumen, weil es sonst nicht weitergegangen wäre. Nach einer Weile wurden es mehr und mehr Steine, dann wurde das Wasser tiefer, und schließlich drehten die Reifen durch. Ich war gedanklich schon längst an dem kritischen Punkt angekommen, an dem ich mich fragte, ob das tatsächlich so eine gute Idee gewesen war. Ein Blick zurück sagte mir jedoch: Okay, umdrehen macht jetzt auch keinen Sinn mehr.

Auf den allerletzten Metern erwischte ich mit dem linken Hinterreifen einen spitzen Stein und hörte dieses eine Geräusch, das wirklich niemand, der einen Roadtrip durch Argentinien macht und sich gerade auf einer verlassenen Straße im Nirgendwo befindet, hören möchte: »PFFFFFT.«

Ich blickte aus dem Fenster und dachte: »Scheiße, nein!«

Im gleichen Moment tauchte Steffi an der Fahrerseite auf: »Scheiße, nein!«

Ich trat noch mal aufs Gas, und wir waren raus aus der Schotterpiste. Da hatten wir drei oder vier Flüsschen und nun auch noch einen gefühlt nicht überquerbaren Steinschlag überwunden, der mit lauter kleinen Wassergräben gespickt war – und im allerletzten Moment platzte uns ein Reifen! Nun standen wir nebeneinander auf der Straße, vor uns unsere Karre in Schieflage, und starrten auf den platten Reifen.

»Joa. Was macht man da jetzt eigentlich als Erstes?« Ich kratzte mich am Kopf. In meinen damals 32 Lebensjahren war ich nie in eine Situation geraten, in der ich einen Reifen hatte wechseln müssen. Steffi ebenfalls nicht. Mal abgesehen davon, hatten mein Bruder und ich wohl »Schnick, Schnack, Schnuck« gespielt, bevor wir auf die Welt gekommen waren. Ich hatte verloren und musste mit zwei linken Händen durchs Leben gehen, während er mit zwei rechten Pfoten sogar eine Ausbildung zum Kfz-Mechaniker absolviert hatte. Wenn es um Handwerk und Autos geht – oder beides zusammen –, kann man mein fachliches Level ungefähr so beschreiben: Ich kann nicht mal eine Zündkerze von einem Zigarettenanzünder unterscheiden. Bisher war ich mit diesem ungeheuren Fachwissen im wahrsten Sinne des Wortes auch immer gut gefahren. Weder hatte ich Probleme gehabt, als ich im Van durch Australien gereist war, noch hatte ich in Vietnam jemals eine Schraube an meinem Motorrad nachziehen müssen. Und ich sage mal so: Was das angeht, befinden Steffi und ich uns auf einer ganz angenehmen Augenhöhe.

»Ja, scheiße«, sagte Steffi noch einmal. »Haben wir eigentlich ein Ersatzrad oder so was?«

Wir machten uns auf die Suche. Glücklicherweise fanden wir nicht nur ein Ersatzrad, sondern auch einen Wagenheber. Eine Weile probierten wir herum und schafften es schließlich, das Ding anzusetzen. Im Nachhinein stellte sich heraus, dass wir es uns unnötig schwer gemacht hatten, weil wir manuell gekurbelt hatten, anstatt einfach an einem Rädchen zu drehen. Aber das wussten wir zu diesem Zeitpunkt glücklicherweise nicht. Wir hatten noch eine halbe Pizza auf dem Rücksitz und beschlossen: Die würden wir wie Helden genießen, sobald das Ersatzrad am Wagen festgemacht war.

Vierzig Minuten später hatten wir es mit vereinten Kräften geschafft. Das Ersatzrad sah zwar aus wie ein dicker Fahrradreifen, aber es würde schon gehen. Vorausgesetzt, wir kreuzten nicht noch eines dieser Hindernisse.

Um es kurz zu machen: Wir kreuzten wieder eines dieser Hindernisse. Nur drei Kurven weiter standen wir erneut neben unserem Auto und blickten auf eine Menge Wasser.

»Ich sage es nur ungern«, meinte Steffi neben mir, »aber ich glaube, wir müssen jetzt wirklich umkehren.«

Ich war jedoch noch nicht so weit, die ganze Sache aufzugeben: »Hey, wo ist dein positiver Spirit geblieben?«, gab ich lachend zurück, öffnete die Fahrertür und sah mir das Bächlein genauer an. Allerdings war dieses im Vergleich zu den vorigen mehr ein Fluss. Das stellte ich fest, als ich versuchte hineinzuwaten, um die Tiefe auszuchecken. Schon nach wenigen Schritten versank ich knietief in der Grütze. Ich drehte mich um und verglich die Türhöhe des Autos mit der Tiefe des Wassers. »Ja, möglicherweise könnte das eventuell ein kleines Problem geben«, stellte ich trocken fest. Doch noch immer pulsierte meine No-risk-no-fun-Ader.

Steffi war zum Glück rationaler drauf: »Nick, das ist doch echt eine Scheißidee! Lass uns wieder zurückfahren.«

Obwohl ich wusste, dass sie im Recht war, startete ich eine kleine Diskussion: »Dann müssen wir aber wieder durch die Steinpiste und durch die anderen Bäche durch – und dann noch mal eineinhalb Stunden die ganze Strecke zurück!«

Letztendlich machte ich bei diesem Roadtrip dann das, was ich immer bei Roadtrips mit Steffi mache: Ich tat das, was die Frau sagte. Es stellte sich heraus, dass es genau das Richtige war. Wir schafften es mit mehr Glück als Verstand samt unserem Fahrradreifen durch die Geröllhalde und alle Flüsschen. Mit sagenhaften fünfzig Kilometern die Stunde – ich wusste nicht, was unser Miniersatzreifen aushielt – tuckerten wir dann die Straße in dieselbe Richtung zurück, aus der wir gekommen waren. Nachdem wir ein paar ausgestorbene Ortschaften in trister Landschaft passiert hatten, erreichten wir ein kleines Städtchen, in dem wir einen Helfer fanden: einen kleinen Argentinier Mitte sechzig namens Señor Jerez. Er werkelte gerade in seinem Garten herum, und an seinem Haus stand »Borracharia«, was so viel heißt wie »Reifenservice«. Perfekt.

Nachdem wir Señor Jerez erzählt hatten, was uns passiert war, legte er seine Geräte weg und sagte: »Alles klar, ich schau mir das mal an.«

Im Nullkommanichts – es kam mir vor wie zwei Handgriffe – hatte er das Auto aufgebockt und den Fahrradreifen abgeschraubt. Dann löste er den kaputten Reifen von der Felge, und innerhalb weniger Minuten hatte er nicht nur das Loch gefunden, sondern auch schon geflickt. Noch zwei Handgriffe – und das Auto stand da wie vor der Schotterpiste. Ich schwöre: Gäbe es einen Marvel-Superhelden mit Wagenheber, er hieße Señor Jerez. Das zeigte sich auch, als wir ihn bezahlen wollten: »Nein, nein, ist schon okay«, er hob abwehrend die Hände. »Habe ich gern gemacht.« Wir waren ihm aber so dankbar, dass wir ihm trotzdem ein paar Pesos aufnötigten. Umgerechnet vielleicht zehn Euro, mehr ließ er nicht zu. Er wollte uns dann sogar noch die Hälfte zurückgeben.

Die nächsten Tage verliefen problemlos, und wir genossen die fantastische Landschaft im Nordwesten Argentiniens. Wir bewunderten den Cerro de los Siete

Colores, einen bekannten Berg in den Anden, der durch verschiedene Mineralschichten in mehreren Farben schimmert. Bei Purmamarca gerieten wir in krasse Regenschauer. Auch nahe San Antonio de los Cobres erlebten wir ein beeindruckendes Unwetter. Wir fuhren gerade über eine Anhöhe, als direkt vor uns mehrere Blitze neben der Straße einschlugen. Um uns herum dröhnte der Donner. Wir hatten übelst Schiss. Ich versuchte, Steffi und mich selbst zu beruhigen, indem ich davon erzählte, wie sicher wir in einem Auto seien. Schließlich sagt man ja, dass Autos wie faradaysche Käfige sind, die Blitze einfach in den Boden leiten. Trotzdem war ich froh, als wir San Antonio de los Cobres erreichten. Es regnete noch immer, und wir suchten uns in der ausgestorben wirkenden Industriestadt schnell eine Gästeunterkunft. Leider war es dort – im Gegensatz zur Stadt allgemein – brechend voll. Eine argentinische Volleyball-Schulmannschaft hatte sich ebenfalls hier eingemietet und machte die ganze Nacht einen solchen Lärm, dass wir kaum ein Auge zubekamen. Aber selbst wenn es leiser gewesen wäre, hätten wir vermutlich wenig geschlafen, denn es war bitterkalt. San Antonio liegt auf 3775 Meter Höhe, und dementsprechend windig und kühl ist es dort. Steffi und ich krochen fröstelnd unter die Decken, stellten unser Nachttischchen wie ein Tablett auf unser Bett und mümmelten Empanadas, die wir tagsüber besorgt hatten.

Am nächsten Tag, nachdem wir wieder aufgetaut waren, machten wir uns auf den Weg nach Purmamarca. Dort stießen wir in der Wüstenlandschaft auf frei laufende Alpakas, was uns riesig freute. Wir betrachteten diese wolligen argentinischen Kamele eine Weile. Auch einige Wildpferde waren dabei. Als wir weiterfuhren und ich ein wenig kräftiger aufs Gaspedal trat, hörte ich wieder dieses Geräusch von hinten links: »PFFFFFT.«

Ich hielt an, wir stiegen aus und starrten schweigend auf den wieder platten Reifen. »Ach, das ist doch scheiße!«, kommentierte ich. Ehrlicherweise muss man sagen: Ich war selber schuld. Ist vielleicht nicht so eine brillante Idee, einen geflickten Reifen die ganze Zeit mit achtzig oder neunzig Stundenkilometern über die steinigen Straßen zu prügeln. Aber gut, man macht eben so lange den gleichen Fehler, bis man daraus lernt.

Dieses Mal ging ich schon etwas geübter an die Sache mit dem Wagenheber, denn ich hatte Señor Jerez zugeschaut. Mit dem Fahrradreifen brauchten wir ewig in die nächste Ortschaft, aber glücklicherweise fanden wir auch dort wieder eine Borracharia, bei der unser Reifen ein zweites Mal geflickt werden konnte.

Bei der Rückgabe des Mietwagens gab man sich gelassen: »Reifen zweimal geflickt? Alles easy, kein Problem.« Ich wüsste gern, welche Erfahrungen unsere Nachmieter mit dem Wagen gemacht haben.

Steffi und mich hat der Roadtrip auf jeden Fall zusammengeschweißt. Und hey: Endlich weiß ich, wie man Reifen wechselt! Bevor wir uns in unser nächstes Abenteuer stürzten, kauften wir in einem Shop noch ein kleines Stoffalpaka als Erinnerung an diese zehn unvergesslichen Tage. Das steht noch heute bei Steffi zu Hause im Regal und trägt den ehrenvollen Namen Señor Jerez.

KÖRPERLICHER SCHMERZ	☆☆☆☆☆
HERZSCHMERZ	★★☆☆☆
MINDFUCK	★★★★★
TOLLPATSCHFAKTOR	☆☆☆☆☆
GEFAHR	★☆☆☆☆

DO IT FOR THE GRAM

SOCIAL MEDIA · 24/7

Wenn es aus meiner Sicht in den letzten Jahren etwas gab, was das Reisen mit am meisten verändert hat, dann ist das Social Media. Du öffnest Instagram und siehst Bilder von leuchtenden Städten und wunderschönen Stränden. Ein Pärchen hebt seine Hände, die sich zu einem Herzchen vereinen, hinter dem gerade in den schillerndsten Farben die Sonne untergeht. Was passiert mit dir, wenn du solche Bilder siehst? Denkst du: »Wow, an diesem Ort will ich auch sein! Wenn diese Leute dort so eine phänomenale Zeit haben, muss ich nur irgendwie dorthin, dann geht es mir auch gut.« Oder andersherum: »Krass. Es gibt Menschen, die leben ihr bestes Leben. Dagegen ist mein Alltag doch langweilig!« Kennst du diese Gedanken?

Mit Instagram-Bildern von Influencern im Hinterkopf auf Reisen zu gehen kann in Enttäuschung enden. Denn was ist, wenn du an diesen Strand kommst – und es regnet? Oder wenn du dir eine Magen-Darm-Verstimmung einfängst? Bist du dann gescheitert?

Aus meiner Sicht zeichnen Instagram-Fotos oft ein komplett falsches oder zumindest nicht jeden Tag reales Bild des Reisens. Dann findest du dich vielleicht auf einer wunderschönen Dachterrasse in der Türkei wieder, aber du hast KEIN fließendes, langes Kleid an, und vor dir sitzt NICHT die Liebe deines Lebens, und in genau diesem Moment kommt eben KEIN Heißluftballon um die Ecke.

Ich gehe noch einen Schritt weiter und sage: Die heutige Darstellung des Reisens ist nicht nur mit Filtern überfrachtet und entspricht nicht der Realität, sondern sie ist auch gefährlich. Denn sie spiegelt eine Welt wider, die es nicht gibt.

Natürlich sind wir im besten Fall mündige Erwachsene und wissen mit Social Media umzugehen. Es gibt auch Hunderte positive Dinge in Sachen Reisen, die durch soziale Netzwerke entstanden sind – allein was Vernetzung angeht. Doch Instagram und Co. können auch viel kaputt machen. Dazu brauchen wir nicht einmal Influencer. Unser eigenes Verhalten reicht schon aus.

Als ich mich vor zehn Jahren auf den Weg machte, war Social Media noch kein großes Thema. Jedenfalls kein so großes wie heute. Ich hatte eine stinknormale Digitalkamera dabei und verschwendete keinen Gedanken daran, wie viele Menschen mir ein Like für einen Sonnenuntergang geben würden. Ich reiste nur für einen: für mich selbst. Dafür bin ich heute sehr dankbar. Ich musste mich nie fragen: Posten oder nicht posten? Oder: Nehme ich mir jetzt mal eine Offline-Zeit?

Das hatte natürlich auch unbequeme Seiten. Weil ich kein Smartphone und keinen Laptop hatte, musste ich mich stundenlang mit der Suche nach Internetcafés herumschlagen. Dann saß ich da vor einer Leitung, die, wäre sie noch langsamer gewesen, rückwärts gelaufen wäre. Es verging manchmal ewig viel Zeit, bis ich über die Couchsurfing-Plattform einen Host gefunden hatte, der mir sein Sofa überließ. Ähnlich war es bei Recherchen zu Reisewegen oder Abenteuern. Ich musste andere Menschen fragen – was mich aber auch ganz anders mit der Welt in Kontakt gebracht hat, als wenn ich einfach auf meinem Smartphone rumgedrückt und irgendwelche Foren befragt hätte.

Heute ist das anders, denn alles spielt sich auch online ab. Sogar parallel. Wie oft sitze ich am Strand, und um mich herum chillen Dutzende Smartphones, an denen hinten dran Menschen hängen. Manchmal möchte ich rufen: »Leute! Ja, das ist ein grandioser Sonnenuntergang, einer der schönsten, die ich je gesehen habe. Aber ihr betrachtet den ja alle nur durch euer Display! Ihr verpasst das meiste, weil ihr mit Posten und dem Hashtag #bestsunsetever beschäftigt seid!«

Ich denke, vielen ist nicht klar, dass ein Teil ihres Lebens vorbeizieht, während sie es im Internet teilen. Im besten Fall verpassen sie ein paar Museumsmomente. Im schlimmsten Fall setzen sie sich ständig unter Druck, das nächste schöne Foto zu posten oder die nächste wahnsinnige Story aufzunehmen.

Doch sie schaden in meinen Augen nicht nur sich selbst damit. Denn mit diesen Fotos und Storys zeichnen sie eben auch dieses bestimmte Bild, das sagt: »Yeah, Reisen ist das Beste der Welt, weil du 24/7 glücklich bist und nur wahnsinnige Sonnenuntergänge siehst.« Was für ein Bullshit. Warum ist auf Social Media nicht alles ein bisschen ehrlicher? Reisen ist genauso sehr über der Kloschüssel hängen und sich die Seele aus dem Leib kotzen wie einen schönen Sonnenuntergang am Strand von Bali sehen. Manchmal kotzt man sogar während des schönen Sonnenuntergangs auf Bali. Aber das sagt keiner. Alle verkaufen das Reisen als eine Art Zaubertrank, als Allheilmittel für das Leben. Sie zeigen nur die schönen Seiten.

Doch es geht nicht darum, Händchen haltend unter einer Palme zu sitzen. Für das Reisen gibt es so unendlich viele Beweggründe. Manche reisen, weil ihnen das Herz gebrochen wurde oder weil sie irgendetwas nicht mehr aushalten. Andere reisen, weil sich etwas ändern soll oder weil sie sich selbst finden müssen. Dann gibt es Leute, die Abenteuer jagen. Ich meine: Wer läuft denn zum Beispiel den Jakobsweg wegen der schönen Aussicht? Für jeden ist Reisen etwas anderes. Was es definitiv nicht ist: immer nur schön. Es ist deshalb völlig in Ordnung, nach einem Jahr Weltreise zu der Erkenntnis zu kommen, dass es nichts für dich ist. Genauso wie es völlig in Ordnung ist, einen Nine-to-five-Job gut zu finden. Leben und leben lassen. Jeder so, wie er es braucht und haben will. Was dir Social Media aber ständig vermittelt, ist das hier: »Wie, du hast nur drei Wochen Urlaub im Jahr und baust ein Eigenheim? Loser! Schau mich an, im Gegensatz zu dir habe ich den Heiligen Gral gefunden und LEBE.«

Für mich ist das Reisen genau das Richtige. Aber würde ich es deshalb anderen als einzige Wahrheit aufdrängen? Mit Sicherheit nicht. Stattdessen frage ich mich eher: Wenn euer Sonnenuntergang-Leben so krass toll ist, warum braucht ihr dann eigentlich noch die ganzen Likes?

Natürlich kann ich über Social-Media-Nutzung auf Reisen nur deshalb so reden, weil ich genau weiß, wie sich das anfühlt. Auch ich bin schon dieser Social-Media-Aufgeilerei verfallen. Aber es kam der Moment, an dem ich mich gefragt habe: »Mache ich das noch für mich?« Viel zu oft passte eine bekannte Redewendung als Antwort: Do it for the gram. Das bedeutet so viel wie, dass du Dinge nur deswegen tust, um sie fotografieren und dann auf Instagram posten zu können. Es geht nur noch um die absolut süchtig machende Internetwährung: Likes und Follower. Oder anders ausgedrückt: um binär codierte Aufmerksamkeit.

Wenn du während eines wunderbaren Reisemoments dein Smartphone aus der Tasche ziehst, um ein Foto zu machen, stelle dir folgende Fragen: Mache ich das Bild für meine eigene Erinnerung? Möchte ich andere aufmuntern oder weit entfernte Freunde und Familie an meinem Leben teilhaben lassen? Möchte ich jemanden inspirieren? Oder will ich anderen zeigen, was für eine verdammt coole Socke ich doch bin? Bin ich angewiesen auf Anerkennung und Bestätigung in Form von Likes und Kommentaren von außen, um einen Moment erst genießen zu können?

Wenn du die letzten zwei Fragen bejahen kannst, dann solltest du dein Handy weglegen und bewusst bei dir bleiben. Das ist kein Befehl, aber ein ehrlich und gut gemeinter Rat. Ich selbst habe schon viel zu viele schöne Momente nur durchs Handy erlebt.

Im Rückblick bin ich wirklich froh, dass ich mir diese Fragen in meinen ersten Reisejahren überhaupt nicht stellen brauchte. Ich war einfach nur mit mir selbst – und für mich selbst – unterwegs. Ich bin überzeugt davon, dass meine Bühnenshow *Die geilste Lücke im Lebenslauf. 6 Jahre Weltreisen* auch deshalb so gut ankam, weil die Bilder, Videos und Geschichten authentisch waren. Da gab es nichts Einstudiertes, Gefiltertes oder Choreografiertes, mal abgesehen von meinem The-Crazy-Crab-Dance. Obwohl die Jury von *Let's Dance* gesammelt in Ohnmacht fallen würde, wenn ich mit meinem Krabbentanz einmal quer über deren Bühne hampeln und dabei von »Choreografie« sprechen würde. Zu Recht. Es war einfach nur Blödsinn, der einen Haufen Spaß gemacht und viele Leute zusammengebracht hat.

Social-Media-Nutzung beim Reisen ist nicht per se schlecht. Was mir Falten in die Stirn gräbt, sind die stilisierten Bilder, die dir einreden wollen, was du verpasst. Obwohl es das, was du auf den Bildern siehst, irrsinnigerweise gar nicht genau so gibt, wie es präsentiert wird.

Wenn ich heute reise, nutze ich Social Media. Ich hole mein Handy oder meine Kamera aus der Tasche, weil das Reisen ein großer Teil meiner Selbstständigkeit ist. Ich fotografiere einerseits gerne, weil ich Erinnerungsfotos liebe – wie wohl die meisten anderen auch. Auch mag ich das Fotografieren generell, also die Technik und das Ausprobieren. Und natürlich drücke ich auch mit dem Gedanken auf den Auslöser, dass ich ein Bild vielleicht in einem Buch oder für eine Show nutzen kann. Ich bin mir dessen bewusst und versuche, es deshalb immer in Grenzen und vor allem realistisch zu halten. Ich teile meine guten, aber auch meine schlechten Erfahrungen. Ich achte darauf, nicht in diesen Social-Media-Hype zu verfallen, bei dem digitales Feedback wichtiger ist als alles andere und wo es mir den Tag versaut, wenn ich weniger Likes bekomme, als ich erwarte.

Die Frage aller Weltreisefragen ist: Warum gehst du reisen? Die Antwort sollte niemals lauten: »Ich will an schönen Orten sein, um geile Fotos zu schießen, die ich anderen Leuten unter die Nase halten und mir danach selber auf die Schulter klopfen kann.« Meiner Erfahrung nach sollte die Antwort mehr in diese Richtung gehen: »Ich will mich herausfordern, will daran wachsen, mich entwickeln, mich jeden Tag neu kennenlernen und meinen Horizont erweitern.«

Eines habe ich auf Reisen gelernt: Ich weiß nichts. Null. Selbst wenn ich dachte, dass ich alles wisse, wurde ich schnell eines Besseren belehrt. Jeder Mensch, jeder Ort, jede Begebenheit auf dieser Welt bieten dir Tag für Tag die Möglichkeit, etwas zu lernen. Diese Einstellung fürs Reisen habe auch ich erst entdeckt, sie war nicht von Anfang an da.

Viele der inspirierendsten Abenteurer, die Menschen wie ich heute bewundern, sind auf Reisen gegangen, weil sie lernen, an ihre Grenzen gehen oder die Welt verändern wollten: Jochen Schweizer, Reinhold Messner, Laura Dekker, Rüdiger Nehberg, Rosie Swale Pope und wie sie alle heißen. Niemand von ihnen ist wegen Instagram oder für eine Bestätigung von außen gereist. Sie alle haben es für sich und ihren Horizont getan und weil sie Hummeln im Hintern hatten. Natürlich nutzen viele auch die Möglichkeiten des Internets, um ihr Business aufzubauen oder mithilfe der digitalen Reichweite Aufmerksamkeit für einen bestimmten Zweck zu generieren. Aber wenn, dann kam das oft erst danach und gerade weil das Reisen zum Teil ihres Lebens geworden ist.

Manchmal bin ich ein bisschen neidisch, wenn mein Vater mir erzählt, wie er in den 70er-Jahren gereist ist. Er hatte nicht im Entferntesten die Möglichkeiten, die ich heute habe. Aber hat das seine Reise weniger ergiebig gemacht? Nein. Nicht mal im Ansatz.

Irgendwo habe ich gelesen, dass Leute im Silicon Valley penibel darauf achten, ihre Kinder nicht vor Smartphones oder Tablets zu setzen. Weil das einerseits die Kreativität in den Keller jagt und andererseits der absolute Overkill für unser Gehirn ist. Durch Social Media werden wir tagtäglich mit so vielen Eindrücken aus aller Welt zugeballert, dass wir gar nicht in der Lage sind, jeden davon zu verarbeiten. Das endlose Geratter frustriert uns eher und macht depressiv. Ob das wissenschaftlich erwiesen ist oder nicht, ist mir wurst, denn zumindest habe ich für mich genau diese Erfahrung gemacht.

In jedem Fall kann ich sagen: Bilder auf Instagram posten macht meine Reisen nicht wertvoller und mich selbst nicht glücklicher. Weil ich das weiß und für mich verinnerlicht habe, kann ich ruhigen Gewissens auch Erlebnisse auf Instagram und Co. posten – bewusst und achtsam. Und das ist auch ein Rat, den ich gerne weitergebe, wenn jemand mit Sack und Pack vor mir steht und im Begriff ist, zu einer langen Reise aufzubrechen.

KÖRPERLICHER SCHMERZ	★★★★★
HERZSCHMERZ	☆☆☆☆☆
MINDFUCK	★★★★★
TOLLPATSCHFAKTOR	★★★☆☆
GEFAHR	★★★★★

GOOGLE FRAGEN UND STERBEN

WORLD WIDE WEB · 24/7

Da wir gerade bei den Fallstricken des digitalen Zeitalters sind – einen hab ich noch! Obwohl man es eigentlich besser weiß, tut man eine Sache nämlich immer wieder, und nicht nur auf Reisen: nach Krankheitssymptomen googeln. Was ich laut Suchmaschine nicht alles schon für Krankheiten hatte! Da wird aus Bauchschmerzen schnell eine Armee Aliens, die sich in deinem Magen auf die Übernahme der Weltherrschaft vorbereiten. Nachdem sie dich gefressen haben, versteht sich. Aus meiner langjährigen Erfahrung mit vielen leichten Krankheiten (wie Magen-Darm-Verstimmungen) bis hin zu todesähnlichen Zuständen (z. B. Männerschnupfen) kann ich sagen: Unwissenheit ist ein Segen. Jedenfalls für alle, die nicht so ein ausgeprägtes Dolby-Surround-4D-Kopfkino haben wie ich. Ich muss mich selbst immer runterregeln, denn ich male mir sofort aus, was Schmerzen alles bedeuten könnten. Das ist ja auch menschlich: Sobald wir nicht wissen, was mit uns los ist, schalten wir auf Panikmodus nach dem Motto: »O Gott, sind das jetzt Bauchschmerzen, oder ist es eine Lebensmittelvergiftung? Oder vielleicht sogar ein Blinddarmdurchbruch? Wie sind da noch mal die Symptome?« Und zack – hängst du wieder vor Google. Tausend Suchergebnisse sagen dir, dass du dir eine Wärmflasche machen sollst, aber dieses eine sagt: »Ja, ganz sicher Blinddarm. Du wirst bald sterben. Schade.« Dem glaubst du dann.

Das Einzige, was du bei Krankheiten googeln solltest, ist die Adresse des nächsten Arztes oder der nächsten Apotheke. Und dann ruh dich aus.

Wäre aber auch kein Buch über die dunkle Seite des Reisens, wenn ich nicht noch ein paar Gruselstorys auf Lager hätte, nicht wahr? Denn diese Sorgen um Bauchweh und Blinddarm waren tatsächlich schon berechtigt – nicht bei mir persönlich, aber bei ein paar Bekannten. Die waren als Clique im indonesischen Sumatra unterwegs und hatten sich alle miteinander eine schöne Lebensmittelvergiftung eingefangen. Doch während alle anderen sich nach zwei oder drei Tagen wieder aufrappeln konnten, blieb eine aus der Gruppe liegen. Bei ihr wurde es nicht besser, sondern jeden Tag schlimmer. Die

Freunde beruhigten sie und auch sich gegenseitig mit den Worten: »Das ist nur eine Lebensmittelvergiftung, bald ist es vorbei.«

Das Ende vom Lied: Es war keine Lebensmittelvergiftung. Nach einer Woche riefen die Freunde einen Krankenwagen, der die von Bauchschmerzen Geplagte ins nächstgelegene Krankenhaus transportierte. Dort wurde festgestellt: Die höchste Eisenbahn war schon vor einer ganzen Weile vorbeigefahren. Denn es war tatsächlich ein entzündeter Blinddarm, der all den Ärger verursacht hatte. Dem Himmel sei Dank hatte er so lange dicht gehalten. Dennoch musste er sofort rausoperiert werden.

Geschichten wie diese werden natürlich erzählt, weil sie so selten sind. In den allermeisten Fällen ist es nämlich tatsächlich einfach eine Lebensmittelvergiftung. Das ist der Klassiker unter den Reisekrankheiten. Wenn du eine hundertprozentig sichere Wette eingehen willst, dann diese: Auf einer langen Reise wirst du Magen-Darm bekommen. Wenn du mit Freude kulinarische Gerichte anderer Länder ausprobierst, wirst du dir mit an Sicherheit grenzender Wahrscheinlichkeit auch eine Lebensmittelvergiftung einfangen. Manchmal reicht es auch schon, wenn du Wasser trinkst. Faustregel Nummer eins: Wenn das Wasser aus dem Hahn ungenießbar ist, nur Wasser aus geschlossenen Flaschen trinken. Faustregel Nummer zwei: Nur essen, was abgepackt oder gekocht ist – oder Früchte, die du selbst schälen kannst.

Eine Lebensmittelvergiftung auf Reisen zu bekommen ist, wie Russisch Roulette mit einem Revolver zu spielen, in dem sämtliche Kugeln stecken: Wenn du abdrückst, trifft es dich. Wobei, bei der Lebensmittelvergiftung ist es ja dann andersherum: Es trifft dich, und dann musst du abdrücken.

KÖRPERLICHER SCHMERZ	☆☆☆☆☆
HERZSCHMERZ	☆☆☆☆☆
MINDFUCK	★★★★★
TOLLPATSCHFAKTOR	☆☆☆☆☆
GEFAHR	★★★★★

DROGEN

BUCKET LIST · ÜBER ZEHN JAHRE

Eine Sache, über die wenig gesprochen und noch weniger geschrieben wird, ist das Thema Drogen auf Reisen. Deshalb habe ich beschlossen, dass es in diesem Buch nicht fehlen darf. Man muss Dinge auch einfach mal aussprechen. Denn eines ist so sicher wie das Amen in der Kirche: Auf Reisen kommt man mit Drogen in Kontakt. Zumindest mit Menschen, die Drogen nehmen.

Ich kenne sehr viele Reisende, die ausgesprochen gute sowie ausgesprochen schlechte Erfahrungen mit Drogen gemacht haben. Von Lachgas in Laos über Weed in El

Salvador und MDMA in Kanada, Pilzen in Indonesien, LSD in Thailand, Speed in Holland oder Ayahuasca in Peru – es gibt so viele Arten, Drogen zu konsumieren, wie es Sterne am Himmel gibt.

Ich bin von Grund auf ein neugieriger Typ, deshalb waren auch Drogen bei mir noch nie ein Tabuthema. Wenn es etwas gibt, das ich einmal ausprobieren will, dann tue ich das in der Regel auch. Dazu kommt: Ich bin ein großer Fan davon, nur über Dinge zu urteilen, die ich kenne oder selbst ausprobiert habe. Ob das nun ein Bungee-Sprung in Costa Rica oder ein Mushroom-Shake am Strand von Gili Air ist: Solange man sich selbst aus freien Stücken dafür entscheidet, sich dabei verantwortlich verhält und niemand anderem schaden kann, spricht nichts dagegen. Bewusstseinserweiternde Substanzen gehörten für mich auf jeden Fall dazu. Ich hatte sogar eine kleine Bucket List mit Drogen, die ich einmal im Leben probiert haben wollte. Es ist nicht so, dass ich losgerannt bin und alle Pillen eingeschmissen habe, die ich finden konnte. Für meine kleine Bucket List habe ich ganze zehn Jahre gebraucht. Jedes Mal, wenn ich die Möglichkeit hatte, eine dieser Drogen zu konsumieren, und mich gut dabei gefühlt habe, tat ich das. Danach setzte ich einen Haken dahinter – und das war's. Meistens.

Dazu muss ich sagen, dass ich bestimmte Kriterien habe, die unbedingt erfüllt sein müssen, bevor ich auch nur auf die Idee komme, eine Substanz anzurühren. Das erste und wichtigste ist: Ich muss in einem körperlich komplett gesunden und mental stabilen Zustand sein. Das bedeutet, ich darf in keiner Down-Phase sein, keine

Depressionen und nicht einmal einen schlechten Tag gehabt haben. Wenn ich in mich reinhorche und auch nur den leisesten Hauch von Zweifeln, Unzufriedenheit oder Unmut spüre, ist es nicht der richtige Tag.

Das zweite Kriterium: Es müssen Menschen um mich herum sein, die ich kenne und denen ich vertraue. Niemals würde ich in einem Club von einem Fremden eine Pille nehmen, der mir sagt: »Ey, nimm mal, das Zeug ist gut!« Nur wenn Menschen bei mir sind, mit denen ich bereits Abenteuer erlebt oder Gespräche geführt habe, die über Small Talk hinausgehen, fühle ich mich sicher.

Auch wichtig – und damit sind wir beim dritten Kriterium: Ich muss einen geschützten Schlafplatz haben. Ich würde nie Drogen nehmen, ohne bereits zu wissen, wo mein Bett steht und wie ich da hinkomme.

Erst wenn diese drei Dinge stimmten und ich mich insgesamt gut mit dem Gedanken fühlte, eine Droge auszuprobieren, dann tat ich das auch. Oft kam das nicht vor, und ich habe nach diesen Gelegenheiten nicht aktiv gesucht. Wichtig war es mir trotzdem.

Eine Droge auf meiner Liste war Ecstasy. Damals übernachtete ich gerade in einem Hostel, in dem ich einen Typen kennengelernt hatte, mit dem ich mich sehr gut verstand. Irgendwann kamen wir in unseren Gesprächen auch auf das Thema Drogen. Er erzählte mir, dass er ab und zu Ecstasy nahm. Ich fragte ihn sofort aus: »Und wie ist das? Was passiert da genau?« Er versuchte, mir seine Erfahrungen zu erklären – was zugegebenermaßen ziemlich schwierig in Worte zu fassen ist. Zumal Drogen auf jeden anders wirken und das Ganze eine ausgesprochen subjektive Angelegenheit ist. Ich beschloss deshalb, es selbst einmal auszuprobieren, mit ihm an meiner Seite.

»Du fängst sehr sachte an und nimmst höchstens eine halbe Pille«, sagte er mir. »Ab dem Moment, wenn du eine Wirkung spürst, trinkst du absolut keinen Alkohol mehr. Dafür aber regelmäßig Wasser. Bleib immer hydriert.« Mein Kumpel blieb den ganzen Abend bei mir und führte mich durch die Ecstasy-Erfahrung. Zunächst spürte ich rein gar nichts und horchte hibbelig in meinen Körper hinein. Wir waren in einen Club gegangen, und ich tanzte aufgeregt vor mich hin. Dann plötzlich spürte ich, wie die Droge wirkte. Fast im gleichen Moment wollte ich nicht mehr in dem lauten Club sein, sondern unbedingt raus in die Natur. Ich watschelte also in einen Park und war auf der Stelle ganz fasziniert von den Bäumen. Zunächst waren wir eine Gruppe, später saß ich mit einer Couchsurfing-Bekannten an einen Baum gelehnt. Ich streichelte mir über meine eigenen Arme und mein Gesicht. Alles, was ich dabei denken konnte, war: »Wow! So weich!« Und dann: »Boah, dieser Baum!« Meine Couchsurfing-Bekannte saß vor mir, die Nase auf der Wiese, und roch im Gras. Sie fuhr ihren ganz eigenen Ecstasy-Film.

Was wir beide in unserem Drogenrausch nicht mitbekamen: Wir sahen aus wie ein zugedröhntes Pärchen, das mitten im Park Sex hatte. Ich lehnte mit dem Rücken an einem Baum und stöhnte begeistert vor mich hin. Sie hockte mir gegenüber mit dem Kopf auf Höhe meiner ausgestreckten Beine und dem Gesicht im Gras versunken. Dabei schnupperte sie und sog die Luft geräuschvoll durch die Nase ein. Es dauerte nicht lange, da landete ein Ufo vor uns, und ein paar Außerirdische leuchteten uns mit hellen Taschenlampen ins Gesicht. Strahlend sagte ich: »Oh! Hallo! Was macht ihr denn hier?« Sie antworteten recht mürrisch: »Guten Abend, Polizei. Was genau geht hier vor?« Meine Bekannte tauchte selig grinsend aus ihrer Wiesenwelt auf: »Wir genießen die Natur! Kommt, macht mit!«

Wir konnten von Glück reden, dass die Ranger kopfschüttelnd von dannen zogen, als sie realisierten, dass wir tatsächlich nur Liebe mit den Bäumen und Grashalmen machten.

Diese Ecstasy-Erfahrung war so angenehm gewesen, dass ich es viele Jahre später noch einmal probierte. Damals war ich in Mexiko. Dieses Mal ging es mir aber um eine andere Sache, die mir zu Ohren gekommen war: Drogen werden sehr gut von den Schleimhäuten aufgenommen – und ganz besonders von denen im Po. Und ja, ich weiß, wie sich das anhört. Ich weiß auch, dass wohl die meisten eine solche Geschichte höchstens hinter vorgehaltener Hand im Flüsterton erzählen würden. Aber hey: Ich habe es ausprobiert, also lasst uns drüber reden!

Neugierig, wie ich bin, dachte ich mir: »Na ja! Why not? Vielleicht treffe ich ja wieder ein paar freundliche Grashalme und Aliens!« Um es kurz zu machen: Diese Idee war der absolute Griff ins Klo. Ob nun die Ecstasy-Pille Müll oder mein Hintern nicht in Stimmung war, weiß ich nicht. Jedenfalls spürte ich keine große Wirkung.

Meine wohl eindrücklichste Erfahrung, die ich mit Drogen je machen durfte, habe ich bereits in meinem ersten Buch beschrieben. Ich bekam die Gelegenheit, an einer traditionellen Ayahuasca-Zeremonie teilzunehmen. Das werde ich nie vergessen. Im Nachhinein muss ich sagen, dass ich Ayahuasca nicht als typische Droge bezeichnen würde. Nicht so wie LSD, Marihuana, Kokain, Mushrooms oder Ecstasy. Natürlich erlebte ich Halluzinationen, aber bei Ayahuasca geht es nicht ums Feiern, Wachbleiben oder darum, sich in eine andere Dimension zu ballern. Bei solch einer Zeremonie geht es vielmehr darum, mit dem eigenen Unterbewusstsein in Kontakt zu treten und dadurch eigene Wahrheiten herauszufinden. Im besten Fall ist man danach für sich und sein eigenes Leben ein Stück weiser geworden. Dennoch muss auch hier jeder für sich selbst entscheiden: Will ich diese Erfahrung machen? Bin ich fit und mental stabil genug? Eine persönliche Erfahrung wie diese sollte nie aufgrund von Gruppenzwang gemacht werden oder um Erwartungen zu erfüllen, die nicht die eigenen sind. Es gibt auch das Sprichwort: »Suche nicht nach Ayahuasca. Wenn du bereit für Ayahuasca bist, wird Ayahuasca dich finden.«

Insgesamt habe ich mit allen Drogen, die ich ausprobiert habe, spannende und ausschließlich positive Erfahrungen gemacht. Darüber bin ich sehr froh. Meine Neugier ist gestillt, und ich weiß, worüber ich rede. Trotzdem muss ich vieles davon nicht wiederholen. Schließlich ist auch sicher: Einer gewissen Gefahr setzt man sich mit dem Konsum von Drogen immer aus. Aus diesem Grund standen übrigens auch niemals Substanzen wie Crystal Meth auf meiner Bucket List. Und keine zehn Pferde würden mich dazu bringen, mich an eine Nadel zu hängen.

Auch wenn ich für mich selbst die Neugier nach verschiedenen Drogen stillen musste, würde ich niemals anderen dazu raten. Einen Satz wie »Nehmt unbedingt Drogen!« wird man von mir genauso wenig hören wie »Nur ein Leben auf Reisen ist das einzig Wahre!«. Wer es ausprobieren will, dem rate ich, für einen geschützten Rahmen zu sorgen – innerlich wie äußerlich. Wer absolut kein Verlangen nach Drogen hat, sollte sie auch wirklich nicht nehmen. Schon gar nicht, um auf einer Bucket List ein Häkchen zu setzen.

Dass ich die Drogenerfahrungen, die ich unbedingt machen wollte, in einem Zeitraum von zehn Jahren gemacht habe, lag nicht daran, dass es an Gelegenheiten fehlte. Doch in den meisten Fällen hatte ich entweder keine Lust, oder meine Kriterien waren nicht erfüllt. Ich bin mir zu einhundert Prozent sicher, dass das der Hauptgrund dafür ist, dass keine schlechten Drogenerfahrungen zu meinen Erinnerungen zählen.

KÖRPERLICHER SCHMERZ	☆☆☆☆☆
HERZSCHMERZ	★★★★★
MINDFUCK	★★★★★
TOLLPATSCHFAKTOR	★★★★☆
GEFAHR	★★★★★

REISEN ALS DROGE

SUBSTANTIA NIGRA · WENN DOPAMIN AUSGESCHÜTTET WIRD

Ich will dir aber noch eine Sache verraten: Gewissermaßen handelt dieses komplette Buch von einer Droge, sogar von einer, die saumäßig schnell süchtig macht. Die Droge, die ich meine, ist das Reisen selbst. Auf Reisen ist die Schwelle, anderen Menschen zu begegnen, so niedrig wie eine Limbostange in der Endrunde. Es ist, als wärst du auf einer Party, wo alle gut drauf sind und miteinander feiern – egal, ob man sich vorher kannte oder nicht. Man hat einfach diese eine große Gemeinsamkeit. Du gerätst schnell in diesen Flow-Zustand, bei dem dir die

Sonne aus dem Hintern strahlt, du die ganze Welt umarmen möchtest und dein Grinsen nicht mehr aus dem Gesicht bekommst. Du gehst surfen, snowboarden, jagst die Abenteuer, lebst am Limit, bis dein Herz so laut pocht, dass alles in dir rast, dir die Haare zu Berge stehen und du am liebsten ganz laut brüllen würdest: »Hell yeah! What a ride!«

Merkst du was? Genau: Klingt ganz schön nach einem ziemlichen High. Anfangs bekommst du das Gefühl, wenn du in einem Van zu einem Roadtrip startest, die Fenster runterkurbelst und die Musik laut aufdrehst. Was für ein Freiheitsgefühl! Dann ist es eine besonders hohe Welle, die du surfst. Beim nächsten Mal muss die Welle schon größer sein. Sobald du von einem Hoch wieder runterkommst, suchst du auch schon wieder das nächste. Dann soll es schneller gehen, größer werden, verrückter sein. Manchmal halte ich dann inne und frage mich: »Sag mal, Nick, ist das eigentlich noch gesund?«

Ich bin nicht der einzige Abenteuer-Junkie, dem es so geht. Ich kenne sogar eine Menge. Man sitzt dann zu Hause und bekommt schon nach einigen Tagen wieder die krassesten Hummeln im Hintern. Man denkt: »Ey, vor einem halben Jahr war ich noch in Australien und habe Surfen gelernt.« Oder: »Gerade erst war ich mitten in Indonesien auf einer Bootstour – und jetzt sitze ich hier am Schreibtisch.« Es ist fast egal, welche Reiseerfahrung da auf der Liste steht: Sobald man zu Hause ist, fängt man schon wieder an, das nächste Abenteuer zu planen. Man bekommt einfach nicht mehr genug davon. Dagegen ist prinzipiell nichts einzuwenden. Wenn du etwas gefunden hast, was du liebst, verdammt, dann mach das! Aber die Frage ist: Gibt es hierbei ein Maß, das voll werden kann? Treibt man sich so weit, dass das Fass überläuft?

Definitiv bin ich schon in solche Aufwärtsspiralen geraten, bei denen alles immer krasser und krasser werden musste: Der letzte Roadtrip war so geil, der nächste muss das noch toppen! Bei der nächsten Reise funktioniert es vielleicht mit viel weniger Gepäck! Der nächste Berg muss steilere Abhänge haben! Oder mal ohne Sicherungsseil? Die nächste Dschungeltour vielleicht ganz ohne Guide! Die nächste Welle muss sich weiter in den Himmel türmen! Mich hat es zwar beim letzten Mal fast um die Klippen gewickelt, aber egal: Ich hab es ja überlebt!

Dann bist du einfach nur noch getrieben vom nächsten High. Dadurch, dass ja bisher auch immer alles gut gegangen ist, verlierst du dann schnell ein bisschen den Wisch zur Realität. Ist das noch Abenteuer – oder eher leichtsinnig bis lebensgefährlich? Wo ist die Grenze? Und wenn es eine gibt: Bist du in diesem Zustand überhaupt noch in der Lage, sie zu erkennen?

Anders als zum Beispiel bei Drogen gibt es kein Regelwerk, das dir sagt: Ja, das ist gefährlich, aber ab hier schadest du dir extrem. Es gibt keine Ärzte, die dir Blut abnehmen und sagen: »Herr Martin, der Reisewert in Ihrem Blut ist sehr stark erhöht, Sie sollten jetzt gesünder essen, Sport machen und etwas kürzertreten, sonst droht ein Herzinfarkt.« Der Einzige, der abschätzen kann, was dir guttut und was vielleicht nicht mehr, bist du selbst.

Aber sag das mal jemandem, der abhängig ist. Alles, was dir bleibt, ist, jederzeit die Verantwortung für dein eigenes Leben zu übernehmen. Was man ja grundsätzlich tun sollte. Doch das Schwierige ist hier, dass du wenig Orientierung hast. Du kannst zwar deine Freunde und Familie zu Hause anrufen und sie fragen, aber sie leben einen ganz anderen Lifestyle und werden dir nicht wirklich helfen können. Mit anderen Reisenden kannst du dich natürlich besser austauschen, aber jetzt mal im Extrem gesprochen: Ein Ertrinkender kann einen anderen Ertrinkenden auch nicht retten. Du brauchst also gute Schwimmer um dich herum, oder du machst das Ganze wirklich nur mit dir selbst aus.

Bei mir hat sich die Reisedroge, die ich so liebe, schon echt weit in meine DNA gefressen. Ich habe Bekannte und Freunde, die fahren drei Wochen in den Urlaub, genießen das auch total, aber spätestens nach zwei Wochen bekommen sie wieder Heimweh. Nur um das klarzustellen: Das ist nichts Negatives, und ich bewerte das auch nicht so. Dann fallen Sätze wie: »Ich freu mich auch schon wieder auf zu Hause!« Oder: »Wenn wir wieder da sind, dann gibt es erst mal ein schönes Schnitzel wie von Muttern!« Sie vermissen einfach ihren Alltag, ihre Freunde, das geregelte Leben. Dieses Gefühl kenne ich gar nicht mehr. Es ist sogar umgekehrt: Wenn ich zu Hause bin, denke ich an all die Orte, an denen ich war – und will zurück in die Welt. Durch das Reisen habe ich mich diesbezüglich in eine komplett andere Richtung entwickelt und lebe wie in einer anderen Realität. Ich habe von dieser verbotenen Frucht abgebissen und kann nicht mehr zurück. Manchmal kann ich selbst gar nicht fassen, was für ein Leben ich lebe. Ich für mich denke: »Eigentlich mache ich das genau richtig.« Andere denken dasselbe über ihr Leben.

Ich stelle mir manchmal vor, dass sich jemand, der einen Sechser im Lotto hatte, ständig fragt: »Ist das wirklich wahr? Das fühlt sich alles so surreal an!« Mir geht es sehr oft so, ganz ohne Lottogewinn. Ich kann mich gar nicht so oft kneifen, wie ich manchmal ganz für mich allein mein Leben feiere. Und warum? Weil ich das tue, was ich liebe. Doch ich kenne mich, und ich bin ein Grenzgänger, seit ich auf die Welt geplumpst bin. Manchmal erlebe ich Dinge, bei denen ich überlege, ob die mir wohl noch jemand glaubt. Dann frage ich mich: »Muss ich das überhaupt jemandem glaubhaft machen? Oder sollte ich das nicht besser als wildes Erlebnis abhaken und weitermachen?«

Wenn es aber zu wild wird, und jetzt schließen wir den Kreis zum Drogenrausch, höre ich mittlerweile auf die kleine Bimmel in mir drin, die sagt: »Puh, Glück gehabt! Da bin ich ja noch mal dem Tod von der Schippe gesprungen. Jetzt mal Kupplung treten und ein, zwei Gänge runterschalten.« Mein Rat deshalb: Schreib deine eigenen Regeln, passe sie immer wieder an deine Erfahrungen an, aber: Hör auch auf deine Bimmel.

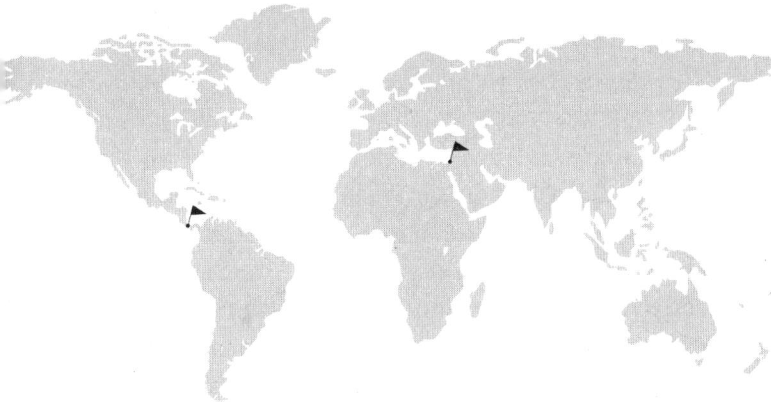

KÖRPERLICHER SCHMERZ	★☆☆☆☆
HERZSCHMERZ	★☆☆☆☆
MINDFUCK	★★★★☆
TOLLPATSCHFAKTOR	★★★★★
GEFAHR	★☆☆☆☆

STANDING OVATIONS UND WALKS OF SHAME

IN DEN MEHRBETTZIMMERN DIESER WELT · NICHT NUR BEI NACHT

Jugendherbergen und Hostels haben ja allgemein einen eher schlechten Ruf, was Sauberkeit und Ruhe angeht. Teilweise landest du in einer Unterkunft zusammen mit anderen Leuten, die sich acht Tage nicht geduscht haben und stinken wie ein Iltis. Sind natürlich nicht alle, aber dieses Klischeebild von Low-budget-Reisenden und dreckigen Hostels gibt es ja nicht ohne Grund. Gefühlt war das früher noch schlimmer als heute, da es mittlerweile Hostels mit Viersternestandard gibt, samt Pool, Klimaanlagen, Einzelzimmern und WLAN in jedem Raum. Da bekommst du jeden Tag ein neues Handtuch, und die Räume werden morgens, mittags und abends durchgewischt. Doch ob vier Sterne oder low budget, ein wiederkehrendes Thema in allen Hostels ist … der Sex im Mehrbettzimmer.

Einmal warteten Steffi und ich in Panama-Stadt auf eine Überfahrt nach Kolumbien. Da diese erst am nächsten Tag stattfinden sollte, mieteten wir uns in ein Zwölf-Bett-Zimmer ein. Wir versuchten, noch ein bisschen Schlaf zu tanken, und machten es uns in einem Doppelstockbett gemütlich – Steffi oben und ich unten. Mitten in der Nacht wurde die Tür des Dorms mit einem großen Knall aufgerissen. Das ist nichts Ungewöhnliches, denn besonders viel Respekt gegenüber den bereits Schlafenden sollte man in einem Hostel nicht erwarten. Vor allem wenn diejenigen, die sich auf die Suche nach ihrem Bett machen, betrunken sind und erst einmal drei Runden schwankend durch den Raum eiern. In dieser Nacht folgten gleich auf die krachend aufschwingende Tür laute Knutschgeräusche und ein gestöhntes »Oh my god, I wanna fuck you so bad!«.

»Na super«, dachte ich, ohne die Augen zu öffnen, »jetzt nicht das schon wieder.« In meinen ganzen Jahren auf Weltreisen hatte ich diese Situation schon in tausendundeiner Nacht erlebt. Die Leute sind Singles, lernen sich in einer Bar kennen, springen ins nächste Hostelbett und scheißen einfach mal komplett darauf, dass es bei manchen Menschen zum Wachwerden weniger als einen Düsenjet braucht. So auch dieses Mal: Es wurde rumgevögelt, gestöhnt und geschrien, sodass wirklich JEDER in unserem Zwölf-Bett-Zimmer knallwach war und abwarten musste, bis das Gebumse vorbei war. Man konnte die Gedanken förmlich hören: »Alter, ihr geht mir auf den Sack!« – »Seid ihr nicht langsam mal fertig?« – »Shut! The! Fuck! Up!«

Nach einer relativ kurzen Ewigkeit konnten wir den Höhepunkt des Typen akustisch miterleben. Dann war es eine Sekunde ganz still. Plötzlich fing jemand an zu klatschen – und nach einem kurzen Moment stimmten wir alle ein. Es gab quasi »lying ovations« für den Kerl, der keinen Mucks mehr von sich gab. Es war ihm offensichtlich plötzlich sehr peinlich. Wir sahen ihn dann am nächsten Tag auch nicht mehr, denn die beiden Turteltauben hatten offenbar sehr früh ausgecheckt. Am einfachsten wäre es ja gewesen, hätten sie Rücksicht genommen und beispielsweise im Bad, auf der Terrasse, am Pool, in der Küche hinter dem großen Kühlschrank oder am Strand Sex gehabt. Dann hätten sie zumindest ausschlafen können.

Ein Handtuch vors Hostelbett zu hängen ist übrigens kein guter Deal, auch nicht beim Masturbieren. Manche denken tatsächlich, dass Handtücher auch den Schall isolieren. Für diejenigen habe ich eine krasse Neuigkeit: Das tun sie nicht.

In Puerto Viejo in Costa Rica war ich mal in einem Hostel, das Sex, Drugs & Reggae hieß. Zugegeben: Schon beim Namen hätte man davon ausgehen können, dass es dort ein bisschen verrückter zugeht. Ein Teil des Hostels war wie eine Art Zelt aufgebaut, das in der Mitte von einer großen Stange gestützt wurde. Ein bisschen wie ein Zirkuszelt. Rundherum waren etwa zwanzig Hängematten gespannt. Mitten in der Nacht sprang ein Pärchen ausgerechnet in die Hängematte direkt neben mir. Ich verdrehte innerlich die Augen. Von allen Hängematten waren nur etwa acht belegt, es wäre für die beiden gar kein Problem gewesen, einfach zwei, drei Liebesschaukeln weiter weg loszulegen. Aber nein, die mussten es direkt in der Hängematte neben mir treiben. Ich konnte hören, dass sie versuchten, dabei leise zu sein, aber ich sage mal so: Wenn es die ganze Zeit links neben dir in einem stetig ansteigenden Rhythmus bollert, ist das fast so schlimm, als gäbe es dazu noch lautes Gestöhne. Wach bist du allemal. Ich lag da und überlegte: Sollte ich einfach in eine andere Hängematte umziehen? Oder aufstehen und den beiden sagen: »Entschuldigung, ihr zwei. Könnt ihr vielleicht woanders euren Beischlaf zu Ende praktizieren?« Doch erledigte sich das Ganze von selbst, da die beiden nicht mehr lange brauchten, und schließlich schlief ich wieder ein.

Es kommt übrigens auch vor, dass Pärchen – oder Gruppen – sich in der näheren Umgebung eines Hostels vergnügen. Auf Mana Island in Fidschi haben wir eines Abends in einer großen Runde zusammengesessen und Trinkspiele gespielt. Wir waren alle gut drauf, und ich hatte einen etwa 200 Meter langen Strandweg zurück zum Hostel, den ich gefühlt um das Vierfache verlängerte, da ich so dermaßen einen im Kahn hatte, dass ich in Kreisen und Schlangenlinien zurücklief. Es war stockdunkel, und plötzlich flog ich der Länge nach auf die Nase. Was mich von den Füßen gehauen hatte? Ich war über ein weibliches Bein gestolpert. Wie es sich herausstellte, gehörte das Bein zu einer nackten Frau – und nebendran lag auch noch ein nackter Mann. Ich kann mich nur dunkel daran erinnern, etwas von »Sorry, have fun!« genuschelt zu haben. Dann zog ich weiter meine Kreise.

Und wo wir gerade von Gruppen sprechen: Das Hostel, in dem ich 2019 in Tel Aviv übernachtete, war in einem Buch mit dem Titel *101 Places to Get F*cked Up Before You Die: The Ultimate Travel Guide to Partying Around the World* gefeaturet worden. Davon wusste ich zu diesem Zeitpunkt allerdings nichts. Ebenso wenig hatte ich auf dem Schirm, dass ausgerechnet in der Woche meines Besuchs in Israel der Eurovision Song Contest stattfand. Für viele Leute in dem Hostel war das ein Grund, einmal komplett auszurasten. Für eine Woche am Stück! An einem der Abende saß ich auf der Dachterrasse des Hostels, unterhielt mich mit ein paar Leuten und trank ein Bier. Ich wohnte mit drei Franzosen in einem Vier-Bett-Zimmer. Auf einmal kam einer meiner Mitbewohner zu mir gerannt und sagte: »Nick, komm schnell. Schnell, schnell, schnell!«

Mein erster Gedanke war: »O nein – mein Backpack! Nicht schon wieder …« In meinem Kopfkino war jemand in unser Zimmer eingebrochen und hatte uns beklaut. Ich hatte einen kurzen Flashback zu den Philippinen, als Steffis Rucksack geklaut worden war. Ich sprang also auf und lief dem Franzosen hinterher. Vor unserem Zimmer kam ich schlitternd zum Stehen, während mein Mitbewohner die Tür aufriss. Ich blickte in den Raum: Es war ein recht dämmrig-kuscheliges Ambiente, denn jemand hatte die Lampe mit einem Handtuch abgehängt. Konzentriert scannte ich den Raum nach meinem Backpack ab. Als ich ihn auf meiner Matratze auf einem der oberen Betten liegen sah, atmete ich erleichtert aus. Ich hatte gar nicht gemerkt, dass ich die ganze Zeit die Luft angehalten hatte. Nun fragte ich mich: »Okay? Hä? Und was ist jetzt?«

Doch schon in der nächsten Sekunde war mein Blick weiter durch den Raum zu den unteren Betten gewandert. Und bei dem Anblick, der sich mir bot, musste ich ernsthaft schmunzeln: Die anderen beiden Franzosen waren in den unteren Betten – und zwar splitterfasernackt. Und sie waren nicht allein. Beide waren gerade mit je einer Frau beschäftigt. Während der eine in seinem Bett unten lag und eine Frau auf ihm saß, sah ich, wie der andere im Doggystyle hinter einer Frau kniete und in genau diesem Moment sein Glied aus ihr herauszog und ihr damit auf den Hintern schlug. Ich musste ironisch nicken. Was war denn hier los? In diesem Moment drehte sich der Franzose, der mich gerufen hatte, zu mir um und grinste mich an: »Nick, wir wollten dich fragen, ob du bei unserem crazy Gangbang mitmachen willst!«

Ich blickte den Typen entgeistert an. Als ich mich ein wenig gefasst hatte, lehnte ich dankend ab. »Aber hey, habt Spaß«, sagte ich lachend und schnappte meinen Rucksack. »Ich penne draußen auf der Terrasse, da ist es ja auch ganz schön.« Es war die einzige wirkliche Alternative, die mir blieb. Klar, ich hätte einfach mitmachen – oder mich mit einem guten Buch oder einer Netflix-Doku in mein Bett legen können. Das hätte meine drei Mitbewohner jedenfalls nicht gestört. Doch mir war die Terrasse lieber. Als ich zurück zu den Leuten kam, mit denen ich mich vorher unterhalten hatte, öffnete ich ein Bier und sagte: »Das wird ein langer Abend.«

Unter freiem Himmel auf der Terrasse zu schlafen stellte sich am Ende als ziemlich schön heraus. Glücklicherweise hatte ich mich nicht für das Bad entschieden, denn wie ich am nächsten Tag herausfand, war es auch dort zwischen einigen Typen hoch hergegangen. Dass das Hostel in Tel Aviv absolut berechtigterweise in diesem Buch über die Fucked-up-Places aufgeführt ist, kann ich jedenfalls unterschreiben.

Der Vollständigkeit halber muss ich zugeben, dass auch ich mich schon dazu habe hinreißen lassen, in einem Hosteldorm Sex zu haben. Damals war Steffi am Anfang meiner zweiten Weltreise zu mir nach Mexiko gereist. Wir waren in einem Hostel in Mexiko-Stadt untergekommen, das so ungemütliche und dreckige Badezimmer hatte, dass wir für unser Stelldichein das Bett in unserem Sechserzimmer vorzogen. Wie das halt so ist, wenn es dich überkommt. Allerdings störten wir dabei niemanden, denn wir waren allein im Raum und hatten zusätzlich mit einer Decke für Sichtschutz (nicht Schallschutz!) gesorgt, falls jemand reingekommen wäre.

Und wenn du in den Genuss von Sex in Hostels gekommen und deshalb übernächtigt bist, gibt es eine Sache, die dich am nächsten Tag wieder ein wenig mit der Welt versöhnt: den Walk of Shame. Das ist das Vorbeilaufen an anderen, die deine sexuellen Aktivitäten mitbekommen haben – weswegen du nun am liebsten errötend im Boden versinken möchtest.

Walks of Shame sind lustig – zumindest für alle außer den, der ihn gerade läuft. Egal ob in einem riesigen Hostel in einer Großstadt oder in einer kleinen Hütte in einem Dörfchen: Ständig huscht einer an dir vorbei. Du stehst gerade im Bad und putzt dir die Zähne, da kommt ein Typ nur in Boxershorts oder eine Frau in Unterwäsche an dir vorbeigelaufen, die kompletten restlichen Klamotten im Arm. Manche blicken peinlich berührt auf den Boden, andere schmunzeln, es gibt aber auch solche, die suchen deinen Blick und grinsen breit. Letzteres machen vor allem die Männer. Die würden sich am liebsten mit einem High Five oder einer Fistbomb abklatschen und nickend sagen: »Oh yeah!« Frauen nehmen sich meistens noch die Zeit, sich wieder komplett anzuziehen. Man erkennt die Walk-of-Shame-Ladys aber dann an ihren verstrubbelten Haaren, die aussehen, als hätten sie zwischendurch ihre eigene Party gefeiert. Oder daran, dass sie früh um acht, während du mit deinem ersten Kaffee im Frühstücksraum sitzt, aufgebrezelt an dir vorbeistaksen. Dann weißt du genau: »Ah ja. Wenn die immer noch im gleichen Outfit wie gestern unterwegs ist, hatte sie definitiv Spaß.« Egal, wie ein Walk of Shame aussieht: Sie sind immer sehr schön zu beobachten.

KÖRPERLICHER SCHMERZ	★☆☆☆☆
HERZSCHMERZ	★★★★☆
MINDFUCK	★★★★☆
TOLLPATSCHFAKTOR	★★★☆☆
GEFAHR	★★★☆☆

ONE NIGHT IN BANGKOK

BANGKOK, THAILAND · OKTOBER 2018

1984 sang Murray Head einen Song, der so ziemlich auf der ganzen Welt ein Hit wurde: *One Night in Bangkok.* Der Text dreht sich um ein Bangkok, das ich 2018 auch kennengelernt habe. Bangkok ist so eine Stadt, die dir alles geben, aber auch alles nehmen kann. Du kannst ganz touristisch durch Bangkok reisen, dir im Skytrain, also der Magnetschwebebahn, alles von oben ansehen, dir im Ma Boon Khrong Center ein Paar Sneakers kaufen, dir auf den offenen Märkten Gemüse, Früchte oder Skorpione am Spieß reinziehen oder dir in der Khaosan Road gefälschte Ausweise besorgen. In Bangkok bekommst du alles. Du kannst also auf diesen touristischen Pfaden wandeln. Du kannst aber auch ganz, ganz, ganz tief in Bangkok versumpfen. Im düsteren Teil. Das kann an irgendeiner Bar, in irgendeinem Nachtclub oder auf irgendeiner Undergroundparty seinen Anfang nehmen. So wie es bei mir und meinem Kumpel Basti war.

Basti lebt schon eine Weile in Bangkok. Oder sagen wir: immer mal wieder. Bangkok ist eine seiner Homebases. Ich hatte gerade einen Abstecher zu ihm gemacht, und obwohl ich Bangkok nicht zum ersten Mal besuchte, wollte er mich ein bisschen herumführen und mir ein paar andere Ecken der riesigen Stadt zeigen. Zusammen mit ein paar einheimischen Freunden von Basti machten wir die Nacht zum Tag. Wir trafen uns alle im Iron Balls, meiner Lieblingsbar in Bangkok. Danach stolperten wir von einem Nachtclub in den nächsten, tanzten, tranken und feierten so vor uns hin.

Ich weiß nicht mehr genau, wie es dazu kam, aber wir landeten in einem Laden namens Mister Spanky. Der Name war in dem Schuppen Programm. »To spank« heißt »den Hintern versohlen«. Immer mal wieder kamen Kellner oder Kellnerinnen an unserem Tisch vorbei, forderten uns auf, uns hinzustellen, und ballerten uns dann scherzhaft mit einem großen Luftpolster auf den Hintern oder Rücken. Mister Spanky war ansonsten ein ganz klassischer Stripschuppen. Auch wenn das nicht die Umgebung ist, in der ich mich üblicherweise aufhalte, bin ich ein großer Befürworter davon, Dinge nicht vorzuverurteilen. Ob das nun ein Land ist, das Verhalten von

Menschen, Abenteuer oder auch Gerichte – man sollte sich immer erst selbst ein Bild machen und die Hintergründe kennen, bevor man ernsthaft mitredet.

Ich war natürlich nicht nur deshalb in dem Laden, um mir ein objektives Bild vom Sextourismus in Bangkok zu machen, sondern auch, weil wir ein Haufen betrunkener Jungs waren, die einfach Spaß hatten. In einem Laden wie diesem kannst du das definitiv. Vorne war eine relativ große Bühne, auf der Frauen tanzten, ständig stand ein neues Getränk vor dir, und dann gab es eben auch noch diese Kloppereien mit dem Luftpolster. Wenn die Stimmung entsprechend gut ist und die Leute passen, dann hast du an einem solchen Abend kaum einen Moment, an dem du nicht lachst. Höchstens mal, um Luft zu holen.

Und ich fand es interessant, auch mal diese Seite von Bangkok zu erleben. Zwar hatte ich schon mal eine der berühmt-berüchtigten Pingpong-Shows besucht, aber das war etwas komplett anderes. Jetzt stand ich in einem als Club getarnten Laufhaus. Das realisierte ich nach einer Weile, als mir auffiel, dass immer mal wieder Typen zur »Big Mama«, also der Managerin, gingen und danach mit einer Frau in den oberen Teil des Ladens verschwanden. Also hatten die da oben tatsächlich Zimmer nach Art eines Stundenhotels.

Genauso überrascht war ich, als eine Frau, die direkt neben mir stand, in eine Art große Plastikhaube kletterte. Bis eben hatte ich die Haube nicht mal bemerkt, weil sie nicht beleuchtet gewesen war. Plötzlich ging innen eine Dusche an, und die Frau, die eben noch an einer anderen Stelle im Club getanzt hatte, begann nun, sich vor aller

Augen zu duschen. Ich stand dabei quasi in der ersten Reihe. Und so war ich natürlich perfekt geeignet für ihre Provokationen. Zum Beispiel drückte sie direkt neben meinem Gesicht ihre Vagina gegen die Plexiglasscheibe. Die Jungs hinter mir fingen an zu grölen: »Ehhhh, Nick! Eeeeeey!« Wenig später gesellte sich eine zweite Frau unter die Dusche, und die beiden Damen begannen, sich ausgiebig gegenseitig zu waschen, und zwar an jeder nur denkbaren Körperstelle. Es war eigentlich ganz lustig, bis ein älterer, indisch aussehender Herr auf mich zutrat und mich fragte, ob ich nicht eine der beiden duschenden Frauen mit auf ein Zimmer nehmen möchte.

»No, no, man. I'm fine. Just looki-looki«, sagte ich zu ihm. Ich hielt ihn für einen der Manager und wollte einfach, dass er wieder die Fliege machte.

So leicht ließ sich der Typ nicht abwimmeln: »Pass auf – und wie wäre es, wenn wir beide zusammen mit den Frauen aus der Dusche auf ein Zimmer gehen?«

Ich schüttelte den Kopf und drehte mich zu den anderen, um ihm zu signalisieren, dass ich jetzt wirklich genug hatte.

Doch dann haute er noch einen raus: »Oder du gehst mit den beiden Frauen hoch in ein Zimmer, und ich schaue nur zu?«

Ich drehte mich wieder zu dem Typen und schaute ihn verständnislos an. Was war denn mit dem los?

»Ich bezahle auch dafür«, bettelte der Kerl.

Spätestens in diesem Moment wurde mir klar, dass der Typ mit dem Management von Mister Spanky rein gar nichts zu tun hatte, sondern auf seiner ganz eigenen

Mission unterwegs war. Einer, an der ich definitiv nicht das geringste Interesse hatte.

Wie gesagt: In Bangkok ist alles möglich. Du kannst gemütlich mit deiner Familie, deiner Partnerin oder deinem Partner auf dem Gemüsemarkt herumspazieren und ein leckeres Pad Thai essen. Oder du kannst richtig abgefuckte Nächte haben, bei denen du ältere Herren abwimmeln musst, die dich für Sex mit duschenden Stripperinnen bezahlen wollen.

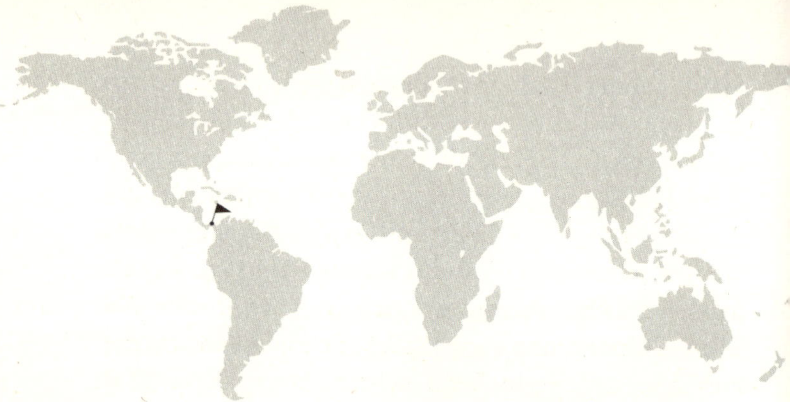

KÖRPERLICHER SCHMERZ	★★★★☆
HERZSCHMERZ	★☆☆☆☆
MINDFUCK	★★★★☆
TOLLPATSCHFAKTOR	★★☆☆☆
GEFAHR	★★★★★

KONTROLLE ABGEBEN UND VERTRAUEN

PANAMA-STADT, PANAMA · MAI 2013

Ich bin ein großer Fan davon, zu hundert Prozent Verantwortung für alle Bereiche meines Lebens zu übernehmen. Das gilt nicht nur für die positiven, sondern insbesondere auch für die negativen Dinge. Ich vergleiche das auch gerne mit diesem Bild: Du hast keine Ahnung, woher der Wind weht, und kannst ihn nicht im Geringsten beeinflussen, aber du hast das Steuer des Katamarans selbst in der Hand und kannst entscheiden, wohin es geht. Jetzt mal ausgenommen, du befindest dich in einem Hurrikan, aber das ist eine andere Geschichte. Zu jeder Zeit und in jeder Situation die Zügel in der Hand zu halten kann manchmal beängstigend sein, aber es macht auch frei.

Für mich ist es deshalb meist gar kein so großartiges Gefühl, wenn ich gezwungen werde, Verantwortung an jemand anderen abzugeben. Auch diese Situationen gibt es auf Reisen – und zwar täglich. Schon allein was die Fortbewegung angeht: Denn meistens sitzt du nicht selbst am Steuer deiner Transportmittel – nicht im Cockpit und nicht hinterm Lenkrad eines Tuk-Tuks, eines Jeeps oder eines Colectivos, der an einem Steilhang in Südamerika entlangfährt. Das machen andere Menschen für dich. Du bist nur passiv. Und du hast keinen oder nur sehr begrenzten Einfluss darauf, ob du sicher an deinem Ziel ankommst.

Wenn du in einem Vehikel sitzt, gibst du alle Verantwortung über den Transport von A nach B an einen Fahrer ab, den du nicht kennst. Dir bleibt kaum eine andere Möglichkeit – und nicht immer läuft eine Fahrt gut. Bisher habe ich Glück gehabt, obwohl ich auch schon in brenzlige bis lebensgefährliche Transportsituationen geraten bin. Es war nie so schlimm wie bei einem Bekannten von mir, der in Indien mitten in der Nacht einen Busunfall miterleben musste. Aus irgendeinem Grund trat der Fahrer voll auf die Bremse und zog das Lenkrad auf Anschlag nach links. Der Bus konnte nur reagieren, wie ein großer Bus in einer zu scharfen Kurve eben reagiert: Er kippte auf die Seite. Mein Bekannter hörte nur noch das Splittern von Glas und konnte nichts weiter sehen als aufgewirbelten Staub und Schutt. Nach ein paar Sekunden fingen die Menschen um ihn herum an zu schreien. Als er sich aus dem Bus befreien konnte, sah er viele Verletzte und leider auch zwei Tote.

Wenn ich an unangenehme Transporte denke, fällt mir ziemlich schnell ein Erlebnis in Panama-Stadt ein. Steffi und ich wollten mit einem Boot auf die San-Blas-Inseln übersetzen. Weil wir möglichst schon den ersten Kahn am Morgen erwischen wollten, mussten wir mitten in der Nacht aufstehen und mit einem zuvor organisierten Taxi zum Hafen fahren. Schon von Anfang an machte der Fahrer einen komischen Eindruck auf mich. Es begann damit, dass er zu spät kam und nicht sonderlich wach wirkte. Mein Transportmittel-und-ihre-Fahrer-Bauchgefühl war mittlerweile sehr gut trainiert – und trog mich auch dieses Mal nicht. Schon nach wenigen Minuten Fahrt sah ich, dass die Augen des Mannes kleiner und kleiner wurden. Der Typ lehnte schon fast auf seinem Lenkrad, als würde er gleich einschlafen. Er schaute kaum nach vorne und bekam nichts mehr auf die Reihe. Es lagen zwar keine Flaschen im Fahrerraum, aber ich vermutete, dass er etwas intus hatte. Sicher war: Er war zu Tode erschöpft. Außer Steffi und mir saßen noch zwei andere Reisende im Wagen. Wir beschlossen, unseren Fahrer mit Fragen und Gesprächen wach zu halten. Als wir an einer Tankstelle vorbeikamen, ließen wir ihn anhalten und kauften ihm ein paar Energydrinks. Auf diese Weise schafften wir es sicher ans Ziel.

Ein anderes Mal war ich zwar selbst der Fahrer und hatte dementsprechend die Zügel in der Hand. Das allerdings schützte mich nicht vor einem anderen Verkehrsteilnehmer, der nicht so viel für das Thema Verantwortung übrighatte. Damals waren Steffi und ich gerade in Chiang Mai in Thailand. Eines Tages wollten wir unsere Freunde Lars und Gloria zum Abendessen treffen, die ich bis zu diesem Zeitpunkt noch nie live, sondern immer nur online gesehen hatte. Wir mieteten uns einen Roller und suchten die Adresse, die Lars uns gegeben hatte. Weil wir das Haus nicht gleich fanden, fuhr ich links ran – in Thailand ist Linksverkehr – und ließ Steffi absteigen. Sie wollte zu Fuß näher an die Häuser herangehen. Schon einige Augenblicke später rief sie mir zu: »Ich hab's gefunden, Nick! Fahr mal hier rüber.« Ich lenkte zurück auf die Straße und wollte rechts abbiegen. Dazu musste ich erst den Gegenverkehr durchlassen. Genau in dem Moment, als ich wieder Gas gab, kam ein Thailänder mit einer brachialen Geschwindigkeit auf seinem Roller angeballert. Er zog nicht, wie ich erwartete, links an mir vorbei, sondern rechts – also in den Gegenverkehr. Und das, obwohl ich gerade im Begriff war, rechts abzubiegen. Er erwischte meinen Roller mittig hinten, und mich legte es komplett auf die Straße. Mein Glück war, dass der bereits sehr abgefahrene Asphalt noch von der Sonne des Tages aufgeheizt und deshalb sehr weich war. Ich schlitterte einige Meter die Straße entlang. Der Typ, der mich angefahren hatte, bremste unterdessen lediglich etwas ab, guckte mich an – und fuhr dann einfach weiter. Klassische Fahrerflucht. Ich wäre dem Kerl am liebsten direkt hinterher, aber ich war einfach nur froh, dass Steffi wenige Sekunden zuvor vom Roller abgestiegen war. Der Typ wäre ihr komplett in den Rücken gefahren. Ich will mir gar nicht ausmalen, was alles hätte passieren können.

Ich stand etwas neben mir. Steffi und noch zwei oder drei andere Leute, die den Unfall gesehen hatten, halfen mir auf und schoben den Roller von der Straße. Während ich auf dem Bordstein saß und langsam wieder runterkam, konnten wir erleichtert feststellen, dass mir außer einigen Schürfwunden und Prellungen nichts weiter passiert war. Zumindest sahen wir keine Knochen in merkwürdigen Winkeln von mir abstehen.

Es wurde dann trotz allem noch ein recht amüsantes erstes Kennenlernen mit Lars und Gloria: Ich saß halb nackt in ihrem Badezimmer, während Gloria meine offenen Wunden mit allen möglichen Ölen versorgte.

Wie oft ich schon von Geschichten gehört habe, bei denen angetrunkene Fahrer irrwitzige Überholmanöver auf Fahrbahnen hingelegt haben, kann ich gar nicht mehr zählen. Besonders in Zentral- oder Südamerika kommt das sehr oft vor. Einmal saß ich in einem Nachtbus in Kolumbien, und der Fahrer bretterte mit so einem Affenzahn um die Kurve, dass es den kompletten Bus seitlich hochhob. Ich wunderte mich verschlafen über das merkwürdige Achterbahngefühl, bis ich realisierte, dass die Reifen gerade jeglichen Kontakt zur Straße verloren hatten. Sofort saß ich kerzengerade in meinem Sitz, und das Herz schlug mir bis unter die Kopfhaut.

Situationen wie diese fallen mir – wie wohl jedem anderen auch – extrem schwer. Ich würde dann am liebsten nach vorne gehen, den Fahrer aus seinem Sessel schubsen und sagen: »Alter, mein Leben, meine Verantwortung. Ich mach das jetzt.« Egal ob in einem Bus in Südamerika, einem Tuk-Tuk in Vietnam oder einem Boda-Boda in Uganda: Ständig passieren Unfälle. Dagegen kannst du nichts machen. Das Einzige, was du tun kannst, ist, auf dein Bauchgefühl zu hören. Wenn du bei einem Fahrer oder einem Transportmittel ein ungutes Gefühl hast, ruf dir ein anderes.

Manchmal reicht es schon, wenn jemand einfach einen anderen Fahrstil hat als man selbst, um sich unwohl zu fühlen. Wie schnell passiert es, dass ein Fahrer einen kurzen Blick auf sein Handy wirft, und – zack – er ballert hinten auf einen Wagen drauf, der, von ihm unbemerkt, gebremst hat. Du kannst jetzt natürlich überall Gefahren sehen, dich komplett verrückt machen oder beschließen, nur noch selbst zu fahren. Aber wie meine Geschichte aus Thailand zeigt: Selbst dann bist du nicht vor Unglück gefeit. Sobald ich also in einem Auto, auf einem Motorroller oder in einem Flugzeug sitze, sage ich mir selbst: »Okay, du kannst jetzt nichts weiter tun, du musst einfach vertrauen.« Dadurch habe ich es geschafft, mir eine Art Urvertrauen aufzubauen. Natürlich achte ich darauf, dass die Fahrer nicht betrunken sind. Es ist mancherorts leider gang und gäbe, dass Taxifahrer sich in ihren Wartezeiten zusammen hinsetzen und ein Bier nach dem anderen trinken. Im schlimmsten Fall sogar Shots. Da sollte man schon immer ein Auge drauf haben und sich anschauen, wie derjenige sich verhält oder ob sogar Flaschen im Auto umherkullern.

Was du nicht beeinflussen kannst, ist höhere Gewalt. Ich habe eine Bekannte, die in Vietnam immer überaus vorsichtig mit dem Motorrad gefahren ist. Doch eines Tages rannte im Nullkommanichts eine Kuh auf die Straße – in Vietnam nichts Ungewöhnliches –, und sie musste hart in die Eisen gehen. Es schleuderte sie über den Lenker, und sie verletzte sich schwer. Die nächste Zeit verbrachte sie dann im Krankenhaus.

Ein anderer Bekannter von mir war den Rollsplitt auf Bali nicht gewohnt, rutschte beim Bremsen mit dem Roller aus und landete so ungünstig, dass er sich zwei Finger fast gänzlich abtrennte. Es folgten zwei Jahre Behandlung, und bis heute kann er seinen eigentlichen Job nicht mehr ausführen.

Ich will mit diesen Schauergeschichten keine Angst schüren. Es gibt eben Momente, in denen man nicht die Zügel in der Hand hat, selbst wenn man es vielleicht glaubt. Die Verkehrslage in anderen Ländern lässt sich meist nicht mit der in Deutschland vergleichen.

KÖRPERLICHER SCHMERZ	☆☆☆☆☆
HERZSCHMERZ	★★★★★
MINDFUCK	★★★★★
TOLLPATSCHFAKTOR	★☆☆☆☆
GEFAHR	★★★★☆

UND PLÖTZLICH SIND SIE WEG

IM HERZEN · FÜR IMMER

Dass wir die Zügel nicht immer in der Hand halten können, spüre ich besonders deutlich, wenn ich mich an Verluste erinnere. Ich weiß noch, dass ich gerade auf der Hochzeit meiner Cousine war. Die Sonne schien, alle hatten super Laune und feierten ausgelassen. Plötzlich klingelte mein Handy. Ich zog es aus der Tasche und sah »Borki« im Display. Sofort musste ich grinsen. Ich freue mich jedes Mal, wenn mein bester Kumpel aus El Salvador anruft. Uns verbinden so viele Erlebnisse, von denen eines besser war als das andere. Ich kenne seine Freunde und seine Familie, er wiederum war auch schon viele Wochen bei mir in Deutschland. Wenn wir zusammen sind, haben wir einfach Spaß. Borki und ich sind quasi »Arsch auf Eimer«.

Ich drückte auf »Anruf annehmen« und rief in den Hörer: »Hey, Borki! Mann, wie geht's?«

Schon an den zwei Sekunden, die verstrichen, bevor er etwas sagte, merkte ich, dass etwas ganz und gar nicht in Ordnung war. Als Borki dann auch noch leise anfing zu reden, lief es mir kalt den Rücken herunter: »Hey, Nick. Ich habe eine traurige Nachricht. Heute Morgen um sieben Uhr ist meine Mama verstorben.«

Jetzt war ich es, der einige Sekunden kein Wort herausbrachte. Ich war fassungslos, und mir schossen Tränen in die Augen. Ich kannte Borkmans Mutter sehr gut. Elvira war ein laufender Meter voller Liebe. Ich konnte mich noch gut erinnern, wie sie mir liebevoll Avocadobrötchen geschmiert hatte, als ich ihr das erste Mal begegnet war. Wir hatten uns auf Spanisch unterhalten, und ihre ganze Lebensfreude war schon in den ersten Minuten auf mich übergeschwappt. Elvira hatte kein leichtes Leben gehabt – und dennoch hatte sie nie ihre Positivität verloren. Im schlimmsten Getto von El Salvador, in dem Schießereien und Morde an der Tagesordnung sind, hatte sie ganz allein drei Kinder großgezogen und alles dafür getan, ihnen ein schönes Leben zu ermöglichen. Jetzt war sie gestorben. An Pankreaskrebs. Einfach so.

Nachdem ich aufgelegt hatte, saß ich auf meinem Stuhl, und die Fröhlichkeit der Hochzeitsfeier drang nicht mehr zu mir durch. Mein Bruder und Steffi versuchten, mich zu trösten, aber diese Hiobsbotschaft war mir in die Knochen gefahren.

Es ist auf jeden Fall eine der tiefschwarzen Seiten des Reisens, dass Menschen, die ich kennen- und teilweise auch lieben lernen durfte, plötzlich sterben. Manche waren Bekannte, die ich vor Jahren getroffen hatte, andere, wie Borkis Mutter, hatten sich von Anfang an in meinem Herzen breitgemacht und hinterließen eine große Leerstelle, als sie gingen. Doch egal ob Bekannte, Freunde oder Herzensmenschen – es fühlt sich jedes Mal an wie ein scharfer Dolch, der sich in mein Herz bohrt, wenn mich so eine Nachricht erreicht. Natürlich sind es nicht nur Reisende, die mit dem Tod von Freunden zurechtkommen müssen. Aber klar: Bei den vielen Menschen, die man auf Reisen trifft, ist das letztendlich auch ein Statistikspiel. Je mehr Menschen man kennenlernt, desto größer ist die Wahrscheinlichkeit, dass man eine dieser Hiobsbotschaften bekommt.

Die Nachricht von Elviras Tod war einer der größten Schläge, die mir bislang versetzt wurden. Aber es war leider nicht der einzige. Im Januar 2019 war ich in Brasilien und arbeitete gerade an meinem ersten Buch *Die geilste Lücke im Lebenslauf: 6 Jahre Weltreisen*, als mich an einem Tag gleich zwei schlechte Nachrichten erreichten. Die erste drehte sich um meine Tante: Sie hatte einen Schlaganfall erlitten. Was ich an diesem Tag noch nicht wusste: Wenig später folgte ein weiterer Schlaganfall, in dessen Folge sie dann verstarb. Die Nachricht hatte mich komplett verstört, weshalb ich die Arbeit am Buch unterbrach, um mich ein wenig abzulenken und mit meinem Dad am Telefon über seine Schwester zu sprechen. Irgendwann surfte ich bei Facebook herum, und mir fiel auf, dass sich in meiner Timeline Beileidsbekundungen häuften. Alle waren auf derselben Seite verfasst: dem Profil einer guten Bekannten von mir, die ich vor einigen Jahren beim Surfen auf Bali kennengelernt hatte. Sie war eine Schweizer Frohnatur gewesen, die – egal ob beim Surfen oder abends in einer Bar – jeden zum Lachen gebracht hatte. Ein aufgewecktes, munteres und hundertprozentiges Stück Happiness auf zwei Beinen. Wie ich erfuhr, war sie nicht auf Reisen gestorben, sondern zu Hause in der Schweiz. Als sie nachts zu Fuß auf dem Heimweg gewesen war, hatte ein betrunkener Fahrer sie mit seinem Wagen erfasst und zwanzig Meter durch die Luft geschleudert. Sie hatte nicht die geringste Chance gehabt und war noch vor Ort in den Armen ihres Freundes gestorben.

Ich starrte noch immer auf ihr Profil, beinahe unfähig zu begreifen, was passiert war. Dann kontaktierte ich ihren Freund, der ein guter Kumpel von mir ist. Er stand komplett unter Schock. Als ich ihn ein paar Monate später wiedertraf, war er noch immer unglaublich mitgenommen. Natürlich, wie soll man so ein Erlebnis auch verarbeiten? Schon ich selbst konnte dieses Unglück kaum wegstecken – und ich war weder dabei, noch war ich sehr eng mit ihr befreundet gewesen.

Während meiner ersten Weltreise, als ich komplett abgebrannt in Australien ein bisschen Kohle verdienen musste, hatte ich Edgar kennengelernt. Wir hatten zusammen am Hafen angeheuert und dort Boote repariert, gingen »dumpster diven« – auf Deutsch »containern« –, als die Kohle trotz der Arbeit nicht für das teure Essen in Australien reichte, und hatten die Zeit unseres Lebens. Edgar war mittlerweile vielleicht Ende dreißig, Anfang vierzig, kam ursprünglich aus Mexiko, und dorthin war er auch wieder zurückgekehrt. Er hatte sich vor Jahren in Mexiko-Stadt niedergelassen, sich selbstständig gemacht, seine Frau geheiratet und zwei Kinder bekommen. Eines ganz normalen Tages fuhr er zum Marktplatz, um ein bisschen Gemüse zu kaufen. Als er mit seinen Einkäufen zurück zum Auto kam, standen dort zwei Leute, die ihm den Wagen vor der Nase wegklauen wollten. Wie ich Edgar gekannt habe, hat er sich das nicht gefallen lassen und so was gesagt wie: »Verpisst euch hier, bevor ich euch eine reinhaue!« Ohne Vorwarnung zog einer der Männer eine Waffe und schoss achtmal auf meinen Freund. Er verstarb noch auf dem Weg ins Krankenhaus.

Als ich von Edgars Tod erfuhr, setzte ich mich hin und weinte. Ich konnte nicht begreifen, was los war mit der Welt. Mit der Zeit schien es sich immer mehr zu häufen, dass Freunde und Bekannte, mit denen ich die schönsten Reiseerinnerungen teilte, aus dem Leben gerissen wurden.

Edgars Frau bat mich, ihr so viele Fotos wie möglich aus unserer gemeinsamen Zeit in Australien zu schicken. Als ich die Bilder heraussuchte, bekam ich einen Flashback nach dem anderen. Ich blickte auf die Fotos aus der verrückten Zeit und musste lachen, während mir am laufenden Band die Tränen hinunterliefen. Bis heute kann ich kaum begreifen, dass es Edgar nicht mehr gibt.

Den Jahreswechsel 2020/2021 verbrachten Steffi und ich in Mexiko. Dort lernten wir ein superliebes Pärchen aus dem französischen Teil Kanadas kennen. Wir verstanden uns sofort und verbrachten viel Zeit miteinander, spielten Volleyball, aßen zusammen und stießen am Strand auf das neue Jahr an. Da wegen der Coronapandemie kaum etwas möglich war, freute es uns umso mehr, dass wir so tolle Leute getroffen hatten. Sie luden uns auf ihre Dachterrasse mit Pool ein, wir bestellten Pizza und redeten über Gott und die Welt.

Als Steffi und ich im Januar zu einem Roadtrip aufbrachen und sich unsere Wege trennten, versprachen wir uns gegenseitig, uns bald wieder zu treffen. Kurz überlegten Steffi und ich sogar, einen Teil unseres Gepäcks bei den beiden zu lassen und auf dem Rückweg wieder abzuholen. Wir nahmen dann aber doch alle unsere Sachen mit.

Drei Wochen später erfuhren wir über einen Bekannten, dass unser Freund wenige Wochen nach unserer gemeinsamen Zeit gestorben war. Ich weiß nicht alle Umstände, die zu seinem Tod geführt haben, nur dass er ein starkes Schmerzmittel versehentlich überdosiert hat. Die Nachricht schockte Steffi und mich über alle Maßen. Sofort waren unsere Gedanken auch bei unserer Freundin, die nun ganz allein in Mexiko war und dafür sorgen musste, den Leichnam zurück nach Kanada zu überführen.

Ich wünsche mir, dass ich nie wieder solche Nachrichten bekomme. Dass alle Menschen glücklich vor sich hinleben und ihre Zeit genießen. Ich weiß aber auch, dass dieser Wunsch nicht in Erfüllung gehen wird. Reisen bewahrt dich nicht vor den schmerzhaften Seiten des Lebens, die dich manchmal so sehr in die Mangel nehmen, dass du wütend und traurig nach Antworten suchst, die es nicht gibt. Ich bin mir nicht mal sicher, ob es für alles eine Antwort geben sollte – und ob es nicht viel mehr die Suche danach ist, die einen weitermachen lässt.

KÖRPERLICHER SCHMERZ	☆☆☆☆☆
HERZSCHMERZ	★★★★☆
MINDFUCK	★★★★☆
TOLLPATSCHFAKTOR	★★★☆☆
GEFAHR	★★★☆☆

LAUFENDE GELDAUTOMATEN

HAVANNA, KUBA · NOVEMBER 2013

Ob Individualreisender, Backpacker, Pauschaltourist, Camper, Glamper oder was es alles gibt: Niemand lässt sich gerne in Schubladen stecken. In einer Schublade landest du als Reisender in sehr, sehr vielen Ländern der Welt aber leider immer: europäischer Tourist mit Geld. Oder wie ich gerne sage: laufender Geldautomat. Ich kann und möchte das nicht generalisieren, es gibt immer solche und solche Menschen. Doch in Summe wirst du oft über diesen speziellen Kamm geschoren. Das ist mir schon bei so vielen Gelegenheiten passiert, dass es mich mittlerweile regelrecht ankotzt. Und ich meine jetzt nicht arme Menschen, die sich in größter Not an dich wenden und dich nach Geld anbetteln. Ich meine diese Typen, deren Augen aufblitzen, wenn du auftauchst, und denen du förmlich ansiehst, dass sie denken: »Guck, da ist ein Touri. Der hat Geld. Daran bereichere ich mich jetzt mal.« Diese Menschen gibt es überall. Sie sind vorneherum unwahrscheinlich freundlich, aber hintenherum ziehen sie dich ab. Sie sind nur nett zu dir, weil sie etwas abgreifen wollen.

Am Anfang denkst du: »Ach, komm. Passiert. Ist normal. Ich hab das Geld ja und bin wieder auf den Füßen gelandet.« Wie beim Thema Polizeikorruption hast du eine neue Reisegeschichte auf Lager, die im besten Fall noch für den einen oder anderen Lacher sorgt. Aber irgendwann geht es dir nur noch auf die Nerven. Zum Langzeitreisen gehört es als Erfahrung einfach dazu, ab und an von jemandem über den Tisch gezogen zu werden. Wenn du diese Lektion aber gelernt hast und es dir immer und immer wieder passiert, dass dir Menschen Geld aus der Tasche ziehen wollen, wirst du wütend. Und das ist nicht schön.

Als ich auf Kuba war, wohnte ich in Havanna in einer kleinen Casa Particular. Damals gab es auf Kuba noch keine Hostels oder Gästehäuser, sondern nur richtige Hotels oder eben diese Privatzimmer, für deren Vermietung die Besitzer eine Genehmigung der Regierung brauchten. Kaum trat ich in Havanna auf die Straße, wurde ich als Tourist auch schon umgarnt. Mir war klar, dass es einzig um mein Geld ging. Natürlich gab es dort

Menschen, die sich als Fidel Castro oder Che Guevara verkleideten und mit denen man für ein paar Münzen ein Foto machen konnte. Dagegen ist rein gar nichts einzuwenden. Es ist eine Möglichkeit, Geld zu verdienen. Ein Geschäftszweig, der Touristen entertainen soll. Doch prinzipiell hatte ich auf Kuba immer das Gefühl, dass die Leute nur freundlich zu mir waren, um an mein Geld zu kommen. Als ich am Malecón in Havanna herumspazierte, kamen im Fünf-Minuten-Takt immer wieder Locals zu mir und versuchten, einen Small Talk zu starten: »Woher kommst du? Wie lange bist du hier? Hast du nicht Lust auf ein paar Zigarren oder Rum? Extra günstig! Nur heute.« Mir ist natürlich bewusst, dass die Menschen dort in einer Situation leben, die ihnen oft keine andere Möglichkeit lässt. Aber ich konnte auch nicht verhindern, dass mich die falsche Freundlichkeit müde und traurig machte. Daran war nichts Echtes mehr.

Selbst wenn Menschen in echter Not sind, kommst du an deine Grenzen. Als ich zum ersten Mal in Kambodscha war, drückte mich die Armut, die ich sah, zu Boden. Ich fühlte mich unglaublich schlecht und schuldig. Am liebsten wäre ich zu allen Menschen gegangen, um sie finanziell zu unterstützen. Doch wenn du das machst, ist dein Geldbeutel schneller leer, als du denkst – und dann warst du trotzdem nicht einmal der berühmte Tropfen auf dem heißen Stein. Solche Momente lassen dich verzweifeln. Da kannst du noch so viel denken: »Du hast doch Geld, also gib etwas!« Aber wenn du das immer und immer wieder tust, hast du bald selbst nichts mehr. Das macht dich wütend auf die Welt. Und es macht dich noch wütender auf Menschen, die nicht in Not und Elend stecken, aber versuchen, dich mit falscher Freundlichkeit um den Finger zu wickeln, um dir auf diese Weise dein Geld aus den Taschen zu ziehen.

In Thailand beispielsweise komme ich mir oft vor, als liefe ich mit einem riesigen, blinkenden Neondollarzeichen über meinem Kopf herum, das den Leuten sagt: »Ah, guck mal, da kommt Geld auf Beinen angelaufen!« Als ich beispielsweise 2011 mit dem Roller die Halbinsel Phuket erkundete und nur eine Trinkpause einlegte, kamen mir schon Straßenverkäufer entgegengerannt und hielten mir Selfie-Sticks, Strandburgbaumaterial und kitschiges Spielzeug unter die Nase. Als ob ich mir an diesem Morgen gedacht hätte: »So, jetzt erst mal bei vierzig Grad im Schatten quer über die Insel ballern und hoffen, dass mir jemand blinkende Gummigeschosse, einen Plastikkescher und einen 08/15-Selfie-Stick verkaufen will.«

Auch deshalb liebe ich Menschen, die es anders machen. In dem kleinen Fischerdorf El Cotillo auf Fuerteventura beobachtete ich einen Mann, der ganz offensichtlich nicht viel Geld zum Leben hatte. Viermal am Tag stellte er sich mit seinen zahmen Tauben auf den Platz und ließ sie fliegen. Die Touristen freuten sich über seine kleine Show und gaben ihm gerne Geld. Er zog sie nicht über den Tisch oder drückte ihnen überteuerte Touristenpreise auf. Wenn er nicht seine Tauben fliegen ließ, verkaufte er kleine selbst gemalte Bilder.

In Nicaragua lernte ich einen Pizzabäcker kennen, der immer genau so viele Pizzen am Tag verkaufte, dass er ein Auskommen hatte. Nicht mehr und nicht weniger. Manchmal schloss er seinen Laden deshalb schon früh am Vormittag. Wenn man dann noch Lust auf eine seiner Pizzen hatte, musste man eben auf den nächsten Tag warten. Auch er hatte nicht viel, aber das Geld, das er einnahm, war für ihn nur ein Mittel zum Zweck. Um das bescheidene Leben zu leben, das er sich wünschte.

Für andere – und um diese Menschen geht es hier – ist Geld aber etwas anderes. Sie wollen mehr und mehr und mehr. Für sie ist Geld Macht oder ein Aushängeschild. Das sind die Menschen, die dich als laufende Geldautomaten betrachten. Die Enttäuschung, die du durch die Begegnung mit ihnen erleben kannst, gehört zum Reisen dazu. Es ist keine schöne Erfahrung. Noch schlimmer ist es, wenn diese Leute zu härteren Mitteln greifen, was einigen meiner Bekannten leider auch schon passiert ist. Dann hast du einen Pistolenlauf im Rücken und wirst dazu gezwungen, zum nächsten ATM zu gehen und dein Konto leer zu räumen. In Guatemala wurde 2013 genau das einer kleinen Reisegruppe auf dem Abstieg vom Vulkan Acatenango zum Verhängnis. Eine Handvoll Krimineller hatte sich versteckt und die Reisegruppe aus dem Hinterhalt überrascht. Sie hielten den Abenteurern Messer und Schusswaffen unter die Nase und erpressten auf diese Weise deren Wertgegenstände.

Ein Raubüberfall ist sicher eine der schlimmsten Situationen, in die man geraten kann – und zum Glück vergleichsweise selten. Vielen Reisenden genügt es aber schon, sich Tag für Tag komplett überteuerten Touristenpreisen gegenüberzusehen, die jeglicher Grundlage entbehren, um sich ausgebeutet zu fühlen. Dann ist es an dir zu überlegen: Zahle ich das jetzt einfach? Versuche ich zu diskutieren? Oder mache ich da nicht mit und probiere es anderswo?

So oder so: Diese dunkle Seite des Reisens gibt es leider. Es ist deine Entscheidung, wie du damit umgehst. Ob du dich davon runterziehen lässt oder ob du weiter nach vorne blickst und dir sagst: »Es ist, wie es ist. Ich nehme es als Erfahrung mit, lerne, damit umzugehen und konzentriere mich nun wieder auf die hellen Seiten des Reisens.«

KÖRPERLICHER SCHMERZ	★★★☆☆
HERZSCHMERZ	★★☆☆☆
MINDFUCK	★★★☆☆
TOLLPATSCHFAKTOR	★★☆☆☆
GEFAHR	★☆☆☆☆

NO BUDGET

FREMANTLE, AUSTRALIEN · OKTOBER 2011

Wenn man – wie ich zu Beginn meiner ersten Weltreise – komplett low budget unterwegs ist, kann man am eigenen Leib spüren, wie schnell aus low budget auch mal no budget werden kann. Das kann aus verschiedenen Gründen passieren: Du kannst erkranken, deine Sachen verlieren, ausgeraubt werden, dich komplett verplanen, nach einem Filmriss ohne Kohle in Las Vegas aufwachen … Es gibt wirklich tausendundeine Möglichkeit, sein Geld zu verlieren oder zu verprassen. Nachdem mir in Asien mein letzter Pfennig genommen worden war, hatte ich mir zum ersten Mal in meinem Leben von meinem Vater Geld für einen Flug nach Australien geliehen. Dafür besaß ich nämlich ein Work-and-Travel-Visum – und mein Plan war, dieses zu nutzen, bis ich wieder genügend Geld angespart hatte. Doch erst mal war ich in Australien gestrandet, hatte ein leeres Konto, keine Unterkunft und keinen Job.

Im Nachhinein kann ich sagen, dass diese Situation gut für mich gewesen ist. Sie motivierte mich extrem, und ich schaffte es, mir innerhalb kürzester Zeit fünf verschiedene Jobs zu besorgen. Am Ende reiste ich mit mehr Geld zurück nach Deutschland, als ich zwei Jahre zuvor zu Beginn meiner Weltreise gehabt hatte. Im Rückblick war die Zeit, in der ich nicht mal einen Cent hatte, den ich hätte zweimal umdrehen können, gut für mich und meine Entwicklung.

Währenddessen jedoch fühlte sich natürlich alles einfach nur scheiße an. Nichts ist toll daran, wenn man nicht weiß, wie man an die nächste Mahlzeit kommen soll. Absolut nichts. Es ist weder aufregend noch abenteuerlich. Ich fühlte mich unsicher und war auf die Hilfe anderer angewiesen – obwohl es mir überhaupt nicht schmeckt, von anderen abhängig zu sein. Ich war so weit aus meiner Komfortzone katapultiert worden, dass ich gar nicht mehr entspannen konnte. Mir nur noch Sorgen machte.

Trotzdem möchte ich diese Zeit in meinem Leben niemals missen, auch wenn ich sie zugegebenermaßen auch nicht unbedingt noch mal erleben müsste. Diese Phase hat mich in Situationen geführt, wie ich sie sonst vielleicht nie erlebt hätte. Ob das lustige Couchsurfing-Erlebnisse waren oder die Erfahrung, mein Essen mithilfe von dumpster diving auf den Campingtisch zu bekommen. Es macht einfach etwas mit dir, wenn du weggeworfene Lebensmittel aus Supermarktcontainern klaust. Manchmal musste ich sogar das Gesetz ein wenig biegen, um an Jobs zu kommen. Edgar und ich hatten uns zum Beispiel als Handwerker am Hafen ausgegeben und mit dieser recht großzügig ausgelegten Definition unserer Fähigkeiten Aufträge an Land gezogen. Für den jeweiligen Handwerksjob mussten wir uns dann natürlich erst einmal Maschinen wie Sägen, Bohrer oder Schleifgeräte kaufen, für die wir wiederum eigentlich nicht genug Geld hatten. Also »borgten« wir sie uns, indem wir sie erst kauften, nach der Arbeit säuberten, aufschraubten, ein leicht zu ersetzendes Kabel durchtrennten und die Geräte wieder zurückgaben mit den Worten: »Sorry, das Ding hat nicht funktioniert, wir möchten unser Geld zurück.« Natürlich war das nicht legal. Doch wir beruhigten unser Gewissen damit, dass wir keinem Menschen direkt schadeten und die großen Baumarktketten bestimmt gegen Geräteausfälle wie diese versichert waren.

Diese Erlebnisse haben meine Kreativität und meinen Einfallsreichtum befeuert und mich gleichzeitig von Neuem gelehrt, dankbar für alles zu sein, was ich habe. Ich wäre definitiv nicht da, wo ich heute bin, hätte ich nicht auch solche Zeiten durchlebt. Ein berühmtes Zitat von Søren Kierkegaard lautet: »Man kann das Leben nur rückwärts verstehen, aber leben muss man es vorwärts.« Währenddessen ist vielleicht alles schwierig, und du fragst dich: »Boah, fuck, wie soll ich mir heute Abend etwas zu essen leisten?« Und dann gehst du auch mal mit hungrigem Bauch ins Bett, schläfst am Strand oder auf einer Bank. Aber du merkst auch: Du wirst kreativ, und irgendwie funktioniert es dann doch immer. Du findest eine Lösung, selbst wenn sie ungemütlich ist. Aber was immer folgt, ist der nächste Tag und der nächste und der nächste. Und dann scheint plötzlich wieder die Sonne. Dann denkst du an die schwierige Zeit zurück und bist plötzlich froh über sie, denn du merkst, dass sie etwas in dir verändert hat. Dass sie dich vielleicht ein Stück dankbarer, reifer, erfindungsreicher gemacht hat.

Mich persönlich hat jede dieser Erfahrungen, ob es gute oder schlechte waren, immer mehr zu einem Reiseexperten gemacht. Meine Expertise kann ich nun an andere weitergeben, denn ich weiß, wovon ich rede. Niemand würde mir zuhören wollen, wenn ich mich hinstellte und über Quantenphysik redete. Ist ja auch richtig so. Wenn einer keine Ahnung von Quantenphysik hat, dann auf jeden Fall ich. Aber vom Reisen verstehe ich etwas. Und wenn die Zeit in Australien einfach nur dafür da war, dass ich anderen zur Seite stehen kann, dann hat sie sich für mich auf jeden Fall gelohnt.

KÖRPERLICHER SCHMERZ	★☆☆☆☆
HERZSCHMERZ	★★★★☆
MINDFUCK	★★★★☆
TOLLPATSCHFAKTOR	★★☆☆☆
GEFAHR	★★★☆☆

LAVAGESTEIN

IM PERSÖNLICHEN UMFELD · SEIT MEINEN ERSTEN EIGENEN SCHRITTEN

Für meine Lebensweise muss ich mich oft rechtfertigen. Besonders am Anfang, als ich mich noch nicht selbstständig gemacht hatte und meinen Lebensunterhalt noch nicht durch das Reisen bestritt, fiel mir das nicht immer leicht: Ich war selbst noch nicht hundertprozentig sicher mit mir und meinem Weg. Es gab da nur dieses Gefühl, dass ich es so machen muss und nicht anders. Als ich dann immer wieder Leuten begegnete, die ihre Ängste auf mich projizierten, kam ich mir vor wie ein neugeborenes Rehkitz – verwundbar und ohne jede Erfahrung – und dachte: »O Gott, ja, stimmt. Absicherung, Rente, Zukunft. Ich weiß auch nicht, aber ich will es doch so sehr!« Vielen kritischen Fragen konnte ich damals wenig entgegensetzen.

Jim Rohn, ein US-amerikanischer Unternehmer und Motivationstrainer, sagte einmal: »Du bist der Durchschnitt der fünf Menschen, mit denen du die meiste Zeit verbringst.« Wenn die fünf Menschen, die dir besonders nahestehen, alle nicht reisen, kannst du eine Menge Gegenwind bekommen. Im schlimmsten Fall verunsichert dich das nicht nur, sondern es bringt dich zum Zweifeln. Ich sage dir: Meiner Erfahrung nach sind Selbstzweifel nie gut. Ich betrachte sie deshalb eher als Warnzeichen, dass ich im Begriff bin, meinen eigenen Ängsten nachzugeben. Dann setze ich mich hin, schaue mir meine Angst genauer an und frage mich: Zweifle ich wirklich an dieser oder jener Sache – oder suche ich insgeheim nur nach Ausreden?

Wenn du ständig Gegenwind bekommst, dann tut dir das nicht gut. Schließlich kämpfst du dafür, deinen Traum zu leben. Da solltest du dich nicht auch noch auf Nebenschauplätzen mit Diskussionen verausgaben müssen. Angebrachte Sorgen und kritische Rückfragen sind natürlich legitim. Aber solltest du vorhaben, auf Weltreise zu gehen oder sogar das Reisen zu deinem Lifestyle zu machen, umgib dich unbedingt auch mit Menschen, die das verstehen können. Die dich anfeuern, dir Mut zusprechen und dich unterstützen. Denn du wirst schon genug Diskussionen mit deinen Liebsten haben.

Da brauchst du nicht noch mehr Leute, die dich ausbremsen.

Mit der Zeit wird es besser, aber besonders anfangs brauchst du eher Rücken- als Gegenwind. Du bist im Begriff, aus einem System herauszutreten, das du gut kennst und an das du dich dein ganzes bisheriges Leben angepasst hast. Von diesem Zustand in einen völlig anderen überzugehen, bei dem du vielleicht noch nicht mal weißt, wo genau du am Abend schläfst oder in welchem Land du in zwei Wochen bist, ist eine große Veränderung. Da kannst du Instabilität durch Familie und Freunde wirklich nicht gebrauchen. Je mehr Erfahrungen du sammelst, je mehr Schritte du auf deinem Reiseweg gehst, desto sicherer wirst du stehen und desto besser kannst du mit den immer wiederkehrenden Diskussionen um dein Reiseleben umgehen. Einfach weil du erkennst, dass viele Menschen ihre Ängste oder Wünsche auf dich projizieren – und es in diesen Fällen bei den Diskussionen eigentlich gar nicht um dich geht.

Die Menschen, die dich lieben, meinen ihre Zweifel nicht böse. Sie machen sich tatsächlich Sorgen um dich. Ich weiß nicht, wie oft ich mit meiner Mutter schon Gespräche über »später« geführt habe. »Aber was machst du denn danach? Und im Rentenalter? Du kannst doch nicht immer so leben!« Mein Lebenswandel hat sie sehr verunsichert, weil sie dachte, dass ich in den Tag hineinlebe und keine Verantwortung für mein Leben übernehme. Dabei war das Gegenteil der Fall: Ich habe endlich die volle Verantwortung für mich übernommen. Meine Mutter konnte nur das Bild noch nicht sehen, das mir immer klarer vor Augen stand. Heute ist das natürlich anders. Wenn meine Eltern zu meiner Show kommen, merken sie: »Ach, wenn 500 Leute kommen, um unseren Sohn da vorne auf der Bühne zu sehen, muss er etwas richtig machen.« Sie sind natürlich stolz. Als ich mein erstes Buch veröffentlicht habe, ist meine Mutter zu den Nachbarn gelaufen und hat es überall gezeigt.

Dennoch gibt es – besonders bei Eltern – nicht dieses hundertprozentige Verstehen. Wäre ich Automechaniker, könnten meine Eltern sagen: »Unser Sohn repariert Autos.« Wenn sie aber heute gefragt werden, was ich mache, geraten sie in Erklärungsnot. Ich glaube, das wird auch immer so bleiben. Es geht ja nicht nur mir als Reisendem so. Das Internet hat viele Berufe entstehen lassen, die für ältere Generationen schwer zu verstehen sind. Ich will nicht wissen, wie oft ich versucht habe, Steffis Mama zu erklären, was ich eigentlich mache. Auch der Vater von Steffi sagt immer: »Ach ja, Nick und Steffi. Ich weiß zwar nicht, was sie machen, aber sie fragen nie nach Geld.«

Manchmal tut es natürlich auch ein bisschen weh, wenn die Menschen, die du am meisten liebst und die dich am meisten lieben, nicht genau verstehen, was du tust – oder es nicht verstehen wollen. Ändern kannst du das meistens nicht. Aber hey: Du willst ja auch nicht, dass dich jemand ändert.

Ich bin anfangs dem Fehler aufgesessen, alle missionieren zu wollen. Ich hatte für mich den Heiligen Gral des Lebens entdeckt, einen Lifestyle, der einen unglaublich erfüllen und glücklich machen kann. Also ging ich los und erzählte allen, die es hören oder nicht hören wollten: »Du musst reisen! Tu es! Es ist das Beste auf der Welt!« Erst nach einer Weile lernte ich: Ja, es ist für mich das Beste auf der Welt. Das bedeutet aber nicht, dass das für alle gilt. Jeder Mensch ist einzigartig, und jeder hat seinen eigenen Traum vom erfüllenden Leben, ob nun das Reisen dazugehört oder nicht.

Es gibt aber Lebensentwürfe, die gesellschaftlich eher akzeptiert sind als andere. Mein siebenjähriger Neffe Joshua fragte mich einmal, als ich ihn ins Bett brachte: »Onkel Nick, warum hast du eigentlich immer Urlaub?« Ich musste grinsen und erklärte ihm, dass ich gar nicht immer im Urlaub war, sondern einfach anders lebe. So ist das eben meistens in unserer Gesellschaft: Man hat Arbeit, oder man hat Urlaub. Einen anderen Entwurf können sich viele nicht vorstellen. Und damit meine ich nicht mein siebenjähriges Patenkind.

Hätte ich ein Einfamilienhaus gebaut, geheiratet, zwei Kinder gezeugt und einen Hund angeschafft, ich bin sicher, ich müsste mich nicht so oft für meinen Lebenswandel rechtfertigen. Ich gehe durch die Welt und sage: »Leben und leben lassen.« Doch viele Menschen fühlen sich dazu berechtigt, meinen Lebensstil infrage zu stellen. Sie können es aus welchen Gründen auch immer nicht akzeptieren, dass ich so glücklich durch die Welt laufe. Immer wieder muss ich mir anhören: »Wovor läufst du eigentlich davon?« Da kann ich nur mit dem Kopf schütteln. Meiner Meinung nach laufe ich vor gar nichts davon. Im Gegenteil: Ich laufe den Dingen mit offenen Armen entgegen.

Solche Fragen ärgern mich. Schließlich gehe ich auch nicht zu jemandem mit Eigenheim, klopfe an die Tür und frage: »Und – wovor versteckst du dich?«

Es gibt Menschen, die können nicht verstehen, dass Arbeit sich gut anfühlen kann. Dass man am Montagmorgen gerne aufsteht und sich auf die nächste Woche freut. In vielen Menschen steckt die Überzeugung, dass Arbeit sich immer scheiße anfühlen muss. Erst dann ist sie richtig oder berechtigt. Ist ja schließlich Arbeit. Ich vermute, dass ein großer Treiber für diese immer gleichen Diskussionen auch Neid ist. Möglicherweise halte ich manchen mit meiner Art zu leben einen Spiegel vor – und ihnen gefällt das Bild von sich selbst nicht, das sie darin sehen.

Ich vergleiche mein Leben gern mit dem Ausbruch eines Vulkans. Plötzlich platzte ein Knoten, ich ließ alles hinter mir und schoss als flüssige Lava aus meinem bisherigen stabilen Berg. Anfangs war ich eine formlose und leicht formbare Masse, aufgeheizt durch all das Neue, das mir begegnete. Doch jede positive und jede negative Erfahrung, die ich machte, härtete mich ab. Sorgte für Stärke. Machte mich sicherer. Heute bin ich ein fester Stein. Nicht träge oder eingefahren, sondern im Begriff, mir meinen eigenen, neuen Berg zu bauen. Lass dich in deiner Lava-Zeit nicht verunsichern. Sobald du ein klareres Bild davon bekommst, wo du im Leben hinmöchtest, werden dich die Zweifel und die Kritik der anderen nicht mehr so treffen. Zeit heilt nicht nur Limettenverbrennungen, sondern bringt auch mehr und mehr Akzeptanz mit sich.

KÖRPERLICHER SCHMERZ	★★☆☆☆
HERZSCHMERZ	★★★★★
MINDFUCK	★★★★★
TOLLPATSCHFAKTOR	★★☆☆☆
GEFAHR	★★★★☆

TERRORANSCHLÄGE

COLOMBO, SRI LANKA · APRIL 2019

Auch nach vielen Reisejahren, wenn du dich selbstsicher fühlst und weniger formbar bist, solltest du damit rechnen, dass auch der härteste Stein bröckeln kann. Es kann jederzeit passieren, dass du einen Blickwinkel entdeckst, aus dem du dein Leben noch nicht betrachtet hast. So ging es mir 2019, als ich gezwungen war, eine Perspektive einzunehmen, die mein inneres Massiv erschütterte, in einem Land, das kurz zuvor einen Terrorangriff erlebt hatte und nun mit den Folgen kämpfte. Anfang des Jahres hatte ich noch einige Zeit in Südamerika verbracht und war von dort aus nach Thailand gereist. Ich hatte vor, ein paar Wochen später wieder nach Deutschland zurückzukehren, um in einem Tonstudio mein erstes Buch als Hörbuchversion einzusprechen. Mein Plan war, vorher noch nach Sri Lanka zu reisen und im Anschluss Jordanien und Israel zu besuchen.

Kurz vor meiner Abreise nach Sri Lanka kam es unter anderem in Colombo, der Hauptstadt von Sri Lanka, zu schrecklichen Anschlägen, die der sogenannte Islamische Staat für sich reklamierte. In mehreren Hotels und Kirchen zündeten Selbstmordattentäter am Ostersonntag Bomben, die über 250 Menschen in den Tod rissen und mehr als 480 weitere verletzten. Sri Lanka stand unter Schock, und es herrschte absoluter Ausnahmezustand. Ich wusste nicht, ob ich an meinem Vorhaben, dorthin zu reisen, festhalten sollte – aus Sicherheits- und auch moralischen Gründen. Nach einem Telefonat mit Steffi, die sich damals gerade in Uganda aufhielt, beschloss ich jedoch, die Reise trotz aller Bedenken anzutreten.

Von Covid-19 hatte 2019 noch niemand gehört. Deshalb waren leere Flughäfen und Ausgangssperren auch mir zu diesem Zeitpunkt vollkommen unbekannt. Schon als ich ins Flugzeug gestiegen war, hatte ich die Veränderung bemerkt: Ich war noch nie mit so wenigen Menschen geflogen. Außer mir gab es nur zwanzig bis dreißig andere Passagiere. Als wir mitten in der Nacht in Colombo landeten, spürte ich aufgrund der Leere am Flughafen eine vorher nie erlebte Beklemmung. Im Vorfeld hatte ich mir bereits ein Bett in einem Hostel gebucht. Nach den Terroranschlägen hatten mich die Betreiber informiert, dass sie mich aufgrund der aktuellen Situation nicht abholen konnten, und mir eine Wegbeschreibung geschickt. Ich hatte mir deshalb ein Taxi reserviert und machte mich auf den Weg zur Passkontrolle. Überall in der Ankunftshalle standen bis an die Zähne bewaffnete Militärs. Mein Reisepass wurde insgesamt dreimal gründlich überprüft. Den Flughafen verlassen durfte nur, wer ein Busticket besaß, ein Taxi reserviert hatte und einen Nachweis über eine gebuchte Übernachtungsmöglichkeit mit sich führte. Alle, die so etwas vorweisen konnten, wurden von Soldaten in einen Bus gesetzt und unter Polizeischutz zum Parkplatz gebracht, wo die Taxis warteten. Auch hier durften wir nicht einfach einsteigen: Das Militär kontrollierte jedes Gepäckstück und rief dann die Taxifahrer aus, die einzeln ihre Passagiere abholten und zum jeweiligen Taxi brachten. Es war eine sehr merkwürdige und bedrückende Stimmung. Außer den gerufenen Anweisungen der Soldaten war nichts zu hören, niemand sprach. Das war ein krasser Gegensatz zu den sonstigen Landungen in einer neuen Reisedestination, wie ich sie kannte. Normalerweise stehen die Menschen voller Vorfreude im Bus und unterhalten sich. Die Stimmung ist positiv, es wird gegrinst und gelacht. Doch jetzt wusste keiner so recht, wie und wo er stehen oder sitzen geschweige denn hingehen durfte. Die Erschütterung eines ganzen Landes lag in der Luft.

Auch meinem Taxifahrer standen Sorge und Angst ins Gesicht geschrieben. Er war ein sehr freundlicher Mann, der anfangs still und reserviert wirkte. Erst nach einer Weile kamen wir in ein stockendes Gespräch, das immer wieder von langem Schweigen unterbrochen wurde. Kurz nachdem wir die Stadtgrenze passiert hatten, fiel mir auf, dass niemand auf den Straßen der Millionenstadt zu sehen war. »Es gilt eine strenge Ausgangssperre von neun Uhr abends bis sechs Uhr morgens«, erklärte mein Fahrer, »die Touristen sind direkt nach den Anschlägen in Scharen außer Landes gebracht worden. Kaum einer ist noch hier.« Er berichtete, wie schwierig es in dieser Zeit für ihn war, Geld für sich und seine Familie zu verdienen. »Ich habe große Angst, aber trotzdem fahre ich jede Nacht. Irgendwo muss ja wenigstens etwas Geld herkommen.« In der leisen Stimme des Fahrers hörte ich Verunsicherung und großen Schmerz. Weil ich nicht wusste, was ich sagen sollte, schwieg ich.

Taxifahrten waren ausschließlich erlaubt, um Einreisende zu ihren Übernachtungsmöglichkeiten zu bringen – und das wurde wirklich streng kontrolliert. Nach einer Weile passierten wir dann auch die erste von insgesamt fünf Polizeikontrollen auf dem Weg zu meinem Hostel. Jedes Mal mussten wir die Fenster herunterkurbeln. Dann leuchteten die Polizisten uns mit grellen Taschenlampen ins Gesicht, das ganze Taxi wurde auf den Kopf gestellt und mein Gepäck auseinandergenommen. Erst nachdem all das passiert war und ich mein Flugticket und meinen Reisepass vorgezeigt hatte, durften wir weiterfahren. Bei der zweiten Polizeikontrolle fragten die Beamten am Ende nach Zigaretten, die wir ihnen ohne Widerworte gaben. Mit jeder Kontrolle kamen mein Fahrer und ich mehr ins Gespräch. Er erzählte mir, dass seine Cousine und ihre beiden Töchter sich in einer der

Kirchen aufgehalten hatten, als eine Bombe hochging. Keine der drei hatte das Attentat überlebt. Während er das sagte, wurde seine Stimme noch leiser, und Tränen liefen über seine Wangen. Auch mir standen bei seinen Worten die Tränen in den Augen. Ich bekam am ganzen Körper Gänsehaut.

Es ist eine Sache, über die Nachrichten von Naturkatastrophen, Unglücken oder Terrorattentaten in einem weit entfernten Land zu erfahren. Eine ganz andere ist es, wenn ein Betroffener neben dir sitzt, um Fassung ringt und trotzdem gezwungen ist, sein Leben weiterzuleben. Ohne Pause dazwischen. Direkt mit einem Betroffenen am Ort des Geschehens zu sein macht den Schrecken plötzlich greifbar. In diesen eineinhalb Stunden im Taxi, in denen mir mein Fahrer von seinem Schicksal erzählte, verlor ich ein Stück weit den Glauben an die Menschheit.

Kurz bevor wir mein Hostel erreichten, fragte mich mein Fahrer, ob ich ihm einen Gefallen tun würde. Er bat mich, ihn zum nächsten Polizeirevier zu begleiten, wo er sich eine Bescheinigung holen wollte, dass er einen Fluggast zu seinem Hostel gebracht hatte. Ohne einen solchen Schein hätte er auf der Rückfahrt zum Flughafen nicht beweisen können, dass er einen triftigen Grund gehabt hatte, durch die Stadt zu fahren. Wer die strenge Ausgangssperre verletzte, wurde ohne große Diskussion eingesperrt – und davor hatte mein Fahrer verständlicherweise viel Angst. »Natürlich mache ich das. Keine Frage«, antwortete ich ihm.

Das erste Gebäude, das ich in Sri Lanka betrat, war deshalb ein Polizeirevier. Einen kurzen Moment erlaubte ich mir den Gedanken: »Typischer Nick-Move eigentlich, gleich nach der Ankunft auf eine Wache gebracht zu werden. So schnell ist das ja noch nie gegangen.« Der kurze Anflug von schwarzem Humor blieb mir beim Eintreten jedoch direkt im Halse stecken. War die Stimmung am Flughafen schon bedrückend gewesen, hier war sie um einiges schlimmer. Während mein Fahrer sich um die erforderlichen Dokumente bemühte, hielt ich mich im Hintergrund und beobachtete das Geschehen um mich herum. Gleich hinter der Rezeption befanden sich die Gefängniszellen, auf die wir freie Sicht hatten. Sie platzten beinahe aus allen Nähten. Unzählige Menschen standen und saßen dicht gedrängt hinter den Gitterstäben und schauten uns an. Es war schlimm. Ich war wirklich froh, dass ich meinem Fahrer helfen konnte, und unterschrieb bereitwillig jedes Formular. Noch froher war ich allerdings, als wir die Wache wieder verlassen und zurück ins Taxi steigen konnten.

Als wir beim Hostel ankamen, bedankte ich mich bei meinem Fahrer und wünschte ihm von Herzen alles Gute. Als er in die Stille der Nacht davonfuhr, sah ich dem Taxi einen Moment nach. Dann drehte ich mich um – und stand vor verschlossenen Türen. Kein Mensch weit und breit. Und niemand reagierte auf mein Klingeln und Klopfen. Zehn Minuten, die mir vorkamen wie eine Stunde, stand ich mutterseelenallein auf der Straße und versuchte, mich bemerkbar zu machen. Erst als ich dazu übergegangen war, laut zu rufen, wachte jemand auf und öffnete die Tür. Es war das erste Mal, dass ich der einzige Gast im ganzen Hostel war. Aber es war nur die erste Nacht von vielen. Die Terroranschläge hatten den Tourismus in Sri Lanka komplett zum Erliegen gebracht. Viele Hotels und Restaurants hatten wegen ausbleibender Gäste schließen müssen. Und so hatten die Anschläge das Land nicht nur einmal getroffen, sondern trafen es in den folgenden Wochen und Monaten immer wieder. Die Menschen litten aufgrund fehlender Einnahmen und wussten nicht, wie sie die nächsten Rechnungen bezahlen sollten. Ein Hostelbesitzer erzählte mir, dass er bis Juli ausgebucht gewesen war. Doch nach Ostern war jede einzelne Buchung storniert worden. Nun wusste er nicht, wie er die nächsten Monate über die Runden kommen sollte. Von einem Tag auf den anderen gab es keine Reisenden mehr, und die Umsätze fielen komplett weg. Was wir heute durch Corona kennen, war mir damals völlig neu. Ich hatte mir vor meiner Anreise nicht vorstellen können, mit welchen Auswirkungen die Menschen vor Ort zu kämpfen hatten.

So leer wie in den Hostels war es fast überall. Von Colombo reiste ich in einem der offenen Züge, mit denen ich schon immer hatte fahren wollen, weiter. Weil die Bahn sehr langsam fuhr, konnte ich mich zwischen den Abteilen auf eine Plattform setzen und die Aussicht genießen. Die Zugfahrt war, objektiv betrachtet, traumhaft. Doch ich konnte den Gedanken an neue Anschläge nicht abschütteln. Mir war sehr mulmig zumute, und ich dachte daran, dass öffentliche Transportmittel besonders jetzt, wo die Straßen wie leer gefegt waren, womöglich ein neues Ziel sein konnten. Was, wenn die Anschläge nur der Beginn einer ganzen Terrorwelle gewesen waren?

Ich haderte mit dem Gedanken, ob die Reise nach Sri Lanka wirklich so eine gute Idee gewesen war oder ob ich nicht besser sofort in den nächsten Flieger steigen sollte. War diese Reise ein weiterer Schritt in einem Prozess, aus dem ich lernen konnte? Oder war es einfach nur blauäugig gewesen hierherzukommen? Ich hatte darauf keine Antwort.

In Mirigama, einem Surferort im Süden Sri Lankas, stieg ich aus dem Zug. Für gewöhnlich sollte dieser Ort voll von Surfern sein und ein toller und entspannter Vibe herrschen. Jetzt aber ging ich durch leere Straßen und zählte höchstens zwanzig Leute, die sich draußen aufhielten. Auf den Wellen sah ich drei einzelne Surfer. Auch hier war die Beklemmung, die ich in Colombo erlebt hatte, deutlich zu spüren.

Einige Tage später reiste ich nach Arugam Bay an der Ostküste. Ich hatte mir einen Männerschnupfen eingefangen und kurierte mich in einem Hostel aus. Ich kann mich noch genau an diesen Ort erinnern, weil ich dort meinen Geburtstag feierte. Außer mir waren nur zwei andere Gäste im Hostel. Wir lagen in Hängematten, hörten Musik und unterhielten uns leise. Noch immer galt die Ausgangssperre, und die Situation war sehr, sehr angespannt. Tagsüber hatte ich einen Strandspaziergang gemacht. Am ganzen Strand hatte bewaffnetes Militär patrouilliert. Ich war nicht umhingekommen, mir vorzustellen, wie das Leben hier normalerweise ablaufen würde. Der Strand wäre voller Urlauber, Wochenendausflügler und Surfer gewesen, die mit einem Tee den Sonnenuntergang genossen hätten. Jetzt aber saß der

Schock so tief, dass kein noch so schöner Abendhimmel davon ablenken konnte.

Am Ende habe ich aus meiner Reise nach Sri Lanka einfach das Beste gemacht. Ich bin sowieso kein Tourist, der Touren bucht und einen Haufen Fotos schießt. Das hat mir also nicht gefehlt. Trotzdem habe ich mich meist mulmig gefühlt. Der einzige Moment, der mich tatsächlich von der bedrückenden Stimmung ablenkte, war mein Besuch auf der berühmten Nine Arche Bridge in Ella. Normalerweise ist diese von Touristen geradezu überfüllt. Zweimal am Tag wird sie von einem Zug überquert, aus dem sich dann die Leute hängen, um beeindruckende Bilder für Instagram zu schießen. Ich machte mich mit einem Kanadier, den ich im Hostel kennengelernt hatte, mit einer Rikscha dorthin auf. Als wir ankamen, stellten wir fest, dass wir weit und breit die einzigen Besucher waren. Den Zug hatten wir verpasst, aber wir bekamen die Möglichkeit, ganz allein über die Brücke zu laufen.

Irgendwo in der Mitte setzte ich mich an den Rand der Brücke, und mein Bekannter machte ein Foto von mir. Auf diesem Bild sieht man, wie ich Beine baumelnd dasitze und auf die Landschaft schaue. Was man allerdings nicht sieht, ist, dass sich direkt unter meinen Füßen ein großer Bienenschwarm sehr über mich ärgerte. Auch ich selbst sah ihn nicht. Als zwei oder drei Bienen schimpfend um mich herumsirrten, schlug ich sie weg und wunderte mich: »Was haben die denn hier mitten auf der Brücke zu suchen?« Erst als weitere Bienen sich ihren kampflustigen Kumpanen anschlossen, um mir mal ordentlich die Meinung zu geigen, bemerkte ich das

Bienennest direkt unter mir. Sofort sprang ich auf – doch es war zu spät. Mit einem lauten »Fuck you« hatten sich Maja, Willi und ihre Gang auf mich gestürzt. Ich rannte wie der Teufel, die Meute folgte mir dicht auf den Fersen. »Bees! Bees! FUUUCK!«, schrie ich dem Kanadier zu und bemerkte, dass es eine der Aggrobienen bereits unter mein T-Shirt geschafft hatte. Ich riss es mir vom Leib und schlug damit beim Rennen wild um mich. Schließlich gelang mir die Flucht. Wider allen Erwartungen kam ich recht glimpflich davon: zwei Stiche am Arm, einer am Hals und einer in der Wade. Trotz der Schmerzen mussten der Kanadier und ich laut lachen, als wir uns hinter der Brücke keuchend auf den Boden fallen ließen. Es muss ein Bild für die Götter gewesen sein, wie wir großen Kerle schreiend vor einem unsichtbaren Feind über die Brücke davongerannt waren. Nur leider hatte es niemand gesehen. Ich glaube, es war das einzige Mal in meiner Zeit in Sri Lanka, dass ich herzlich gelacht habe.

Noch heute denke ich hin und wieder an den freundlichen Taxifahrer, der mich vom Flughafen zu meinem Hostel gefahren hat. Der wie so viele der Menschen dort Schreckliches erlebt hatte. Ich frage mich, wie es ihm heute wohl geht und wie er mit den furchtbaren Erlebnissen umgeht, die sein Leben für immer geprägt haben. Auch mich hat die Reise nach Sri Lanka verändert, auch wenn ich noch nicht sagen kann, was mir dieses Erlebnis für mein Leben gebracht hat oder noch bringen wird. Vielleicht einfach nur den Fakt, dass ich andere auf echte Schicksale aufmerksam machen kann, die sonst so weit weg scheinen und deshalb weniger real wirken. Vielleicht finde ich aber auch noch einen anderen Sinn hinter dieser Erfahrung. Die Zeit wird es zeigen. Das Einzige, was ich für jetzt daraus zu ziehen in der Lage bin, ist Dankbarkeit für alles, was ich habe, erleben darf und machen kann.

KÖRPERLICHER SCHMERZ	★★★☆☆
HERZSCHMERZ	★☆☆☆☆
MINDFUCK	★★☆☆☆
TOLLPATSCHFAKTOR	★★★★☆
GEFAHR	★★★★☆

GAR NICHT MAL SO SCHÖN

IN DEN UNTERKÜNFTEN DIESER WELT · WENN ES NACHT WIRD

Wer denkt bei den Worten »Reisen« und »Urlaub« nicht an tiefblaues Wasser, weiße Strände, gutes Essen und vor allem: wunderschöne Unterkünfte? Du reist in den Süden und übernachtest in einer Bambushütte direkt am Meer. Oder du machst dich auf in den höchsten Norden, und nach einer unglaublichen Husky-Schlittentour krabbelst du in dein Glas-Iglu und siehst beim Einschlafen Milliarden von Sternen am Himmel. Ich kann von einer Menge wunderbarer Unterkünfte samt Infinitypools erzählen, doch dieses Buch heißt ja nicht »Nick und die schönsten

Unterkünfte der Welt«. Es geht eher um das Gegenteil. Und Himmel – auch da habe ich eine Menge zu berichten.

Vielleicht nicht unbedingt die schlimmste, aber die Unterkunft mit dem größten Mehrbettzimmer, in dem ich je geschlafen habe, erlebte ich in Fidschi. Das war wirklich ein Rekord in Sachen Anzahl der Betten, denn es standen nicht mehr und nicht weniger als 64 davon in einem einzigen Schlafsaal. Dieses Hostel befand sich auf der South Sea Island und war dort die einzige Möglichkeit zu übernachten. An sich sah das Hostel ganz nett aus, es gab sogar einen kleinen Whirlpool. Von dem hielt ich mich allerdings penibel fern. Bei 64 Backpackern waren mit Sicherheit nicht nur Hygienemonster am Start, die sich dreimal am Tag duschen. Es gibt immer auch das andere Extrem: Leute, die vermutlich überzeugt davon sind, dass sie allein auf der Welt leben, und sich niemals oder nur sehr selten waschen. Die dann auch gerne mal schweißgebadet in so einen Jacuzzi steigen und – Gott bewahre – darin vielleicht noch Sex haben. Da habe ich sogar als Mann Bedenken, in so einen Whirlpool zu steigen, aus Angst, ich werde schwanger.

Von feuchten Wänden in nach Schimmel stinkenden Hostels über richtig dreckige Airbnbs, bei denen die Decke über der Dusche runterkommt, Unterkünften ohne Strom oder Licht, bei denen dir nur eine alte Kerze hingestellt wird – ich habe alles schon erlebt. Am schlimmsten ist es aber jedes Mal, wenn es kalt ist. Im bolivianischen Uyuni übernachtete ich einmal in einer Art Hostel, das eigentlich nur ein Sechs-Personen-Zimmer mit drei Stockbetten war. Der Raum war klein und dunkel, ein Fenster gab es nicht. Obwohl die Unterkunft nicht dreckig oder ungemütlich war, gehört diese Nacht zu meinen schlechtesten Hostelerinnerungen, denn es herrschten minus zwanzig Grad. Nicht draußen, sondern im Schlafraum. Wir hatten jeder zwei Decken bekommen, aber die reichten bei Weitem nicht aus, um die Körpertemperatur zu halten. Das Thema Duschen legte ich direkt zu den Akten, denn es gab natürlich auch nur kaltes Wasser. Ich wunderte mich, dass es überhaupt noch lief und keine Eiswürfel aus der Leitung purzelten.

Generell kann es in Südamerika – besonders in Bolivien – unter Umständen so kalt werden, dass du morgens das Eis von deiner Nase kratzen kannst. Das erlebte ich auch einmal in der bolivianischen Salzwüste. Dass das Hostel an sich sehr schön war, bekam ich nur deshalb nicht mit, weil ich damit beschäftigt war, dem Erfrierungstod zu entgehen. Ich überstand die Nacht nur, indem ich mir sämtliche Klamotten anzog, die ich besaß, und zusätzlich noch meinen Schlafsack und zwei Decken um mich herumwickelte. Aber was will man erwarten bei einem Hostel, das komplett aus Salz besteht? Eine Erfahrung war es allemal.

In San Francisco hatte ich einmal über die Couchsurfing-Plattform einen Host kennengelernt, der in Chinatown lebte. Er war Mitte vierzig, und zusammen mit einem anderen Couchsurfer schlief ich in seiner Wohnung auf je einem Klappbett. Unser Host selbst schlief in einem großen gemütlichen Bett, und er bot uns tatsächlich an, dass wir auch mit bei ihm schlafen könnten. Ich dachte damals nur: »Nee, das muss nicht unbedingt sein.« Ich befürchtete, dass er auch Hintergrundgedanken hatte, denn er lief den ganzen Tag nackt und mit nur einer viel zu knappen Boxershorts herum, aus der Teile seines Gemächts schön herausbaumelten.

Eine andere denkwürdige Übernachtung erlebte ich in einem Hostel, in dem es eine ganz besondere Ecke gab. Dort stand nicht etwa ein Bett, sondern einfach eine Toilette. Aber keine schöne Porzellanschüssel, sondern ein Plumpsklo. Es gab weder eine Tür noch einen Vorhang. Ich sage mal so: Da musst du halt schon sehr innig mit deinen Mitbewohnern sein, um dich wohlfühlen zu können. Du liegst morgens um acht schlummernd in deinem Bett und wirst davon wach, dass neben dir jemand die schönsten Pupstöne produziert. Da bleibt dir fast nichts anderes übrig, als dich umzudrehen, zum Gruß die Hand zu heben und zu sagen: »Guten Morgen! Ich höre, es läuft bei dir!«

Mir ist es aber auch schon passiert, dass ich in einer Nacht gar keinen Schlafplatz gefunden habe. Damals reiste ich in den USA per Anhalter von Miami nach North Carolina. Nach einem unglaublich langen Tag, an dem ich mal wieder den Glauben an die Menschheit verloren hatte – auch das kommt beim Reisen hin und wieder vor –, blieb mir nichts anderes übrig, als im Freien zu schlafen. Alles, was ich fand, um mich ein bisschen zu schützen, war eine stachelige Hecke. Dort legte ich mich auf mein Backpackcover und eine Schicht Kleidung. Obwohl es gar keinen Komfort gab, konnte ich dennoch ein bisschen Schönheit in dieser Nacht entdecken. Und zwar direkt über mir. Ich lag unter einem riesigen Himmel, der von Sternen nur so übersät war. Auch wenn es ein wahnsinnig anstrengender und deprimierender Tag gewesen war, hatte ich in dieser Nacht tatsächlich so etwas wie Ruhe gefunden. Im Nachhinein zähle ich diese Übernachtung also eher zu den guten Reiseerfahrungen. Auch deshalb kann ich es jedem einfach nur ans Herz legen, einfach mal auf alle Bequemlichkeiten zu verzichten und sich auf ein kleines Übernachtungsabenteuer zu begeben. Dabei nachzuspüren, wie wohl oder unwohl du dich fühlst, wenn nichts ist wie sonst. Ich für meinen Teil habe mich nach dieser Nacht noch sehr lange über jedes warme Bett und jede saubere Dusche gefreut, über Dinge, die man als Selbstverständlichkeiten ansieht, die in Wahrheit aber keine sind.

So stinkig und voller Bettwanzen Unterkünfte auch sein können: Ich höre nie auf, überhaupt dankbar für einen Schlafplatz zu sein. Einfach deshalb, weil ich in verschiedenen Teilen der Welt gesehen habe, wie es anderen Menschen auch gehen kann. In den Slums von Uganda leben die Menschen beispielsweise in ganz einfachen und winzigen Hütten aus Lehm ohne Strom, ohne Bad und ohne Fenster. Und das sind schon die eher »guten« Häuser, denn sie bieten einen gewissen Schutz. Drinnen gibt es nichts anderes als den harten Boden, vielleicht noch ein paar auseinandergefaltete Kartons. Wer Glück hat, besitzt eine Matratze, die sich die Menschen manchmal zu zehnt teilen müssen.

Was ist da schon eine Nacht in einer Unterkunft ohne Ventilator und Klimaanlage, in der sich die Moskitos mit dem Schlachtruf auf dich stürzen: »Ja, Mann!

Büfett! Kommt alle her!« Natürlich ist das nicht »schön«, aber mir geht es darum, Erfahrungen zu sammeln. Und dazu gehören eben auch mal richtig furchtbare Nächte. Oder auch Nächte auf irgendwelchen Inseln in der Südsee, wo du zwar ein richtig tolles Bett in einem Hostel hast, dich aber nach einem netten Abend mit reichlich Alkohol nicht mehr daran erinnern kannst, aus welcher Richtung du gekommen bist. Dann wachst du plötzlich in der prallen Sonne mit dem Gesicht im Sand auf, Steine knirschen zwischen deinen Zähnen, und der Teil deines Körpers, der frei lag, leuchtet in den strahlendsten Rottönen.

Diese Nächte stehen im krassen Gegensatz zu dem Komfort, den ich andernorts genießen durfte, wie beispielsweise dieses eine Mal, als ich in einer Penthouse-Suite à la *Hangover* in Las Vegas übernachten durfte. Aber es ist, wie es ist: Ich bin kein wirklicher Fan von großem Luxus. Gemütlichkeit ist auch immer ein Kostenfaktor, den ich mir besonders anfangs nicht leisten konnte – und oft auch nicht leisten wollte. Einfach weil mir andere Dinge wichtiger waren. Mittlerweile achte ich auf die kleinen Annehmlichkeiten. Zum Beispiel, dass in einer Unterkunft eine Küche ist; also je nachdem, wo ich mich gerade befinde, weil ich einfach unwahrscheinlich gerne selbst koche. Was Luxus ist, definiert ja auch jeder selbst. Für den einen mag eine Reise im Van viel zu beengend sein, weil es wenig Platz gibt. Für andere ist es der größte Luxus, morgens die Tür öffnen und direkt auf den Strand purzeln zu können. Und je nach Perspektive ist schon das Reisen an sich ein großer Luxus, egal, ob die Unterkunft

Fenster hat oder nicht, ob das Klo mitten im Zimmer steht oder in einem blitzsauberen Bad. Der Luxus ist die Freiheit, überhaupt mit einem Backpack die Ecken und Enden dieser Welt für sich entdecken zu können.

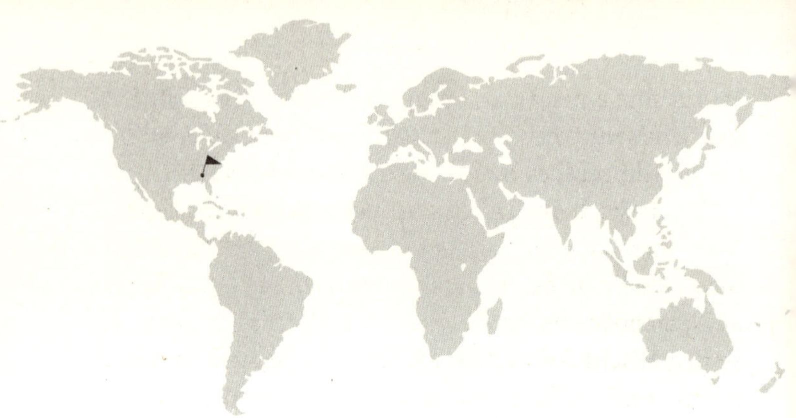

KÖRPERLICHER SCHMERZ	☆☆☆☆☆
HERZSCHMERZ	☆☆☆☆☆
MINDFUCK	★★★☆☆
TOLLPATSCHFAKTOR	★★★☆☆
GEFAHR	★★★★☆

TWENTY BUCKS

I-75, GEORGIA, USA · JULI 2014

Es gibt Menschen, die schon richtig viel per Anhalter gefahren sind und einen Haufen Geschichten darüber erzählen können. Beispiele sind Daniel Dakuna und Nic Jordan, die ganze Bücher darüber geschrieben haben: *Anekdoten eines Beifahrers* bzw. *aWay*. Ich für meinen Teil bin bei Weitem nicht so oft per Anhalter gefahren, aber habe trotzdem einige Erfahrungen damit gemacht – generell fast durchgehend positive. In meiner Zeit in den USA war ich einmal vier Tage nonstop auf diese Weise unterwegs. Ich habe Menschen kennengelernt, die nur wegen mir einen Umweg gefahren sind, die mich mit Essen versorgt, mir einen Schlafplatz angeboten oder mir sogar Geld gegeben haben, als ich welches brauchte.

Doch wie beim Couchsurfing gibt es unter tausend Menschen auch immer ein schwarzes Schaf. Das ist einfach eine Frage der Statistik. Auch ich traf eines Tages auf jemanden, der ein besonderes Bedürfnis an mich als seinen Hitchhiker stellte. Ich stand in Georgia an einer Straße und wollte in Richtung South Carolina weiter. Da hielt der Typ an, kurbelte sein Fenster herunter und sagte: »Spring rein, kannst mitfahren.« Das ließ ich mir nicht zweimal sagen, denn in Amerika ist es manchmal gar nicht so einfach, eine Mitfahrgelegenheit zu finden. Das liegt daran, dass Hitchhiker nicht mitversichert sind. Deshalb ist es beispielsweise Truckfahrern verboten, Anhalter mitzunehmen. Und weil Hitchhiken verboten ist, halten viele US-Amerikaner Hitchhiker für Kriminelle oder gleich Schwerverbrecher. Sobald ich in einem Auto sitze, fange ich daher immer gleich an zu reden. Ich erzähle von mir und meiner Geschichte, damit die Leute wissen, dass ich ein guter Kerl bin.

Bei diesem Fahrer kam ich allerdings überhaupt nicht zu Wort. Sobald ich eingestiegen war, fing er auch schon an, sich über Gott und die Welt zu beschweren: »Weißt du, ich hatte einen richtig beschissenen Tag. Normalerweise fährt immer eine Bekannte mit. Aber die hat kurz vorher abgesagt. Das hat mir die ganze Laune verdorben.« Der Typ war echt strange und wiederholte in einer Tour, was für einen schlechten Tag er hatte, weil seine Bekannte nicht neben ihm saß. Noch bevor ich mich groß darüber wundern konnte, lieferte er mir auch den eigentlichen Grund für seinen Verdruss: »Wenn meine Bekannte mit mir fährt, dann bezahle ich ihr zwanzig Dollar, und sie streichelt mir dafür während der Fahrt den Bauch.« Als er das sagte, runzelte ich innerlich die Stirn. Was war das denn für eine merkwürdige Aussage? Mir wurde ein bisschen mulmig zumute, deshalb versuchte ich, die Stimmung mit einem Spruch aufzulockern: »Ja puh, dann hast du ja heute wenigstens zwanzig Dollar gespart, oder?« Anstatt auf mein eher gezwungenes Lachen einzugehen, blickte er kurz zu mir herüber und machte mir dann ein Angebot: »Ja also, wenn du dir die zwanzig Dollar verdienen möchtest? Du weißt schon, was ich meine …«

Ich war perplex. Hatte der Kerl mir echt gerade zwanzig Dollar für Bauchkraulen angeboten? Ich lehnte dankend ab und sah bei der nächsten Möglichkeit zu, dass ich Land gewann. Wer weiß, was der Typ noch alles für Vorlieben hatte.

So unheimlich diese Situation auch war: Das war bislang meine einzige negative Erfahrung in Sachen Hitchhiken. Aber ich weiß auch, dass es als Mann eine ganz andere Kiste ist, per Anhalter zu fahren, als für eine Frau. Wenn ich nach dem Hitchhiken gefragt werde, sage ich ehrlich: »Ja, das ist eine super Art, ohne große Kosten von A nach B zu kommen. Allerdings geht man damit auch ein gewisses Sicherheitsrisiko ein.« Ich würde deshalb niemandem sagen, dass er das unbedingt und auf jeden Fall einmal ausprobiert haben muss. Doch wenn du mal auf diese Art reisen willst, dann rate ich dir, jede

Situation immer auch nach deinem Bauchgefühl zu bewerten. Das ist dein bester Wegweiser. Der und natürlich dein gesunder Menschenverstand.

KÖRPERLICHER SCHMERZ	★★★★☆
HERZSCHMERZ	★★★★★
MINDFUCK	★★★★★
TOLLPATSCHFAKTOR	★☆☆☆☆
GEFAHR	★★★☆☆

UND DU SO?

AUF DEN FÄHRTEN DER ANDEREN · BEIM ZUHÖREN

Es sind nicht nur meine Abenteuer und Erfahrungen auf Reisen, von denen ich gelernt habe. Sie machen zwar einen großen Teil aus, aber einen weiteren großen Teil haben andere Menschen mit ihren Geschichten beigetragen. Vieles lernte ich durchs Zuhören. Ob das jetzt ein Schwank aus der Jugend ist, Familiengeschichten, verrückte Abenteuer oder inspirierende Episoden – die Welt erschließt sich einem auch durch die Augen anderer. Deshalb dürfen in diesem Buch auch die Erzählungen anderer nicht fehlen, die mich ebenso geprägt haben. Weil es hier um »die dunkle Seite« geht, habe ich in meinem Gedächtnis gekramt und ein paar von den Geschichten zutage gefördert, die mir einen Schauer über den Rücken gejagt haben.

Nie vergessen werde ich beispielsweise ein Gespräch mit einer Reisenden, die ich in Kanada getroffen habe. Bei einer Flasche Rotwein erzählte sie mir, dass sie vor nicht allzu langer Zeit ein anderes Leben geführt habe, mit dem sie abgeschlossen habe. Sie war nicht immer auf Reisen gewesen, sondern hatte zusammen mit ihrem Ehemann in einem schönen Haus gelebt. Es war die pure Idylle gewesen, die eines Tages dadurch Risse bekam, dass ein Serienmörder in ihrer Ortschaft sein Unwesen trieb. Die ganze Gemeinschaft lebte für einige Wochen in Angst und Schrecken. Nach langen Ermittlungen nahm die Polizei schließlich einen Mann fest, dem niemand zugetraut hätte, ein Verbrechen zu begehen. Einen, auf den Verlass war, von dem man sich den Rasenmäher borgte und den man gern zum Barbecue einlud: ihren Ehemann. Vier Jahre hatte sie sich mit einem Mörder ein Leben aufgebaut, das von einem auf den anderen Tag in sich zusammenfiel. Sie war jeden Abend neben ihm eingeschlafen und hatte mit ihm über die schrecklichen Ereignisse gesprochen. Als ich sie traf, hatte sie durch ihre Reisen wieder etwas Sonne in ihr Leben lassen können. Doch man muss wohl niemandem erklären, wie tief ihr Vertrauen in die Menschen erschüttert worden war. Das Leben, das sie bis zu diesem Tag gekannt hatte, war vorbei. Und sie litt noch immer unter den quälenden Fragen, ob sie nicht etwas hätte merken müssen.

Eine andere Geschichte, die ich noch sehr lange mit mir herumgetragen habe, erzählte mir ein Mann auf den Straßen von El Salvador. Er saß am Straßenrand und sah aus, als würde er Hilfe brauchen, also ging ich zu ihm. Vollkommen in einer Schockstarre gefangen, brachte er zunächst kaum ein Wort heraus. Erst nach einer ganzen Weile begann er mit bleichem Gesicht zu erzählen, was ihm passiert war: Er war am Morgen ganz normal aus dem Haus gegangen und hatte ganz alltägliche Dinge getan. Mitten auf einer Straße im Getto-Viertel hatte er plötzlich einige Männer gesehen, die einem anderen eine Pistole an den Kopf hielten – und abdrückten. An diesem ganz normalen sonnigen Morgen hatte also direkt vor seinen Augen ein Mord stattgefunden. Mir drehte sich der Magen um, als er emotionslos, fast wie ein Roboter, erzählte, wie das Blut des Mannes an eine Hauswand gespritzt war. Mir wurde innerlich ganz kalt, und ich schaute mich verunsichert um. Dieser Mann hatte nur ein paar Straßen weiter etwas erleben müssen, was ich selbst nur aus Actionfilmen oder Computerspielen kannte. Was es mit einem machte, so etwas im wahren Leben mitansehen zu müssen, will ich mir gar nicht ausmalen. Mir hatte es schon gereicht, die Auswirkungen im Gesicht des geschockten Mannes zu sehen, um mich tagelang völlig aus der Bahn geworfen zu fühlen. Ich hoffe, dass er das Geschehen für sich verarbeiten konnte.

Eine Geschichte, die ich in einem Hostel gehört habe, zählt vielleicht zu den berühmten Urban Legends – Schauergeschichten, die herumerzählt werden und von denen man nicht weiß, ob sie tatsächlich stattgefunden haben oder nicht. Doch ob wahr oder nicht: Auch solche Geschichten machen etwas mit einem. Diese handelt davon, dass eine Gruppe Reisender in einem Mehrbettzimmer geschlafen hat, dessen Fenster nachts offen standen und nur durch eine Art Mückennetz oder Drahtgitter gesichert waren. Als die Gruppe am nächsten Morgen erwachte, fühlten sich alle, als hätten sie am Abend zuvor ordentlich einen draufgemacht. Das Nächste, was sie merkten, war, dass all ihre Wertsachen weg waren – und das Fliegengitter am Fenster zerrissen war. Im Nachhinein stellte sich heraus, dass mit einem Schlauch Gas durch das Fliegengitter ins Zimmer geleitet worden war, das die Schlafenden betäubt hatte. Die Diebe hatten dann in aller Seelenruhe sämtliches Gepäck durchsuchen und alles Wertvolle mitnehmen können, ohne dass jemand durch Geräusche geweckt worden war.

Eine weitere Urban Legend dreht sich um eine neue Art Postkutschenüberfall in Südamerika. Nachts werden die großen Langstreckenbusse durch ein über die Straße gespanntes Drahtseil zum Halten gezwungen. Manchmal steckt der Busfahrer mit den Gaunern unter einer Decke, manchmal nicht. In jedem Fall werden die Busse gestoppt. Dann springt eine Bande bewaffneter Männer aus den Büschen, bedroht den Busfahrer und die Reisenden, zwingt alle zum Aussteigen und raubt sämtliche Wertsachen und ganze Backpacks.

Eine andere Busgeschichte habe ich übrigens selbst mal in Kanada erlebt. Die hatte nichts mit gespannten Drahtseilen zu tun, sondern mit einem verletzten Mann, der mitten unter den Reisenden saß. Sein Bein war zerschmettert, und er hatte es eher notdürftig mit einigen Mullbinden verarztet. Dennoch lief ihm das Blut in Strömen übers Schienbein und bildete auf dem Boden eine Lache. Der Mann schwitzte vor Schmerzen und warf sich Ibuprofen-Tabletten in den Rachen, als wären es Smarties. Ziemlich schnell machte im Bus flüsternd eine Geschichte über den Mann die Runde: Es handle sich um einen Schwerverbrecher auf der Flucht, der nur wenige Stunden zuvor bei seiner Verhandlung aus dem ersten Stock des Gerichtsgebäudes gesprungen sei. Sein Bein habe dabei einiges abbekommen, doch er habe es geschafft, zur nächsten Greyhound-Haltestelle zu flüchten. Mittlerweile werde mit einem riesigen Polizeiaufgebot nach ihm gefahndet. Ich blickte über einige Sitzreihen nach vorn, wo der Mann saß, und fragte mich, ob diese Geschichte stimmte. Und wenn ja: Was genau hatte er getan? War er ein Mörder? War er bewaffnet und gefährlich? Vielleicht war er auch unschuldig, alles war ein großes Missverständnis, und er wollte nur in Frieden in der weiten Natur Kanadas in Ruhe gelassen werden. Fragen über Fragen schwirrten in meinem Kopf umher. Durch die Umstände und wegen seines Äußeren hatte ich den Mann definitiv in meine Schublade »gefährlich und bedrohlich« gesteckt. Um wirklich zu wissen, was seine Wahrheit war, hätte ich ihn fragen sollen. Aber ich habe mich nicht getraut. Ich habe keine Ahnung, wie die Geschichte für ihn geendet ist, da ich irgendwann ausgestiegen bin. Doch bis es so weit war, saß ich mehr als beklommen in meinem Sitz, jederzeit auf der Hut, falls etwas passieren würde.

Die letzte Geschichte, von der ich erzählen möchte, handelt von meiner Bekannten Sarah und ihrer Tochter Lisa. Steffi und ich hatten die beiden 2013 kennengelernt, als wir durch Südamerika gereist waren. Sarah war die Besitzerin eines Hostels in Ecuador, in dem wir für ein paar Tage abgestiegen waren. Wir hatten uns sofort sehr gut verstanden und waren in Kontakt geblieben. 2016 erlebten Sarah und Lisa die längsten eineinhalb Minuten ihres Lebens, als eines Nachts ein Erdbeben der Stärke 7,8 die kleine Küstenstadt erschütterte. Sarah hatte die erst drei- oder vierjährige Lisa aus ihrem Bett geholt und war gerannt wie der Teufel, während um sie herum die Gebäude einstürzten. Zusammen mit vielen anderen Anwohnern flüchteten Mutter und Tochter in die Berge. Ich kann mir selbst kaum vorstellen, wie es sich anfühlen muss, gerade noch einer Naturkatastrophe entkommen zu sein. Sie hatte von einer auf die andere Sekunde alles stehen und liegen lassen müssen, ihre ganze Existenz, um ihr eigenes Leben und das ihrer Tochter zu retten. Hunderte Menschen verloren ihr Leben, Tausende wurden durch das Erdbeben und die anschließenden Flutwellen obdachlos. Durch große Erdrutsche war die Küstenstadt mit einem Mal von der Außenwelt abgeschnitten. Es gab keinen Strom mehr, kein Trinkwasser und nur sehr wenig Essen, das in der Hitze sehr schnell vergammelte. Heute leben Sarah und Lisa in Alaska. Doch auch wenn Tausende Meilen zwischen ihrem heutigen Wohnort und Ecuador liegen, bin ich sicher, dass sie diese Nacht niemals vergessen werden. Durch ihre Erzählungen werde auch ich das nicht.

Manche Dinge müssen einem nicht selbst passieren, damit man aus ihnen lernt. Wenn ich darüber nachdenke, was diese Horrorstorys mit mir gemacht haben, dann kann ich sagen, dass ich durch sie auf jeden Fall umsichtiger und vorsichtiger geworden bin. Weniger leichtsinnig. Doch je mehr ich über diese »dunklen Geschichten des Reisens« nachdenke, desto mehr sehe ich auch die positiven Einflüsse, die sie auf mein Leben hatten. Man darf ja zum Glück jedes Mal selbst entscheiden, wie man mit Erfahrungen umgeht. Ob man aus ihnen nur Negatives oder aber Lehrreiches zieht, das einen weiterbringt. Das ist eine Frage des Blickwinkels.

Genauso ist das Thema Sicherheit für jeden Einzelnen eine individuelle Definitionssache. Manche fühlen sich sicher, wenn sie in einem bewachten Hotel schlafen. Andere fühlen sich sicher, sobald sie eine Zeltplane über dem Kopf haben. Oft verschiebt sich diese Definition auch im Gleichschritt mit der Zeit, die man auf Reisen ist. Das Schöne am Reisen ist, dass nur du es bist, der in der Verantwortung steht. Du kannst entscheiden, wie und wo du schlafen, was du ausprobieren und wie viele Risiken du eingehen möchtest. Deine Entscheidungen speisen sich aus deinen eigenen Erfahrungen und den Geschichten, die andere dir erzählen. Zusammen sorgen sie für deinen verlässlichsten Reisebegleiter, den du nie außer Acht lassen solltest: dein Bauchgefühl.

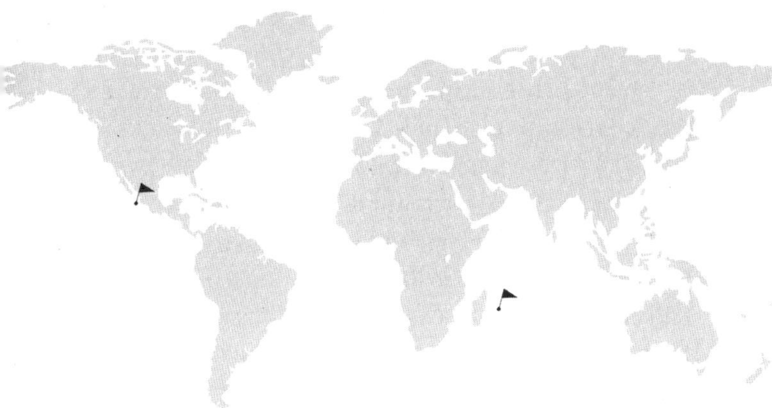

KÖRPERLICHER SCHMERZ	★★★★☆
HERZSCHMERZ	★★☆☆☆
MINDFUCK	★★★★★
TOLLPATSCHFAKTOR	★★☆☆☆
GEFAHR	★★★★★

EINE HARPUNE, EIN HURRIKAN UND DIE WELLEN

AUF DEN BÜHNEN EUROPAS · SEIT 2016

Es ist mittlerweile über zehn Jahre her, dass ich auf den Fidschis mit einer Harpune angeschossen wurde. Ich habe die Geschichte bereits tausendfach erzählt – auf der Bühne, in Interviews, Podcasts und auch in meinem ersten Buch. Deshalb werde ich sie hier nicht noch einmal im Detail aufrollen. Aber natürlich muss sie in einem Buch wie diesem erwähnt werden. Die Harpunengeschichte wird mich mein Leben lang begleiten. Ich war im ersten Jahr meiner Weltreisen und spielte auf einer der mehr als 300 Inseln in Fidschi Volleyball, als Knox, ein Einheimischer, aus Spaß mit einer geladenen Harpune auf mich zielte. Aus diesem »Spaß« wurde in genau dem Moment Ernst, als sich ein Schuss löste und ein Pfeil sich durch meinen Daumen in meine Brust bohrte. Aus einem Reflex riss ich den Harpunenpfeil erst aus meiner Brust und dann aus meinem Daumen. Danach liefen Unmengen von Blut meine Brust, meinen Arm und meine Beine herunter. Augenblicklich stand ich unter Schock und wusste nicht mehr, wo oben und unten ist. Das Einzige, was neben dem pochenden Schmerz in mein Bewusstsein drang, war die Angst, die Verletzung nicht zu überleben. Zum ersten Mal wurde mir so richtig klar, dass Dinge, die ich immer für langweilig oder übertrieben gehalten hatte – wie zum Beispiel die deutsche Bürokratie –, im Ernstfall auch das eigene Überleben sichern können. Und wie schutzlos ich mich fühlte, als nichts dergleichen um mich herum war.

Alle – und auch ich – sprechen viel davon, wie wichtig es ist, die eigene Komfortzone zu verlassen. Doch in Wirklichkeit verlassen wir uns trotzdem immer auf ein Netz oder einen doppelten Boden. Wir begeben uns ja nicht WIRKLICH in Lebensgefahr. Wenn dann aber plötzlich gar kein Sicherungsseil mehr an dir hängt, fragst du dich panisch, wie dumm du eigentlich gewesen bist, nicht in deiner Komfortzone geblieben zu sein. So fühlte ich mich jedenfalls, als ich bleich und zitternd in meiner eigenen, immer größer werdenden Blutlache stand. Als ich die Verantwortung über mein Leben in die Hände eines fidschianischen Arztes legen musste, der hoffentlich auf einer der benachbarten Inseln in einem provisorischen Medical Center saß.

Mehr als ein Jahrzehnt später schaue ich auf die Eintritts- und Austrittsnarben an meinem Daumen sowie die dritte Narbe auf meiner Brust – und merke, dass zwar die Geschichte immer gleich bleibt, aber dass meine Haltung dazu sich im Laufe der Jahre und mit den gesammelten Erfahrungen stetig ändert. Ein bisschen wie der Formwandler Odo bei *Star Trek*, der seine Gestalt fließend an alles um sich herum anpassen kann. Zuerst war die ganze Harpunengeschichte für mich einfach nur der blanke Horror. Auch für Knox und alle Leute, die sie live miterlebten. Es ging einzig um die Frage, ob ich überlebe oder nicht. Schon ein paar Monate später konnte ich das Erlebnis mit Erleichterung betrachten. Es war ja nichts Schlimmeres passiert. Alles war am Ende gut gegangen. Noch ein bisschen später konnte ich Witze darüber machen. Zum Beispiel mit meinem Kumpel Rick aus Neuseeland, der sagte: »I bet you're the only German guy who's ever been shot by a harpoon!« Mittlerweile erzähle ich die Geschichte auf der Bühne. Immer und immer wieder.

Eine andere Geschichte, die mich nie loslassen wird und über die ich schon in meinem ersten Buch berichtet habe, handelt von einer Reise auf einem Katamaran. Damals war ich als absoluter Seefahrerneuling mit zwei anderen Couchsurfern auf einem solchen Boot untergekommen. Im Gegenzug dafür, dass wir dem Kapitän beim Segeln halfen, versorgte er uns mit Schlafplätzen und Essen. Es war ein unglaublicher Trip, bis wir in einen Hurrikan kamen, der wie das Ende der Welt auf uns wirkte. Im Gegensatz zu dem Harpunenschuss war das kein kurzer Moment, der nach ein paar Minuten oder Stunden vorüber war. Es waren Tage, in denen wir uns mit dem Katamaran durch den Sturm kämpften, der fast das ganze Boot zerlegte. Wir wussten weder, wie lange es dauern würde, noch, ob wir überhaupt jemals lebend aus der Sache herauskommen würden.

Wenn ich von diesem Erlebnis erzähle, das mich wirklich mittenrein in meine pure Angst geführt hat, ernte ich nicht nur Staunen. Es gibt auch Leute, die sagen: »Scheiße, genau so ein Abenteuer brauche ich auch, um mich endlich zu spüren und in eine Balance zu finden.« Und es gab und gibt auch negative Reaktionen: »Ganz ehrlich, diese Geschichte von dem Typen, der komplett naiv auf einem Katamaran angeheuert hat, in einen Hurrikan geraten ist und dann das erste Mal in seinem Leben echte Todesangst erlebte – so etwas würde ich nie machen. Wie dumm muss man sein? Selber schuld!«

Es ist immer schwierig, solche Geschichten und die damit verbundenen Gefühle auf einer Bühne an Menschen zu vermitteln, die nicht dabei gewesen sind. Ich muss dann dafür sorgen, dass ich meine Emotionen und mein damaliges Kopfkino möglichst authentisch rüberbringe. Das kommt bei manchen an – und bei anderen nicht. Aber auf keinen Fall möchte ich irgendwem vermitteln, dass er unbedingt auf einem Katamaran in einen Hurrikan segeln soll, um zu gucken, ob er überlebt. Ich will vermitteln, was ich aus dieser Erfahrung für mich mitgenommen habe, aber wie andere mit dieser Information umgehen, kann ich nicht beeinflussen. Und ich musste erst lernen, dass das auch nicht mein Bier ist. Es gibt einen Spruch, der ungefähr so geht: »Informationen schaden nur dem, der sie nicht hat.«

Doch nun zu dem, was mich dieses schreckliche Erlebnis gelehrt hat, das ich trotz all der Angst, die ich hatte, nie im Leben missen möchte. Die Tage voller Todesangst haben mir zum Beispiel beigebracht, darauf zu achten, nicht mehr in Schubladen zu denken. Was sich einfach anhört, ist tatsächlich ein steiniger Weg. Denn um nicht mehr in Schubladen zu denken, musst du erst einmal akzeptieren, dass du es bisher getan hast. Jeder von uns läuft mit Vorurteilen durch die Gegend, auch wenn wir es nicht wahrhaben wollen. In dem Moment, in dem wir merken, dass wir rassistisch sind, andere aburteilen oder ohne Grund in Schubladen stecken, sehen wir einen Teil unserer selbst, den wir nicht besonders mögen, der aber in jedem von uns steckt. Eigene Fehler zuzugeben und das eigene Verhalten infrage zu stellen ist nicht einfach. Es bedeutet, Verantwortung zu übernehmen.

Aber wie komme ich von einem Horrorerlebnis auf einem Katamaran zu dieser Erkenntnis? Ganz einfach: Wenn es nur noch ums Überleben geht, erwacht etwas Ursprüngliches in dir – der reine Wille zu überleben. In diesem Moment ist dir alles andere egal. Du scheißt drauf, was andere von dir denken, was deine Freunde gerade machen oder wie viel Geld du auf dem Konto hast. Eine Situation wie diese hält dir einen Spiegel vor, an dem du nicht vorbeischauen kannst. In dem Moment realisierst du das vielleicht nicht. Aber in den Tagen, Wochen, Monaten – und auch Jahren – danach denkst du nicht nur an das Erlebnis zurück, sondern auch an die Gedanken, die du in diesen Momenten hattest. Und dann erschrickst du. Vor dir selbst. Das ist die reinste Persönlichkeitsentwicklung. Ohne zu spirituell zu werden oder den kosmischen Klaus um Hilfe bitten zu wollen: Du entscheidest immer für dich selbst, was du mit solch einem Erlebnis und den Erkenntnissen machst, die du daraus ziehst. Ob sie etwas Positives oder etwas Negatives für dein Leben bedeuten.

Es ist ein komisches Gefühl zu erkennen, was einem wirklich wichtig ist. Noch komischer ist es zu erkennen, was einem nicht so wirklich wichtig ist, wenn es drauf ankommt. Man kann schnell sagen: »Ich hatte Todesangst.« Aber wenn man weiter denkt, muss man sich auch fragen: »Vor was hatte ich eigentlich Angst?« Nicht mehr weiterzuleben? Etwas nicht gemacht zu haben? Nicht genug bewegt zu haben? Nicht berühmt geworden zu sein? Keine Spuren hinterlassen zu haben? Dass niemand sich an mich erinnern wird? Kommen solche Fragen auf, ist es nur ein Schritt zu den nächsten: Was ist mir wirklich wichtig im Leben? Was will ich überhaupt? Kritisch wird es dann, wenn du bemerkst, dass das, was dir wirklich wichtig ist, überhaupt nicht mit den Dingen zusammenpasst, denen du bisher viel Bedeutung beigemessen hast. Es ist kein besonders angenehmes Gefühl zu erkennen, dass man bisher wie ein Esel einer Möhre hinterhergelaufen ist, die man eigentlich gar nicht haben wollte. Und dass es erst ein Erlebnis wie dieses gebraucht hat, das zu erkennen.

Manchmal würde ich gerne genauer wissen, was diese Geschichten mit den Menschen machen, die sie hören. Die unmittelbaren Reaktionen sehe ich natürlich. Weil ich diese Erlebnisse sehr witzig erzähle, wird immer viel gelacht. Doch was sie danach möglicherweise noch auslösen oder triggern, weiß ich nicht. Als Geschichtenerzähler liebe ich es, die Möglichkeit zu haben, andere Menschen mit Erzählungen wie diesen zu entertainen und zu inspirieren. Damit sage ich natürlich nicht: »Los, geh in die Welt, lass dich mit einer Harpune über den Haufen schießen oder von einem Hurrikan in die Mangel nehmen!« Doch Nahtoderfahrungen sind nun einmal nicht alltäglich. Sie sind etwas, das dein Blut vor Angst kochen lässt, etwas, das du vorher noch nie erlebt hast: die Erfahrung, keine Sicherheit mehr zu haben und mehr oder weniger ums Überleben zu kämpfen. Nicht jeder muss diese Erfahrung im Leben selbst machen – zum Glück! Aber es kann auch etwas in dir auslösen, wenn du solche Geschichten von anderen hörst. Das hoffe ich jedenfalls, denn das ist einer der Gründe, warum ich diese Geschichten so oft erzähle. Ich möchte andere an dieser für mich lebenswichtigen Erfahrung teilhaben lassen.

Ich erinnere mich an die Begebenheiten nicht auf diese Weise: »Woah, geil! Ich bin mal angeschossen worden, war das krass! Und einmal hat ein Hurrikan fast mein Leben beendet, ab-ge-fah-ren!« Sondern eher so: »Wie herausfordernd/schlimm/angsteinflößend ist die Situation, vor der ich stehe, im Vergleich zu dem Harpunenschuss oder dem Hurrikan?« Solche Erlebnisse helfen mir, abzuwägen beziehungsweise Dingen nicht zu viel oder zu wenig Wert beizumessen. Sich über einen Bus zu ärgern, der sich zwanzig Minuten verspätet, stinkt ganz schön ab, wenn ich das mit der Erfahrung vergleiche, fast gestorben zu sein. Sofort denke ich dann: »Macht gar keinen Sinn, sich über so eine Lappalie aufzuregen. Ist doch alles gut!«

Oder nehmen wir Situationen, in denen ich Angst habe. Die meisten Ängste, die mich heimsuchen, sind weniger schlimm als die Angst, die ich in den Stunden nach dem Schuss in meine Brust erlebt habe. Oder in den Tagen während des Sturms. Einmal diesen Vergleich ziehen – und schon relativiert sich alles wieder. Heute sehe ich Ängste mehr als Motivatoren. Es ist ja auch nichts Schlimmes daran, Angst zu haben. Schlimm ist für mich eher, keinen Mut zu finden, der Angst zu begegnen und etwas trotzdem zu tun. Meist merkt man nämlich schon nach dem ersten Schritt in Richtung Angst: »Hey, so schlimm ist das ja gar nicht.« In der Regel tritt das, was wir uns aus Angst im Kopf ausmalen, überhaupt nicht ein. Oder nur in sehr, sehr abgeschwächter Form. Ich jedenfalls war schon oft in der berühmten Hinterhersituation, in der ich mir dann dachte: »Warum zum Henker hast du dir vorher eigentlich so eine Platte gemacht?« Was ich daraus lernen kann? Meine Ängste wahrzunehmen, aber ihnen nicht so viel Macht zu geben.

Ich habe gemerkt, dass Ängste hauptsächlich dann bei mir auftauchen, wenn ich nicht weiß, was als Nächstes kommt. Was hinter der nächsten Ecke lauert. Das geht vielen so. Ob es die Angst davor ist, sich selbstständig zu machen, auf Reisen zu gehen, sich von seinem Partner oder seiner Partnerin zu trennen – man tauscht eine Zukunft, in der man sich auskennt, gegen eine, von der man nicht den blassesten Schimmer hat. Natürlich wirft der Körper da erst einmal sein Frühwarnsystem an und fragt dich hundertmal in der Stunde: »Äh … bist du dir auch wirklich, wirklich, wirklich sicher? Könnte ja total viel Schlimmes passieren!« Erfahrungen wie die, angeschossen zu werden oder sich durch einen Hurrikan kämpfen zu müssen, wirken in solchen Situationen dann wie Schlüsselmomente: Sie schließen die Tür ins Unbekannte auf und schubsen dich hindurch. Denn ganz ehrlich: Wenn Erlebnisse wie diese dir nicht zeigen, wie kurz und wertvoll das Leben ist, welche dann?

Extremsituationen haben noch eine andere Lektion in petto. Sie zeigen dir deine Grundwerte. Im Alltag haben wir oft Masken auf, weil wir dauernd eine Rolle spielen. Wir sind Bruder, Schwester, Kind, Eltern, Partner, Kollege und so weiter. Weil unser soziales Umfeld Erwartungen an uns stellt, versuchen wir immerzu, dieser Rolle auch gerecht zu werden. Deshalb fällt es uns auch so schwer, egoistisch zu handeln. Doch es gibt einen Unterschied zwischen Egoismus und Selbstliebe. Egoismus, egal ob »gesund« oder nicht, ist etwas, das in unserer Gesellschaft als sehr negativ angesehen wird. Aber eigentlich ist er tief in uns verwurzelt. Er ist an sich nichts Schlechtes. Solange Egoismus niemandem schadet – dir selbst auch nicht –, fällt es nach meinem Verständnis eher unter Selbstliebe. Etwas tun, was nur dir selbst etwas bringt. Doch schon, wenn man diesen Satz so formuliert, fällt bei Menschen, die sich nicht oder nur selten mit dem eigenen Wesen beschäftigen, die Schranke runter: »Nein, das ist nicht sozial, das kann ich nicht machen.« Wir beschneiden uns damit selbst. Weil wir darüber nachgrübeln, was andere von uns oder unserem Handeln denken. Sei ganz ehrlich zu dir selbst: Wenn du etwas tun willst, was andere deiner Meinung nach kritisch bewerten, was vielleicht nicht den Vorstellungen anderer um dich herum entspricht, aber niemandem schadet – würdest du es trotzdem tun? Oder hast du Angst vor dem Gegenwind und machst es deshalb nicht? Zögerst du? Das ist ein Punkt, an dem viele damit scheitern, ihre Träume zu verwirklichen. Der Gedanke daran, dass Bekannte, Freunde oder sogar die Eltern und Verwandten etwas doof finden, hindert viele daran, in die Umsetzung zu gehen. Ihre Träume zu leben. Man möchte sein soziales Umfeld schließlich nicht enttäuschen oder gar verlieren. Das ist auch eine natürliche Reaktion, denn schließlich sichert eine stabile Gruppe unser Überleben. Nun ist es aber so, dass wir nicht mehr in Höhlen leben und uns deshalb auch mehr trauen dürfen. Wir können egoistischer sein. Ich gehe noch einen Schritt weiter: Wir müssen es sogar sein, wenn wir wirklich glücklich werden wollen. Wie viele junge Menschen wollten Künstler werden, haben dann aber doch Jura studiert, weil »man« es von ihnen erwartet hat? Und wo wäre ich heute, wenn ich meinen Liebsten nachgegeben hätte, die mich mit ihren Sorgen regelrecht bombardiert haben, die manchmal sogar verärgert waren über meine Lebensweise? Definitiv nicht dort, wo ich heute bin. Und mit Sicherheit nicht so glücklich.

Wie ich schon geschrieben habe: Der Gegenwind hat mich verunsichert. Ich stand nicht immer so überzeugt auf meinen Reisebeinen. Nicht nur auf dem Katamaran, als mir Ängste und Zweifel ins Gesicht geschrieben waren, sondern auch in alltäglichen Situationen, wenn ich für meine Ideen und Träume kritisiert wurde oder meine Mitmenschen ihre Ängste auf mich projizierten. Aber ich bin trotzdem weitergegangen. Situationen wie die, als wir auf dem Katamaran gegen den Hurrikan gekämpft haben, haben mich darin bestärkt. So sehr sie mich verängstigt und aus der Bahn geworfen haben: Sie haben mich auch auf den richtigen Weg geführt. Oder besser gesagt: auf dem richtigen Weg bleiben lassen. Sie haben dafür gesorgt, dass ich meine Masken da lasse, wo sie hingehören – und das ist ganz sicher nicht mitten in meinem Gesicht.

Es erfordert ein bisschen was an Mut, maskenlos durch die Welt zu laufen. Masken bieten ja auch Schutz. Doch auf der anderen Seite hemmen sie uns. Ohne Maske können wir uns nicht verstecken hinter Ausreden oder Ich-würde-ja-gern-aber. Ohne Maske sind wir dazu gezwungen, unser eigenes Warum zu definieren. Die gute Nachricht aber ist: Wenn wir das gefunden haben und danach handeln, finden wir in uns selbst mehr Sicherheit, als irgendein Konstrukt uns zu geben imstande ist. Und dann können wir anderen helfen, ihre Warums zu finden. Es ist wie im Flugzeug, wenn die Sauerstoffmasken herabfallen. Dort heißt es auch: Versorge erst dich selbst, DANACH hilf anderen. Es nützt niemandem etwas, wenn du dich verausgabst und dann erstickst. Besinne dich auf dich, sei egoistisch, atme tief durch – und dann schau dich um. Wenn du deinen Weg gefunden hast, wirst du links und rechts am Straßenrand so viel Selbstliebe und Selbstwert finden, dass du damit auch andere anstecken kannst, wenn du das möchtest.

Die Kunst ist es, sich auf dem Weg nicht von anderen runterziehen zu lassen. Da braucht man heutzutage – auch durch Social Media – nämlich ein echt dickes Fell. Es gibt immer einen Menschen, der die relative Anonymität von beispielsweise Instagram nutzt, um dir irgendeinen Scheiß an den Kopf zu klatschen. Das dann nicht persönlich zu nehmen ist schwierig. Anfangs gelang mir das gar nicht. Auch heute fällt es mir manchmal noch schwer, Meinungen nicht zu sehr an mich heranzulassen. Doch ich kann aus vielfacher Erfahrung sagen: Bleib auf deinem Weg, trage deine Message authentisch in die Welt, und hab keine Angst davor, wenn andere darauf negativ reagieren. Ich weiß ja selbst, dass ich kein Idiot bin, weil ich ungelernt auf einem Katamaran angeheuert habe – auch wenn das manche behaupten oder mir einfach so jede Intelligenz und Lebenserfahrung absprechen. Was ist Lebenserfahrung, wenn nicht das? Naiv oder nicht, auf diesem Katamaran habe ich so einiges gelernt. Zum Beispiel dass ich einen Hurrikan aushalten kann. Was ist dagegen schon ein Shitstorm? Denke gern daran, wenn dir Ähnliches widerfährt. Ich bin sicher: Egal, was du vorhast, wenn du trotz Stürmen bei dir bleibst, wirst auch du deinen Weg machen.

Eines würde mich übrigens brennend interessieren: Wie viele Menschen, denen ich bisher von dem Hurrikan erzählt habe, sind wohl irgendwann in eine ähnliche Situation geraten? Oder wie viele, denen ich von der Harpunengeschichte erzählen durfte, waren danach wirklich auf Kuata Island in Fidschi und sind Knox begegnet? Ob der überhaupt weiß, dass ich diese Geschichte erzähle? Ob er sich selbst noch ab und zu daran zurückerinnert? Oder hat er vielleicht sogar sein eigenes Business gegründet mit dem Werbeslogan: »Your once in a lifetime experience: get shot by a local – 100 % authentic!« Vielleicht fragt er sich ja auch, ob ich noch öfter an diesen Tag denke. Und ob ich weiß, dass er solch ein Business aufgezogen hat.

Aber Spaß beiseite: Was ich damit sagen will, ist, dass diese Geschichten nicht nur mit mir etwas gemacht haben. Es ist, als ob ich vor einem See stehen und einen Stein in der Hand halten würde. Das Wasser ist ruhig und spiegelglatt, kein Wind weht. Ich hole aus und werfe den Stein ins Wasser. Es macht einen großen Platsch, der die Stille zerreißt und Wellen schlägt, die sich dann in alle Richtungen ausbreiten. Der Stein sind in diesem Fall die Geschichten. Der Lärm ist der Schreck für alle direkt Betroffenen. Und mit den Wellen, die sich ausbreiten, meine ich das Erzählen der Geschichten, das immer mehr Wasserteilchen anstößt.

Was für Wellen die Geschichten schlagen, weiß ich nicht. Manche mag es entertainen, manche total kalt lassen, langweilen oder vielleicht sogar nerven. Es freut mich aber jedes Mal, wenn ich mitbekomme, dass meine Geschichten einen Impact auf andere hatten. In dem Fall kommen die Wellen wieder zu mir zurück und stupsen mich an. Wenn mich beispielsweise jemand anspricht, mir eine Nachricht schreibt oder einen Kommentar verfasst. Egal wie, es bedeutet mir sehr viel. Denn so sehe ich, welchen Wert das, was ich tue, haben kann.

Einmal erhielt ich eine E-Mail von jemanden, der auf einer meiner Shows war. Er bedankte sich bei mir, dass ich ihn dazu inspiriert hatte, auch durch die Welt zu reisen. Er schrieb, dass er mittlerweile in Costa Rica wohnte mit seiner Freundin, die er unterwegs kennengelernt hatte. Er hatte dort in Zentralamerika auch einen Job gefunden, den er liebte. Dafür wollte er Danke sagen.

Ich habe mich wahnsinnig über diese Nachricht gefreut. Aber ich sehe mich dabei nicht als denjenigen, bei dem er sich bedanken musste. Denn alles, was er getan hat, hat er aus eigenem Antrieb geschafft. Ja, vielleicht habe ich ihn zum Loslegen inspiriert. Aber ich habe ihm diesen Samen nicht in den Kopf gepflanzt, der war schon längst da.

Ich sehe das Ganze so: Manchmal habe ich durch meine Geschichten ein bisschen Wasser über eine Saat gegossen, die bereits angelegt war. Oder ich habe so ein bisschen die Erde drumherum aufgelockert. Einen positiven Einfluss auf Menschen zu haben, so klein er auch ist, fühlt sich in jedem Fall unglaublich an. Wenn ich mich dafür mit einer Harpune anschießen oder von einem Hurrikan auspeitschen lassen musste – gerne. Denn so lebensbedrohlich diese Erlebnisse waren, heute sind sie lebensbereichernd. Und dass ich davon erzählen kann, macht auch den Traum vom Reisen authentischer. Natürlich wird nicht jeder angeschossen. Es gerät auch nicht jeder in einen Sturm auf offener See. Das wäre ja furchtbar. Aber Geschichten wie diese zeigen: Es ist nicht immer strahlender Sonnenschein. Es gibt Regen, es gibt Nächte, es gibt kalt, es gibt warm, Liebe, Hass. Wenn du das Gesamtbild siehst und nicht nur die gefilterten Instagram-Bilder, dann erst kannst du etwas Wichtiges für dich daraus mitnehmen. Und wenn es »nur« das wirkliche und authentische Bild vom Weltreisen ist.

KÖRPERLICHER SCHMERZ	☆☆☆☆☆
HERZSCHMERZ	★★★☆☆
MINDFUCK	★★★☆☆
TOLLPATSCHFAKTOR	★★★★☆
GEFAHR	★★☆☆☆

DEFINITIV NICHT DAS ENDE

DIE WELT IST MEIN ZUHAUSE · UND WIRD ES IMMER BLEIBEN

Dieses Buch hat sich entwickelt. Die erste Idee dazu hatte ich, als ich mit einem Muskelfaserriss im Bein und einem Joint in der Hand in einer Hängematte in Brasilien lag. Wirklich geplant, dieses Buch zu schreiben, habe ich in Deutschland, als ich daheim an meinem Rechner saß. Die ersten Manuskriptschnipsel entstanden in Mexiko. Eingesprochen habe ich meine Geschichten auf Fuerteventura. Und jetzt, beim Schreiben dieser Zeilen, sitze ich im Cafca Café am nördlichen Ende Santa Teresas in Costa Rica. Das Buch ist also in fünf Ländern entstanden und jetzt ein Zuhause für viele meiner dunkleren Reisegeschichten der letzten zehn Jahre.

Wie beendet man ein Buch wie dieses? Als ich darüber nachdachte, fiel mir das Archaische Kreuz des Motivationstrainers und Autors Christian Bischoff ein. Das Archaische Kreuz ist ein Realitätskonzept, das so aufgebaut ist: Eine Linie von links nach rechts verbindet zwei Polaritäten des Lebens miteinander – die beständige Seite und die wilde Seite. Erstere steht unter anderem für das Bekannte, für Sicherheit, Geborgenheit und Routine, Letztere für Abwechslung, Abenteuer und Spiel, aber auch für das Verbotene, für Lust, Krieg und sogar Hass. Gekreuzt wird die Linie in der Mitte von einer weiteren Linie. Sie führt von unten nach oben, wobei der untere Punkt für die Geburt steht und der obere Punkt für Weisheit.

Um zum obersten Punkt zu gelangen – dem weisen alten Ich –, müssen wir nach Bischoffs Entwurf in unserem Leben beide Polaritäten erlebt haben: die beständige und die wilde Seite. Bleiben wir immer nur auf einer der beiden Seiten, werden wir in unserer Entwicklung irgendwann stecken bleiben und nicht wirklich glücklich werden. Entweder weil wir immer nur in Sicherheit und Routine gelebt haben und uns das Abenteuer fehlt oder weil wir immer nur Sex, Drugs & Rock 'n' Roll hatten und uns nach mehr Stabilität sehnen. Wahre Zufriedenheit erfahren wir demnach nur, wenn wir im Wechsel auf beiden Seiten des Kreuzes leben – je nach Alter oder Lebenssituation mal mehr links oder mehr rechts.

Wenn ich mir das Archaische Kreuz vorstelle, dann ist die linke Seite hell, während die rechte Seite eher dunkel ist. Besonders in den letzten zehn Jahren habe ich mich – nicht nur, aber doch hauptsächlich – auf der rechten Seite herumgetrieben, die für die Unbeständigkeit, das Abenteuer, aber natürlich auch für das Risiko und die Gefahr steht. Ich bin zufrieden damit, dass ich so gelebt habe, denn durch die vielen Erfahrungen, die ich sammeln durfte, habe ich mir das Weltbild aufgebaut, das ich heute habe. Ich durfte lernen, dass es nicht nur weiß und schwarz gibt, nicht nur Helligkeit und Dunkel. Genauso wenig gibt es nur die linke oder die rechte Seite des Archaischen Kreuzes. Es gibt nicht einmal nur grau oder nur bunt. Vielmehr sind es die Verbindungen und das Wechselspiel zwischen Beständigkeit und Wildheit, die mich geprägt haben.

Der Katalysator für meine eigene Entwicklung war dabei auf jeden Fall das Reisen. Meiner Meinung nach ist Reisen die beste Universität des Lebens, denn kaum etwas schleudert dich so oft von einer Polarität zur anderen. Ständig wurde ich aus meiner Komfortzone katapultiert und baute mir dann wieder eine auf, um die gemachten Erfahrungen zu verarbeiten – egal, ob es gute oder schlechte waren. Ich habe mir den Rücken weggezwiebelt, auf einem Katamaran dem Tod ins Auge geblickt und eine Harpune in meiner Brust stecken gesehen. Es war nicht alles Friede, Freude, Eierkuchen. So oft stiegen Ängste in mir hoch, und Zweifel nagten an meiner Seele. Würde das Reisen nur aus solchen Erlebnissen bestehen, ich säße schon längst in einer Eigentumswohnung und hätte einen Wachmann am Eingang postiert. Doch andererseits: Bestünde das Reisen nur aus pinken Sonnenuntergängen, wo wäre ich dann jetzt? Schockierende Momente und emotionale Breakdowns wünscht sich niemand, auch ich nicht. Doch wäre ich noch in der Lage, pinke Sonnenuntergänge zu sehen, wenn es mir immer nur gut gegangen wäre? Wäre ich noch dankbar? Wüsste ich überhaupt, wie sich Dankbarkeit anfühlt? Würde ich mich selbst noch spüren?

Ich sage damit nicht: »Leute, geht alle raus und macht schlechte Erfahrungen, nur das wird euch weise machen.« Das wäre ja auch nur wieder die eine Polarität im Archaischen Kreuz. Es ist ein anderer Twist, den ich meine. Nämlich einfach zu akzeptieren, dass das Leben nicht immer nur schön ist, und keine Angst vor dunklen Seiten zu haben. Manchmal muss man – um es plakativ auszudrücken – auch einfach mal Scheiße fressen, um sich darüber bewusst zu werden, wie gut man es hat. Was einem alles für Türen offen stehen, durch die man nur hindurchzugehen braucht. Ja, das erfordert Mut, denn hinter manchen Türen wartet vielleicht der nächste Mist. Aber danach kommt vielleicht ein Fahrstuhl, der einen zu einem pinken Sonnenuntergang bringt.

Ich lebe gerade mein Traumleben. Das sage ich in vollem Bewusstsein darüber, dass dieses Traumleben auch immer wieder dunkle Seiten hat. Doch auch sie halten die Nick-Maschine am Leben – und zwar in Verbindung mit den positiven Seiten. Es ist wie bei einem Perpetuum mobile, das ewig in Bewegung bleibt, wenn man es einmal anschubst. Es pendelt hin und her zwischen links und rechts, dem Beständigen und dem Wilden. Nur weil die eine Seite existiert, gibt es auch die andere Seite. Alles interagiert mit- und wegen einander – und liefert sich gegenseitig Energie. Diese Energie hält mich auf Trab und spornt mich dazu an, Dinge zu tun, die mich mit einem Lachen durch die Welt tragen. Auch wenn es immer wieder Momente gibt, an denen ich mich frage: »Was zum Teufel tue ich hier eigentlich?!«

Alle positiven Gedanken und Erlebnisse werden dich durch die negativen tragen. Erlebnisse – egal welche – können wie Batterien auf dich wirken, die im besten Fall dein ganzes Leben halten. Sie sorgen dafür, dass deine Lebensenergie auf einem hohen Level bleibt. Damit schlechte Erlebnisse auch zu Batterien werden, musst du nur den richtigen Blickwinkel auf sie finden.

Meine Erfahrungen haben dazu geführt, dass ich nicht mehr der Typ bin, der vor zehn Jahren komplett naiv durch die Welt gegeistert ist. Manchmal, ganz selten, vermisse ich diesen gelassenen, entspannten Nick ein wenig. Aber wäre ich wieder er, würde ich sicher sehr schnell mein heutiges Ich vermissen, das eine andere Art Entspanntheit in sich trägt. Sie ist tiefgründiger, hinterfragender, aber trotzdem keinen Deut weniger optimistisch. Ich bin gespannt, was der zukünftige Nick über den heutigen denken wird. Oder den von ganz früher. Wie sehr werden alle weiteren Erlebnisse mein Weltbild noch formen? Wie wird es sich verändern? Mein Herz macht einen Hüpfer bei dem Gedanken daran, was noch kommt. Auch wenn ich weiß, dass nicht nur rosige Zeiten auf mich warten, sondern womöglich auch viele dunkle. Ich weiß nur eines ganz sicher: Ich werde sie nicht meiden, sondern versuchen, das Beste in ihnen zu entdecken.

Manchmal werde ich gefragt, welchen Rat ich meinem jüngeren Ich nach so vielen Jahren auf Reisen mit auf den Weg geben würde. Darauf gibt es für mich nur die eine passende Antwort. Ich würde hingehen, ihm die Hand schütteln und sagen: »Viel Spaß!«

All meine Erfahrungen, die ich bisher gemacht habe, waren wichtig. Sie haben mich genau an den Punkt gebracht, an dem ich heute so gerne stehe. Deshalb würde ich nicht eine Sekunde ändern wollen. Ich würde nicht versuchen, eine Abkürzung zu nehmen. Manche Durststrecken musste ich wohl einfach durchleben, um bestimmte Lektionen zu lernen.

Wenn du dieses Buch komplett gelesen hast und nach wie vor ein Haufen Hummeln in deinem Hintern dir sagt, dass es endlich losgehen soll, dann mach dich auf. Erkunde die Welt, und schreib deine eigene Geschichte. Es wird ganz anders werden als bei mir, denn jeder erlebt seine eigene Story in dieser wundervollen Welt. Wahrscheinlich wird dir all das Negative, das ich erlebt habe, niemals passieren (bis auf die Sache mit den Lebensmittelvergiftungen). Und zwar weil du aus diesem Buch gelernt hast. Dafür – und das ist genauso sicher – wird dir dein eigener Mist über den Weg laufen. Aber dann rate ich dir: Empfange auch ihn mit offenen Armen, indem du daran wächst und andere an deinen Geschichten teilhaben lässt, so schwer es dir manchmal auch fallen mag. Aus eigener Erfahrung kann ich sagen, dass es guttut, die eigenen Geschichten zu teilen. Auch wenn mancher vielleicht nicht von der Sache mit dem Ecstasy im Po erzählt hätte. Muss er ja aber jetzt auch nicht mehr, das habe ich nun schon getan. Wenn ich nur einem einzigen Menschen mit meiner »dunklen Seite des Reisens« einen Stupser in die für ihn richtige Richtung gegeben habe, dann war es die vielen Stunden des Schreibens wert.

Dieses Buch hat kein richtiges Schlusswort, denn das ist definitiv nicht das Ende meiner Geschichten. Die Abenteuer werden weitergehen, und ich werde die Welt auch weiterhin mit einem grinsenden Gesicht für mich entdecken. Es werden immer neue Erfahrungen und Erlebnisse hinzukommen, die ich dann wie Sticker in das Sammelalbum meines Lebens klebe. Noch gibt es massig freie Stellen.

Vielleicht werden sich meine Abenteuer mit der Zeit ändern. Vielleicht werde es irgendwann nicht nur ich sein, der durch die Welt läuft. Vielleicht halte ich in der Zukunft die Patschehand eines kleinen Nicks in meiner. Vielleicht lasse ich mich auch doch einmal nieder und verweile eine Zeit lang auf der beständigen Seite der Polaritäten. Doch bis es so weit ist, werden definitiv noch einige Abenteuer hinzukommen. Sicher ist: Ich freue mich auf alles, was geil, und ebenso auf alles, was nicht so geil werden wird in den nächsten Jahren auf Weltreisen.

Hell yeah, what a ride.